股票作手回忆录

杰西·利弗莫尔 著

柯艾略 译

北京理工大学出版社

前言│一生的伟大，一身的疯狂

1940 年 11 月 28 日，华尔街的传奇人物杰西·利弗莫尔到达纽约的雪莉荷兰酒店，辨认父亲的尸体。看到父亲的尸体数分钟后，他就崩溃了，在卫生间里举枪自杀，结束了自己 63 岁的生命。死时，他留下了一张纸条，上面潦草地写着："我的一生是个失败。"

关于他的一生，评价众多，但有一句话最为贴切：一生的伟大，一身的疯狂。

1877 年 7 月 26 日，杰西·利弗莫尔出生于美国马萨诸塞州。他的父亲是一位贫穷的农民。全家人胼手胝足，依然挣扎在贫困的边缘。利弗莫尔年幼时，饱受折磨，痛恨面朝黄土背朝天的辛劳，梦想着有朝一日功成名就，成为一个大人物。

14 岁时，父亲要他辍学继承父业，他选择了离家出走，来到波士顿寻找机会。最终，他在潘韦伯证券公司找到了一份工作，负责在交易大厅里抄写行情。为了挣到每星期六美元的报酬，他每天在黑板上兢兢业业地抄写不断变动的股票、债券和商品价格。

起初，这些数字对杰西来说毫无意义。但当他发现了蕴藏在价格变化之中的机会后，便开始迷上了这种游戏。他开始研究价格变动，预测行情。幸运的是，利弗莫尔天赋异禀，对数字过目不忘。

在一次午餐的休息间隙，他和人凑了 5 美元，开始将理论付诸实践，并从股市赚到了第一笔钱——3.12 美元。从此，他一发而不可收拾，开启了传奇一生。

在他赚到 1 000 美元时，他辞掉了工作，全身心投入到投机事业中去。在随后的四十多年中，利弗莫尔始终像一匹独狼，单枪匹马，孤军奋战，追逐自己的财富梦想。

一开始，利弗莫尔选择在投机商行交易。不到 21 岁，他就赚到了第一个 1 万美元。因为总能赚钱，以至于波士顿的所有投机商行纷纷禁止他入场交易，给了他一个"少年作手"的称号。因此，他来到了纽约，准备在这个广阔天地大干一场。

利弗莫尔选了一家经纪公司开立账户，投入了 2 500 美元作为本金。结果，六个月内，他就把本钱赔光了。无奈之下，他借了经纪公司 500 美元，去外地的投机商行赚取本金。两天后，他带着 2 800 美元回到纽约，开始上演传奇。

1907 年，因做空美股，大赚 300 万美元，并引发美股大崩盘。当时，金融巨子 J.P. 摩根还派人请求他不要再做空。那一刻，他感觉自己就像国王。

1919 年，威尔森总统邀请他到白宫，请他平仓棉花期货以救国急。

1929 年，美股大崩盘时，利弗莫尔做空股票，狂赚 1 亿美元。要知道，当时美国一年税收才 42 亿美元。

在巅峰时期，利弗莫尔拥有全纽约最漂亮的办公室，位于第五大道730 号，里面有他的专用电梯。每次新年来临前，利弗莫尔都把自己关在私人金库里三天，坐在数千万美元现金中，仔细检讨过往交易失败的原因。

就这样，利弗莫尔从抄写报价的小弟开始，一步步成长为历史上最伟大的个人投机者。他是 20 世纪 20 年代从华尔街赚走钱最多的人，堪称投机行业里无人能及的奇才；他的一生充满了神秘气息，历经坎坷，四次破产，却又每次都能东山再起，堪称华尔街传奇；在一百多年的股票市场里，利弗莫尔一做就是近半个世纪，在股神辈出的华尔街，成为三代股神的导师；他从 5 美元本金起家，直至身家超过 1 亿，有"华尔街巨熊"与"投机之王"之称，被《纽约时报》评为"百年美股第一人"。

利弗莫尔是位天才的投机家，名副其实的短线之王，他的一生就是对投机二字的最好诠释，波澜壮阔，动人心魄。关于他的传记《股票作手回忆录》，一直被人们奉为投资经典。利弗莫尔用真金白银换来的投资精髓和传奇的人生经历，则时时在激励和警示着后人。

另外，利弗莫尔将他四十年的交易秘诀和操作手法写进了《股票作手操盘术》一书，成为不朽的投机经典。本书特意将其收录在后，希望能够帮助世人领悟交易的真谛，参悟市场的玄妙。

目 录
CONTENTS

第一章

初次接触股市

初中刚毕业，我就出来谋生了，在一家股票经纪公司营业部担任报价板记录员。对于数字，我的感觉很灵敏。上学的时候，我就曾在一年内完成了三年的数学课程。心算是我的专长。一般情况下，公司的报价机旁边会坐着一位客户，由他喊出价格，而我的职责就是往客户室的大报价板上誊写这些数字。客户的报价速度我从来没觉得快，因为我总是能够轻而易举地记住数字。

那家经纪公司雇了很多员工，我的人缘很好。在市场比较活跃的日子里，我的工作会很忙，从上午十点忙到下午三点，几乎没有空闲时间聊天。当然，那毕竟是上班时间，因此我也不会在意什么。

但是，无论市场有多么忙碌，我对工作的思考却丝毫不会受影响。在我看来，那些报价并不意味着股票的价格，多少美元一股，在我眼里，它们仅仅是数字而已。当然，数字也有数字的特定含义。这些数字始终在变化，我必须注意这些变化，这也是我最感兴趣的。至于它们变化的原因是什么，我不知道，不关心，也不去思考，我只要注意到它们在变化就足够了。这就是我要做的事情——注意它们的变化，每个工作日五个小时，再加上周六两个小时，我都在做着这样的事情。

我对股价变动产生兴趣就是从这个时候开始的。我有着超强的数字记忆能力，如果股价在今天上涨或是下跌了，那么我能清楚地回忆起它在昨天发生的所有变动细节，这一切都得益于我对心算的爱好。

　　经过观察，我注意到：无论是上涨还是下跌，股价总会预先显示出某些特定的模式。这种情况曾经多次出现，甚至可以视为某种征兆，刚好为我的行动指明了道路。当时，14岁的我已经对此默默地观察了千百次，并且开始把今天的股价变化和过去的情况做一番比较，以此来验证这种征兆。不久，我便开始大胆地预测价格走向。对我来说，唯一的指导就是股价以往的表现。在我的脑海中有一套"规律"，我根据这套"规律"来寻找走势与之相符的股票，并且为它们"计时"——你应该明白我的意思。

　　打个比方，你能辨别出在什么时机买进比卖出更有利一些。股市就像战场，报价带就是你的"望远镜"。凭借这架"望远镜"，你就已经拥有了七成胜算。

　　除此以外，我还从前辈们那里学到了另一个道理——华尔街不存在新鲜事物，永远都不可能存在。因为投机由来已久，像山川一样古老，并且亘古不变。股市在今天所发生的一切，在过去都已经发生过了，今后还会继续发生。这一点我时刻谨记在心。我想我有办法记住事情发生的时间以及发生的原因，这些事实为我的赚钱之路提供了足够的经验。

　　这样的预测游戏让我沉醉其中，我每时每刻都在期待着预测所有活跃股票的涨跌。我把观察到的信息记在一个小本子上。其实很多人都在记录，只不过他们所记的大多是虚拟交易，目的只是为了在出现几百万美元盈亏时，不至于被狂喜冲昏大脑，或是一夜之间沦为穷光蛋。我的记录不同于他们，我所记的是自己"猜对了"还是"猜错了"。在可能的走势确定后，我最感兴趣的就是自己的观察是否准确。也就是说，我要验证自己是否"猜对了"。

　　比方说，在对某只活跃股当日的每一次波动做了一番研究后，我会得出这样的结论：过去发生此类情况时，就意味着接下来会出现8到10个点（按照美国当时的股票报价，1点等于1美元）的下跌行情。假设当天是周一，那么我就会将这只股票的名称及其当天的价格记录下来，再根据它以往的表现，预测出它在周二和周三可能出现的走势。等到周二、周三过去后，我就会把我的预测与报价带上的数字做一番对比。

就这样，我开始对报价带上的信息产生兴趣。我发现，价格波动始终暗示着它将上涨或是下跌。波动的产生当然自有原因，然而报价带本身却对"为什么"并不关注，更不会做什么解读。从14岁开始，我就不再问报价带"为什么"，现在我已经40岁了，依然不会问这个问题。要想知道某只股票今天价格波动的原因，大概要等到两三天、两三周甚至两三个月后才能见分晓，但这又怎样呢？报价带只在当下对你有意义，到了明天，它就毫无意义了。想找到原因那就要等，但你的当务之急是马上行动，否则就会错失机遇。我一次又一次地目睹了这一幕的不断上演。还记得某天市场大涨，但是空管公司的股票却下跌了3个点，这就是事实，也是结果。到了下一周，空管公司董事会通过了终止分红的方案，这就是原因。他们明白应该做些什么，即使他们的股票没有卖出，但至少也没有买进。没有内部的大量买进，就没有理由不破位下跌。

我用小本子做记录，大概坚持了6个月。每到下班时间，我先不急于回家，而是把当天需要记录的数字写在小本子上，然后对这些数字做研究分析，密切关注相同或相似的价格波动。这其实也是在学习分析报价带，只是当时我并没有意识到这一点。

一天，正值午餐时间，一位比我年长的杂工突然找到我，低声问我是否带了钱。

"你问这个干什么？"我反问道。

"哦，"他回答道，"我打听到柏灵顿公司的小道消息，非常可靠。如果有人愿意合伙，我想干上一票。"

"干上一票？"我问道。在我看来，只有那些不缺钱的老江湖才会相信小道消息。原因很简单，干一票要花上成百上千美元，这就意味着你得买得起私人马车，雇得起戴丝绒帽的马车夫。

"没错，我想试试，你有没有兴趣？"他说。

"那得看你需要多少钱？"

"只要有5美元做本金，我就能买5股。"

"你打算怎么做？"

"我先去投机商行，拿这笔钱做保证金，看能买多少柏灵顿，能买多少就买多少。柏灵顿肯定会涨，咱们一下子就能翻番地赚，就像捡钱一样容易。"

"你先等一下！"我一边说一边拿出我的小本子。

我对翻番赚钱不感兴趣，但柏灵顿肯定会涨的说法引起了我的注意。如果真是如此，那么我的记录也应该有所显示。于是我查了一下记录，发现确实如此。从我的记录看，柏灵顿目前的表现与过去上涨之前的表现完全相同。当时，我还没有过交易经历，也没想过要和谁赌什么。我只是想利用这次机会检验一下我的研究和嗜好。我意识到，如果我的预测在这次现实验证中没有通过，那么这套理论就毫无意义了。于是，我把身上带的钱都拿了出来。那位杂工拿着我们两人的钱到附近一家投机商行买了几股柏灵顿。我们于两天后平仓套现，这次交易我赚了 3.12 美元。

有了第一次经历后，我开始独自在投机商行做交易。我利用午餐时间做买卖操作。买与卖在我看来并不重要，我只是在与自己构建的系统做游戏，而不是根据对股票品种的偏好或根据某种特殊理论进行交易。我的方法在实际交易中被证明是最理想的。在投机商行中，交易员需要做的唯一一件事就是根据报价带上的股价波动下注。

15 岁时，我赚到了 1 000 美元，在我的人生中这是第一次。我把这笔钱拿给妈妈看，这是我在投机商行几个月的收获，还不包括我以前赚的钱。妈妈非常吃惊，还流露出一丝恐惧。她叮嘱我把钱存进银行，以免我受到金钱的诱惑。她说她从未听说过一个 15 岁的孩子能够白手起家赚到这么多的钱，因此她总有些不安，担心这些钱来路不正。而我对这笔钱却没什么兴趣，只是证明了自己的预测是正确的罢了。开动脑筋，收获真理，这就是我的乐趣。假如用 10 股能检验我的理论是正确的，以此类推，交易 100 股，我的正确性就能放大十倍。保证金的增加对我的全部意义就在这里，它可以让我继续正确下去。这是否意味着我需要更多的胆量呢？当然不，这没什么区别。假如我手中只有 10 美元，我将它全部押上，那么我会比拥有200万却押100万、存100万更勇敢。

　　不管怎样，从15岁开始，我就已经靠着股票交易过上了富足的生活。一开始，我是在小型投机商行做交易。在那里，一次性交易20股就会被怀疑是乔装打扮的约翰·盖茨或J. P. 摩根。当时，投机商行还不会给客户出难题，因为他们没必要这么做，他们有的是办法套取客户的钱财，哪怕客户赌对了也逃不出他们的手掌心。开投机商行是有利可图的，即便他们遵纪守法，就像他们自称的那样从不暗中捣鬼，仅仅市场波动就能洗掉小笔资金。一次小回撤就足以收回只够支撑0.75点波动的保证金。而且，赖账者的下场非常可怕，他们将被永久驱逐出场，再也没有机会做交易。

　　我独自做着交易，没有任何合伙人。在我看来，这原本就是一个人的事情。我的大脑就是我的后盾，价格或是按照我已经设定的路线运动，这不需要谁来支持，或是按照其他路线走，这也是任何人都干预不了的。我觉得没必要把我的交易信息告诉其他人。当然，我也有一些朋友，但在交易上我是独立的，永远都会如此。这就是我始终独行于股市的原因。

　　但很快，投机商行就发现事情不妙，因为我总能把他们的钱赚走。当我走进投机商行，出示保证金，对方却只是看看，不收这笔钱。他们会对我说，今天这里不做交易。从那时起，人们给我起了个绰号——"少年作手"。我要经常更换商行，一家不行就换另一家，甚至到后来被迫使用假名。开始，我会谨慎出手，只做15到20股交易。如此反复几次，也会引起对方的怀疑，这时我就先故意输掉一点，然后再突然给他们沉重的一击。当然，过不了多久，他们就会发觉做我的生意要付出太大的代价。为了避免损失，他们会让我走人，另找交易场所。

　　我曾在一家大投机商行做交易，刚做了几个月，他们就赶我出去。这次，我决定狠赚一笔再离开。这家投机商行在全市多家酒店大堂和近郊小镇设有分行。我选择了设在一家酒店大堂中的分行，向经理询问了几个问题，接着便开始交易。然而，当我用我的独门秘诀交易一只活跃股时，经理接到了总部打来的电话，询问是谁在操作那只股票。经理向我转述了总部的问题后，我告诉他，我来自剑桥，名叫爱德华·罗宾逊。经理把我说的信息报告给总部，但总部显然还是不放心，又询问我的相貌。我对经理说："你告诉他，我是个矮胖子，一头黑发，留着大胡子！"但经理没有按我说的去做，而是把我的相貌如实报告给总部。接着，我看到他一边听着电话，一边涨红了脸，刚挂断电话就催促我快点走人。

"总部对你讲了些什么？"我很有礼貌地问道。

"他们对我说：'你这个蠢货，我们不是早就提醒你不要和拉里·利文斯顿（译者注：杰西·利弗莫尔在本书中用的化名）做生意吗？你让他从我们这里捞走了 700 美元，你是故意的吧！'"他说到这里就闭嘴了。

我一家家分行找过去，但对方都认出了我，不接受我的本金。每当我走进一家分行，就会有员工出来拦住我，我连看一眼报价板的机会都没有。我曾试图说服他们允许我做长线，在不同的分行做不同的交易，但也被拒绝了。

最终，只剩下一家投机商行允许我进入，是我们这里实力最雄厚的大都会股票经纪公司。

作为 A1 级经纪商，大都会公司有着巨大的业务量，在新英格兰地区的每一座工业城市都设有分行。在这里，我没有受到阻拦，并且顺利地做了几个月的交易，其中有赚也有赔。但最终，我的遭遇再一次上演。当然，他们并没有像那些小商行一样直接拒绝我。但这并非因为他们讲究公平，而是因为他们担心拒绝一个碰巧赚了点小钱的人会让他们很没面子，一旦传出去会影响声誉。他们的手段相当阴险——他们强制我缴纳 3 个点的保证金，并且每 0.5 个点要增加保证金，后来涨到 1 个点，再后来竟然涨到 1.5 个点。对我来说，这交易简直没法做了。打个比方，假设钢铁公司的股票价格是 90 美元，你买进了，那么你的交易单通常会写着："买进 10 股钢铁，价格 90.125 美元（译者注：当时的美国金融市场，1 美元以下的报价常常用 1/2、1/4、1/8、1/16 等来表示，分别相当于 0.5、0.25、0.125、0.0625 美元。为了直观和易于理解，本书将采用小数点形式。下同）。"如果你缴纳 1 个点的保证金，那么只要价格跌破 89.125 美元，你的钱就自动赔光了。通常来讲，投机商行不会强制客户追加保证金，也不会让客户艰难地决定卖出以保本。

但在买卖时强制加码就属于不正当的手段了，这意味着假如我在股价为 90 美元时买入，那么我的交易单上写的不是"价格 90.125 美元"，而是"价格 91.125 美元"。也就是说，即使这只股票在我买入后上涨了 1.25个点，我在平仓后依然会亏钱。此外，大都会公司还要求我从一开始就提供 3 个点的保证金，这意味着我的交易能力被削减了三分之二。但此时我已别无选择，只有大都会一家接纳我，我只能接受他们的条件，否则就要离开。

在这里做交易，我是有赚有赔，但总的来说还是赚了。大都会虽然给我施加了足以压垮任何人的严苛限制，但他们依然不满足。他们还曾试图给我设套，但没有成功，我凭直觉躲过了一劫。

就像前面说的那样，大都会成了我最后的战场。它是新英格兰地区最有钱的投机商行，因此从来不对交易设置限制。我应该是大都会最固定、交易额最大的个人客户。他们的办公室很阔气，我在那里见到了最大、最全面的报价板，它竟然占据了一间大房子的整个墙面，但凡你想知道的报价，都可以从上面找到，其中包括纽约和波士顿证券交易所交易的股票，还有棉花、小麦、粮食、金属等的价格。总之，在纽约、芝加哥、波士顿和利物浦买卖的所有东西的价格都会出现在这里。

再来说说投机商行里的交易流程。首先，你把钱交给工作人员，并且告诉对方你的打算，是买进还是卖出。工作人员会看一下报价带或报价板，记下上面的最新价格，也就是最后一次报价，并且在交易单上注明时间。这样一来，这张交易单看起来就和真正的交易报告没什么区别了，上面记载了他们在某日某时某刻为你买进或卖出某只股票的数额，以及收了你多少钱。假如你打算平仓，你可以按照商行的规定，再次找到那位帮你开仓的工作人员，或是找到其他工作人员，告诉他们你的打算。工作人员会查阅最新的报价，在交易单上记下价格和时间。假如股票价格不够活跃，那么他会等到最新报价显示出来后再记录下来，然后盖章签字，把交易单交还给你。接下来，你就可以去结算处领取你赚到的钱。当然，如果市场形势不利，价格超出你的保证金的承受范围，那么你的交易就会自动爆仓，交易单也就不再具有任何意义。

有些投机商行级别较低，连5股的交易量都可以接受，交易单仅仅是一张小纸条，用不同颜色的笔记下买进或卖出。当遇到牛市时，每个客户都在做多，而且碰巧都做对了，投机商行就会遭受重创。此时，投机商行就会自动加收买卖的手续费。打个比方，你在股价为20美元时买入了一只股票，你的交易单上就会写上"价格20.25美元"，因此，你就只能赌0.75点的涨跌幅度了。

但大都会是新英格兰最大的投机商行，它有数以千计的客户，而我是其中最让它的老板感到害怕的一个。他们提出的严苛要求并没有阻止我继续进行交易，我一直用他们所能接受的最大交易量买卖股票，有时甚至会同时交易5 000股。

在这里，我想给大家讲个故事。有一次，我卖空了3 500股糖业公司的股票，手里攥着7张500股的粉色交易单。大都会用的是大交易单，上面有很多空白可以记下追加的保证金。话虽如此，事实上，投机商行不会让你追加保证金。你的保证金越少，对他们越有利，这就意味着只要你出局，他们就能赚到钱。但小一点的投机商行则不同，假如你要追加保证金，商行会为你重开一张交易单，这样一来，你就需要多交一笔买进手续费，而你刚刚追加的那点保证金，只能承受0.75点的跌幅，因为卖出交易也被当作新交易，按照规定要收取手续费。

记得那天，我拿出了超过1万美元的保证金。

20岁时，我攒够了1万美元，这是我人生中的第一个1万美元。你应该能够认同我妈妈的话了。在她看来，只有像老洛克菲勒那样的人才会随身携带1万美元。妈妈苦口婆心地告诫我要懂得知足，劝我找一份正经的工作。为了说服她，我费了不少口舌。我告诉她，这不是赌博，而是通过判断数字来赚钱。在妈妈看来，那1万美元简直就是一笔巨款，但在我看来，那仅仅意味着更多的保证金。

我卖空了糖业公司的3 500股，价格是105.25美元。当时，交易大厅里还有一个名叫亨利·威廉姆斯的人卖空了 2 500 股。我像往常一样坐在报价机旁，为行情记录员念报价。正如我所料，价格迅速下跌了好几个点，稍微停顿后又开始了新一轮的下跌。从整体来看，当时的市场相当疲软，一切都在我的掌控之中。也就是一瞬间，我突然有种厌烦感，对糖业公司犹豫不决的走势非常不爽，觉得自己应该退出市场了。此时糖业股价格为 103 美元，正值当日最低点，但这并没有增加我的信心，反而让我惶惑不安起来。以我的直觉，这其中一定有什么不对劲的地方，但也说不清是什么。既然有状况要发生，而我一时间又不能做出正确的判断，想防范也不知从何下手，那么此时最好的选择就是退出市场。

我从不盲目行事，也不喜欢蛮干。小时候，无论做什么事情，我都要搞清楚原因。然而，这一次我却迷茫了。我找不到合理的根据，心中非常忐忑。这种感觉让我难以忍受。我认识这里的一位工作人员戴夫·魏曼，我把他叫出来问道："戴夫，请你替我在这里看一会儿。帮帮我，在报糖业新价时，稍微慢一点，好吗？"

他答应了我的请求，于是我把座位让给他，好让他为报价记录员喊价。我把那 7 张糖业交易单从外套中取出，向负责处理平仓交易单的柜台走去。此时，我依然不明白我退出市场的理由究竟是什么。因此，我只是站在那里，身体斜靠着柜台，把交易单攥在手中，以免工作人员看到。没过多久，我听到电报机滴答响了起来，工作人员汤姆·本汉姆迅速地扭过头去倾听。我预感他们一定是在做手脚，于是决定不再继续等待。就在戴夫·魏曼喊出"糖业……"时，我闪电般地把交易单拍到柜台上，冲着工作人员大声喊道："平仓糖业！"此时，戴夫还没来得及把最新价格报出来。因此，工作人员必须用上一次的价格为我平仓。我话音刚落，戴夫就喊出了最新报价，依然是 103 美元。

根据我的观察判断，现在糖业应该已经跌破 103 美元了。我敢肯定有什么地方出了问题，直觉告诉我，周围到处都是陷阱。电报机如同发疯一般不停地响，汤姆·本汉姆迟迟没有在我的交易单上下笔，依然在听电报机的嘀嗒声，似乎还在等待什么。见此情景，我向他吼了起来："喂，汤姆，你还等什么？快给我平仓！103！快点！"

交易大厅里的所有人都听到了我的叫喊声，他们将目光聚向我这里，想知道究竟发生了什么事情。虽然大都会还没有赖过谁的账，但这说明不了什么，挤兑投机商行就像挤兑银行一样，星星之火可以燎原。只要有一个人怀疑投机商行，就会带动其他所有人。因此，尽管汤姆很不情愿，但还是走了过来，在我的 7 张交易单上写下："以 103 美元平仓。"然后，他把单子扔给我，脸色相当难看。

从汤姆的柜台到结算处，也就八英尺的距离，还没等我拿到钱，报价机旁的戴夫·魏曼就激动地喊了起来："我的天哪，糖业 108 美元！"但这已经太迟了。我对汤姆笑道："老兄，你晚了一步，对吧？"

其实，这就是一个圈套。我和亨利·威廉姆斯总共卖空 6 000 股糖业，我们两人的保证金大都会都拿到了，在场的其他人应该也有不少卖空了糖业，这些加在一起大概能有 8 000 到 1 万股空单。假设大都会拿到的糖业保证金总共有 2 万美元，那么就足以在纽约证交所拉抬价位，把我们的钱通通洗掉。其实，在那个年代，每当投机商行发现有很多人都在做多一只股票，就会请一家经纪行洗盘，压低那只股票的价格，直到把所有做多的客户都洗出局。这是投机商行惯用的手段，只需做几百股，亏几个点，就能赚到成千上万美元的收益。

这样的手段大都会也用在我、亨利·威廉姆斯，还有其他糖业卖空者身上。他们在纽约的经纪商把糖业价格抬高到 108 美元，虽然此后价格又立即回落下来，但亨利和其他很多卖空者的钱都被洗掉了。在当时，市场上一旦出现毫无理由的暴跌又快速反弹，媒体就会认定是投机商行在炒作。

有意思的是，就在大都会讹我未果后不到十天，纽约的一位作手就让他们损失了 7 万多美元。这个人是纽约证交所的会员，在当时的市场上名头不小。在 1896 年的"布莱恩恐慌"中，他因做空而一举成名。他一直都在设法钻纽约证交所规则的空子，因为那些规则妨碍了他通过侵害其他会员获利的计划。后来他发现，如果他有办法榨取投机商行的不义之财，那么证交所和警察局都不会有意见。于是，他派了 35 个人假扮成客户，分别

11

前往大都会总部和主要分部。他们事先约定好日期和时间，时间一到就大举买入某只股票，尽其所能地做多，然后按照指示在特定的利润点同时卖出。接下来，那位作手就开始在圈子里散布那只股票利多的消息，然后在纽约证交所内部人员的帮助下抬升股价。证交所的工作人员和广大股民都很信任他，于是他轻而易举地把精心挑选出来的股票抬升了三四个点。与此同时，他派去投机商行的人就按照指示套现获利了。

据说，除去那35个人的佣金和其他开销，这位作手从中净赚7万美元。按照同样的手段，这位作手游走在纽约、波士顿、费城、芝加哥、辛辛那提和圣路易斯之间，所到之处，当地的投机商行都会惨遭屠戮。西联电报是他最喜欢的股票之一，这只股票的特点是始终不温不火，很容易抬高或压低几个点。他的手下会在一定的价位买进，只要出现2个点的利润就立即平仓，然后转手做空，再赚上3个点。几天前，我在报纸上看到了他的死讯，他死得默默无闻，一贫如洗。如果他是在1896年去世的，那么一定会占据纽约所有报纸的头版头条。可是现在，他的讣告只刊登在第五版上，而且只有短短的两行。

第二章

不要在市场
信号出现之
前出手

经过观察，我发现，如果从初始 3 个点的保证金和 1.5 个点的加码还不能击垮我的话，大都会可能就要用更加卑劣的阴招来对付我了。后来，他们还暗示过，我的单子他们不想再接了。既然如此，我便决定去纽约，到纽约证交所的会员公司做交易。我不想选择波士顿分公司，因为那里还在靠电报传送报价，我希望最大限度地靠近报价的原始来源。于是，在 21 岁那一年，我来到了纽约，身上带着 2 500 美元，这是我全部的钱。

　　在 20 岁时，我已经拥有了 1 万美元，在那次糖业公司的交易中，我缴纳的保证金就超过了 1 万美元。但我也不是总能取胜，从交易方法来看，我是没有问题的，输少赢多。严格按照计划做，我的胜率大概能达到七成。其实，我只要从一开始就坚持自己的原则，赚钱就是必然的了。但我也会遭遇失手，原因就是背离了我的游戏规则——不要在市场信号出现之前出手。做任何事情都要注意选择时机，但当时的我对此还没有深刻的领悟。华尔街有很多高手，他们在股市上的失败也是出于同样的原因。普通的傻瓜永远都在犯错，而"华尔街傻瓜"则认为自己时时刻刻都要做交易。这毫无道理可言。没有人有理由每天都做交易，也没有人可以保证自己做的每一笔交易都是明智的。

　　对此，我有着切身的体会。只要我根据经验认真解读报价带，我准能赚钱；相反，一旦犯傻，我准会亏钱。毕竟我也是人，也有犯傻的时候，不是吗？巨大的报价板在我面前矗立着，报价机不停地运转，客户们眼看着自己的交易单或是变成现金，或是成了一张废纸。身处这样的氛围，你无法控制追求刺激的冲动，判断力会在无形间被摧毁。在投机商行，保证金有限制，不能做长线，你很容易出局。但在华尔街，你可以一整天泡在股市里，频繁出手，无视大环境。很多人在华尔街赔钱，根由就在这里，哪怕是职业高手也难逃厄运。他们以为自己应该每天都有钱赚，就像拿固定收入一样。当时我还是个孩子，什么都不了解，不少经验都是后来才学会的。在 15 年后，我等了整整两周，直到自己早已看涨的一只股票上升了 30 个点后，我才决定安全买进。当时的我正处于破产边缘，正企图摆脱困境，所以要谨慎行事，因为失误的代价太大了，我承受不起。我必须正确，因此只有等待。这是 1915 年的事了，说来话长，以后再说。回到正题，我花了几年时间击败了投机商行，最终又被他们夺回了大部分战利品。

这一切都发生在我的眼前，而且这样的经历也并非只有一次。股票作手要与内心层出不穷的敌人拼杀，如果败下阵来，损失将是惨重的。不管怎么说，我到了纽约，带着 2 500 美元。在这里，投机商行属于非法机构。警方与证交所密切合作，很快就取缔了投机商行，成效显著。此外，我也不想继续在投机商行做生意了，我只想找到可以放手一搏的交易场所，除了本金没有任何不公平限制。虽然我的本金有限，但我相信这种状况很快就会改变。起初，当务之急就是找到一个不必担心公平问题的交易场所，于是我来到纽约证交所的一家会员公司。这家公司在我的老家也有分部，不过早就倒闭了，我还认识那里的几个员工。我没有在那里停留多久，因为我不喜欢其中的一个合伙人。接着，我来到了艾德·富勒顿公司。或许有人曾经提起过我的经历，所以"少年作手"的称号很快就在富勒顿公司传开了。我的相貌还很孩子气，可以说这是一种劣势，因为很多人看我年少，总想欺负我，但对我来说这也是一种动力。我在他们眼里，只是个小孩子，并不聪明，只不过交了狗屎运。也许正是因为这种轻敌的心态，才导致他们频频败在我的手中。

然而，还不到半年时间，我竟然破产了。在富勒顿公司，我被"赢家"

的光环萦绕着，交易的积极性很高，缴纳的手续费算下来也不少了。我的账户赚不少钱，但最后还是输了。虽然我很小心地操作，但还是失败了。究其原因，就是我在投机商行的巨大成功注定了我的失败。

我的取胜秘诀只有在投机商行里才会见效。在那里，我只需要通过看报价带来赌价格波动。当我选择买进时，面前的报价板上显示着价格，甚至在买进前，我就已经非常明确自己的成交价了。不仅如此，我还可以马上卖出。这种即时交易是我的强项，这要归功于我在买卖时有着闪电般的动作，或是随着幸运女神前行，或是立即止损。举例来说，当确定某只股票至少会有 1 个点的波动时，我并不贪心，只压上 1 个点的保证金，我的钱立刻就能翻番地赚。我也可以只压半个点，同样能赚钱。每天，我只要做一两百股的交易，到月底时，收入也是相当可观的。

但在实际操作中，这套策略还是会遇到麻烦，因为投机商行即便有能力承受固定大额的亏损，也不会心甘情愿听你摆布。老板容不得交易大厅里有个人总是把他的钱赢走。

总之，在投机商行中最完美的策略，到了富勒顿公司也失灵了。在投机商行，我做的都是虚拟股票交易；而在富勒顿，我买进卖出的都是真实的股票。当报价带上糖业股票的价格显示 105 美元时，我能预测到 3 个点的下跌马上就会到来。但此时交易所场内的实际价格可能已经是 104 或 103 美元了。当我委托富勒顿卖出 1 000 股的指令传达到场内执行时，价格很可能已经再次下跌了。我那 1 000 股成交价究竟是多少，只有在工作人员把成交报告交给我时才会见分晓。同样一笔交易，在投机商行我能稳赚 3 000 美元，但在证交所的会员公司，我一分钱都赚不到。我举的例子可能有些极端，但实际上，我在富勒顿公司使用自己的那套策略时，报价带上显示的总是过时的信息。遗憾的是，我完全没有意识到这一点。

除此以外，假如我的交易量很大，那么我的卖单就会再次压低价格。但在投机商行，我从来不用担心自己的交易会对价格产生什么影响。我在纽约的失利，究其原因就是游戏规则的不同。我亏损不是因为交易合法化，而是因为我的无知。在别人眼里，研读报价带是我的绝活，但这项绝活也无法挽救我。假如让我在交易大厅里亲自做交易，结果可能会好很多，因为我可以根据情况的变化迅速调整策略。但是，如果我的交易量还是如此巨大，那么我同样会败下阵来，因为这样的大手笔会影响价格。

总之，我还没有了解股票的真正游戏规则，只是略知一点皮毛，这一点皮毛还是其中比较重要的部分，我从中获益很多。即便如此，我依然在亏损。那么，如果换成新手，他们还能取胜吗？他们还能赚到钱吗？

我很快就发觉自己的玩法出了问题，但具体原因我还不清楚。有时候，我的策略本来运转得很好，但突然会接二连三地失败。那时我才 22 岁，虽然处于自负的年纪，但还没到不想知道自己错在哪里的地步。在这个年龄，谁看问题都不会很透彻。

在富勒顿公司，大家都很善待我，尽管那里对保证金有限制，我无法随心所欲地做交易，但老富勒顿先生和所有员工对我都很不错。因此，我频繁交易，半年时间就把全部家当都输掉了，还欠下富勒顿公司几百美元。

当时的情况就是这样：一个小毛孩，第一次背井离乡，在纽约破了产，身无分文。我心里明白，问题不在我，而是我的玩法有问题。我从不抱怨股市和报价带，因为责任不在市场，对市场发怒是赚不来钱的。

我渴望继续做交易，一分钟也等不下去。于是，我找到老富勒顿先生，对他说："您能否借我 500 美元？"

"为什么借钱？"他反问道。

"我现在需要钱。"

"干什么用？"他再一次反问。

"还是做保证金。"我回答。

他皱着眉头说："500 美元？你要明白，他们会要求你缴纳 10% 的保证金，也就是说，你买 100 股就得交 1 000 美元保证金。你还不如在公司赊账呢，我可以给你一笔授信……"

"不，我已经欠了公司很多人情，不想再赊账了。现在我只是向你借500 美元，然后暂时离开这里，等赚了钱就回来。"

"你是怎么打算的？"他问。

17

"我要去投机商行做交易。"我说。

"就在这里做吧。"他说。

"不，在这里我没有把握一定赚钱，但我保证能从投机商行那里赚到钱。我了解他们的玩法，而且已经意识到自己在这里出了什么问题。"

我拿到他的钱后就离开了富勒顿公司。在这里，人们曾经叫我"投机商行的恐怖少年"，可没想到，我居然输得一干二净。回家乡是不可能的，因为那里的投机商行不欢迎我。纽约也不在考虑范围内，因为这里没有投机商行。听说在19世纪90年代，宽街和新街曾经有很多家投机商行，然而在我最需要的时候，它们却全部消失了。经过一番考量，我决定去圣路易斯。据说那里有两家投机商行，而且生意做得很大，基本垄断了中西部市场，在十几个城镇都设有分行。可以想象，它们的利润也应该很丰厚。我还听说，从交易量来看，东部还没有哪家商行能与之抗衡。它们公开营业，所有人都可以光明正大地在这里做交易。我甚至听说，其中一家投机商行的老板是商会的副主席，但不一定是圣路易斯商会。不管怎样，我带着500美元来到了圣路易斯，我要赚上一笔钱，回去做富勒顿公司的保证金。

到了圣路易斯，我先找到一家旅馆落脚，梳洗一番后就出门寻找投机商行。那两家投机商行分别是杜兰公司和泰勒公司，我有十足的把握打败它们。我会使用绝对安全的手法，既周密又保守。但我也有顾虑，生怕有人认出我，拒绝让我做交易。因为我的"少年作手"的名声早已传遍全国的投机商行。就像赌场会时刻关注赌神的信息一样，投机商行也会时刻关注每一位专业玩家。

我首先选择了杜兰，因为它比泰勒更近一些。我要尽量隐藏自己，在人们认出我之前多做几笔交易。杜兰的营业厅很大，报价板前站着好几百人。我很喜欢这一点，躲在拥挤的人群中，谁也不会注意到我。我站在那里，仔细研读着报价板，直到选定我要做的第一只股票。

我观望了一下周围，找到下单窗口，下单员正望着我。我走过去问道："棉花和小麦是在这里下单吗？"

"是的，小朋友。"他回答道。

"我可以做交易吗？"

"只要你有钱。"他继续回答道。

"那就好，那就好！"我装作吹牛的口气说道。

"看样子，你有钱？"他笑着问我。

"100美元能买多少股？"我假装很生气的样子。

"如果你有100美元的话，可以买100股。"

"好，我有，200美元也有！"我说。

"我的天！"他有些惊讶了。

"我买200股。"我提高声音说道。

"200股什么？"他收起笑容，严肃起来，因为生意已经来了。

我朝报价板望去，假装猜测的样子，然后说："200股奥马哈公司。"

"好的！"他收了钱，清点完毕后，写了一张交易单。

"请说一下你的名字。"他说道。

"赫里斯·肯特。"我回答道。

拿到交易单后，我回到人群中找了个位置坐下，静静地等待着股价上涨。就在那天，我快进快出，完成了好几笔交易。第二天也是如此。仅仅两天时间，我就赚了2 800美元。我希望他们允许我交易一个星期。看现在的情况，我还能赚上一大笔。这里的交易结束后，我要转到另一家投机商行。如果运气好，我可以再交易一个星期，然后我就有足够的钱回纽约了。

第三天早上，我来到下单窗口，装作腼腆的样子要求买进500股B.R.T，下单员突然对我说："肯特先生，我们老板要见你。"

我立刻明白，我在这里的游戏该结束了，但我还是镇定地问道："有什么事吗？"

"我不知道。"

"老板在哪儿？"

"在他的办公室。你从这边进去吧。"他指着一扇门对我说。

我走进办公室，杜兰先生正坐在办公桌前。他转过身来，指着一把椅子对我说："请坐，利文斯顿先生。"

当时，我感觉最后的一点儿希望也破灭了。我不知道他是怎么认出我的，或许他查看了旅馆登记簿。

"您找我有什么事吗？"我问道。

"听好了，小伙子。我没有对不起你的地方，一直都没有，你懂吗？"

"当然。"我说。

他从座位上站起来，身材很壮实。他对我说道："利文斯顿先生，你过来。"他把我引向门口，推开门，手指向大厅里的客户，问我："看到这些人了吗？"

"他们怎么了？"

"小伙子，你好好看看这群家伙，他们足有三百人，三百个傻瓜！他们养活了我们全家。懂了吗？这是三百个傻瓜！可是你来了！我用两个星期从这些傻瓜身上赚的钱，你用两天就都卷走了！你还让我怎么做生意？小伙子，这太不公平了！我没有对不起你的地方，你已经赚了钱，我恭喜你，可是请你赶快离开这儿，我的钱不是给你准备的！"

"可是，我……"

"到此为止吧。前天你刚进来时，我就注意到你了，当时就觉得你不是个善茬。说实话，我讨厌你。我早就发现你是个老手，我就把那个蠢货叫了进来，"他指着那个犯了错的下单员，"我问他你究竟做了些什么。他回答我后，我对他说：'那家伙是个老手，来者不善！'可那蠢货竟然说：'老板，您别开玩笑了，他叫赫里斯·肯特，是个小屁孩，还想装成大人来玩游戏。您就别担心了。'好吧，我就由着他了。结果这蠢货竟然让我损失了2 800美元。小伙子，这件事不怪你，但现在你必须离开了。"

"你听我说……"我刚想解释。

"还是听我说吧，利文斯顿。"他打断了我，"你做的一切我都知道。我是靠傻瓜们下注赚钱的，可你不是傻瓜。我还是讲道理的，你已经赚到的钱，我就不追究了，但现在我已经认识了你，如果我还允许你在这里继续赚钱，我不就成傻瓜了吗？小伙子，快走吧！"

就这样，我怀揣2 800美元的利润离开了杜兰公司。我已经调查清楚，泰勒是个巨富，他的公司在同一条街上。除了投机商行，他还经营着好几家赌场。我决定去他的投机商行，但我还是有些犹豫——是从小打小闹开始，逐渐加码到1 000股，还是一上来就玩大的？因为我在这里的时间有限，可能待不了一天。他们一输钱就会学乖，而我也很想试着买1 000股B.R.T，我确信这笔交易能赚四五个点。但我考虑到一旦他们怀疑我的身份，或是有很多客户做多这只股票，他们很可能拒绝我的交易。经过深思熟虑，我决定将交易拆成几个小单来做，这样比较稳妥。

泰勒的交易大厅没有杜兰大，但里面的设施更先进，而且客户的级别显然也要高出很多，这让我心里感觉很踏实，于是决定买上1 000股B.R.T。我走到下单窗口前，对工作人员说："我想买点B.R.T，有限额吗？"

"没限额，"工作人员说，"只要你有钱，买多少都行。"

"那我买1 500股，"我边说边掏钱，工作人员开始填写交易单。

就在这时，一个长着一头红发的家伙跑过来，一把拽开那个工作人员，探过头来对我说："利文斯顿，我们不接你的单子，你还是回杜兰吧。"

"你先给我交易单好吗？"我说，"我刚买了点B.R.T。"

"我不会给你的。"他回答道。就在这时，其他工作人员也都聚集过来，从他身后朝我张望。

"以后也别来这里，我们不接你的单子。听懂了吗？"

愤怒和争辩都没有任何意义。我只好回到旅馆，结账后搭乘第一班火车回到了纽约。我本来想再赚些钱，可是泰勒竟然连一笔交易都不让我做。

回到纽约后，我还了富勒顿500美元，然后开始新的交易，保证金就是从圣路易斯赚到的那些钱。我有时运气很好，有时欠佳，但总的来说还是赚了。我并不需要使用新的方法，但有一个事实必须认清——股票投机游戏比我原以为的复杂得多。我就像是那些填字游戏迷一样，不把报纸周日版上的填字游戏做出来就决不罢休。对于困扰我的问题，我很想找出解决方法。我以为在与投机商行的交易中，自己已经找到了答案，其实我还是错了。

几个月后，一个古怪的老头来到富勒顿公司。他与富勒顿是老相识，听说他们过去一起养过赛马。看得出，他也曾是个有钱人。富勒顿把我引见给这位老麦克戴维特先生。当时，他正在给大家讲述有关西部跑马场骗子的故事。圣路易斯刚刚发生了一起骗局，堪称完美，就是由这些骗子策划的。他说，那些骗子的头目是个赌场老板，名叫泰勒。

"哪个泰勒？"我问道。

"H.S.泰勒，是个大高个儿。"

"我认识他。"我说。

"他可不是好人。"麦克戴维特说。

"岂止不是好人，"我说，"我还要跟他算账呢。"

"怎么回事？"

"要想收拾这种家伙，办法只有一个，那就是让他的钱包放点血。可是在圣路易斯，我还暂时拿他没办法，但将来总有一天我要收拾他。"我把事情的来龙去脉都告诉了麦克戴维特。

麦克戴维特说："他本来想把手伸到纽约来，可是没做成，就选择了霍博肯，在那开了一家分行。听说在那里怎么玩都可以，没有任何限额，他们有的是钱，足以让直布罗陀巨岩输成跳蚤。"

"那是个什么公司？"我以为他说的是赌场。

"一家投机商行。"麦克戴维特回答道。

"你确定那家公司已经开张了？"

"确定，很多人都这么说。"

"不会是造谣吧，"我说，"你能不能帮我确认一下，还有他们允许的最高限额是多少？"

"好吧，小伙子，"麦克戴维特说，"我明天一早就亲自去看看，你就听我的信儿吧。"

第二天，他果然去了。泰勒的生意兴隆，来者不拒。记得那天是星期五，整整一个星期，市场一直都在涨——我说的可是20年前——在周六的银行公告上一定会显示超额准备金数量大幅降低，这是常识。每到此时，大型场的交易商总要抓住机会，将那些实力较弱的小客户清洗掉。每天收盘前的最后半小时，市场会出现常见的回档，尤其是那些最受股民欢迎的个股。

当然，这些个股都是泰勒公司的客户重仓做多的股票。泰勒公司很愿意看到这样的情景，因为保证金是 1 个点，只要波动超过 1 个点，无论客户是做多还是做空，都会被一举清洗出去。

我在周六上午来到霍博肯的泰勒分行。这里有一个很大的交易大厅，里面安装了一块非常讲究的报价板，人员配备齐全，不仅有营业员，还有身穿灰色制服的特警。当时，大厅里有大约 25 名客户。

我上前和经理搭话，他问我是否需要帮助，我什么也没透露，只对他说，在跑马场靠碰运气，只要几分钟就能赚上几千美元，而且交易没有任何限额；但在这里，得耗上几天时间才能赚点零花钱。听了我的话，他开始对我大谈股市游戏的安全性，他们的客户都赚了大钱。他讲得天花乱坠，你简直可以相信这里的交易很正规，他们是在全心全意地帮你赚钱，只要你肯花钱，就能有丰厚的收益。他准是以为我正要去赌马，所以想赶在跑马场榨干我之前先诓我一笔。他叮嘱我抓紧时机行动，因为周六股市中午 12 点就收盘，如果我赚了一笔，下午就可以去马场赌个够。

我故意装作不相信的样子，他便在我耳边反复地劝说着。我看了一眼墙上的挂钟，11 点 15 分，我对他说："那好吧。"然后拿出 2 000 美元现金，让他帮我卖出几只股票，他非常高兴地对我说："你一定能大赚，希望你以后经常光顾。"

一切都在意料之中。场内交易员开始打压那些他们可以操纵的股票。于是，价格开始下跌。通常在最后 5 分钟时，场内交易员会习惯性地回补空单，这时股价就会反弹。我抢在反弹之前平了仓。

5 100 美元就这样被我赚到手了。

"真庆幸听了你的话！"我一边对经理说着，一边把交易单递给他。

"兄弟，"他说，"我现在没这么多钱给你。我没想到你会赚那么多。下周一你再来取钱吧，我向你保证，不会出问题的。"

"好吧。但我现在要把你们这里所有的钱拿走。"

"我总得留点钱应付那些小客户吧，"他说，"我先把你的本金还给你，等我处理完别的交易单，再把剩下的钱都给你。"于是我坐在一旁等待。

我心里有谱，我的钱没有危险。这里的生意很好，泰勒是不会说一套做一套的。即使他耍花招，我也能把这里的钱全拿走，除此以外没有更好的办法。最终，除了 2 000 美元本金，我还拿到了 800 美元，他们当天只剩下这么多了。我和经理约好下周一早上再来，他发誓一定把钱准备好。

周一上午将近 12 点时，我来到了霍博肯，一进交易大厅就看到有个人正和经理交谈。这个人我曾经见过，就是他把我从圣路易斯的泰勒商行里赶出去的。我立刻警觉起来，一定是经理给总部发了电报，于是总部派人来做调查。骗子是永远都不会相信任何人的。

"我来取剩余的钱。"我对经理说明来意。

"就是这家伙吗？"圣路易斯来客对经理问道。

"是的。"经理边说边从口袋里掏出一沓钞票。

"等等！"圣路易斯来客拦住经理，然后转向我说，"你好啊，利文斯顿，难道你忘了，我们早就说过不接你的单子。"

"把钱先给我。"我对经理说。经理把钱递了过来。

"你刚说了什么？"拿到钱后，我问圣路易斯来客。

"我们早就说过不接你的单子。"

"是啊，"我说，"我就是冲这个来的。"

"那好，以后就不要再来了。滚远点！"他竟朝我吼了起来。身穿灰色制服的警卫也走了过来。圣路易斯来客还挥着拳头对经理吼道："你这个蠢货，你让他给耍了。他就是利文斯顿！总部不是事先通知你了吗！"

"你听好了，"我对圣路易斯来客说，"这儿可不是圣路易斯，你们老板可以对付外行，但你可别想在这儿耍花招。"

"你给我滚出去！不许在这里交易！"他怒吼着。

"不让我做，可以，那么其他人也别想做。"我也对他怒斥道，"你狂什么？这不是你的地盘，拒绝客户的下场会怎样，你应该很清楚。"

一听这话，圣路易斯来客的态度立刻变了。

"老兄，你听我说，"他有些激动地说，"就算帮个忙，讲点道理嘛！你这样折腾，我们可受不了，你还不明白吗？如果老泰勒知道是你干的，我们都要倒大霉了。讲点良心吧，利文斯顿老兄！"

"你放心，我不会让你们为难。"我说。

"讲点道理好吗？就算看在上帝的分上，你快走吧，也给我们来个开门红的机会，我们混口饭吃也不容易，好不好？"

"下次我再来时，你们可不能这么嚣张。"说完我就离开了。圣路易斯来客还在那里不停地斥责着经理。他们曾在圣路易斯粗暴地对待我，所以我才狠狠地赚了他们一笔钱，算是对他们的惩罚。但是我没有必要对他们太强硬，甚至逼他们关门，这对我来说没有意义。回到富勒顿公司，我把事情的经过对麦克戴维特讲了一遍。我还建议，如果他愿意的话，也可以去泰勒的地盘做交易，每次只做二三十股，先熟悉一下。等时机一到，我就打电话通知他下重注，让他大赚一笔。

我把 1 000 美元交给麦克戴维特，他依计去了霍博肯，并按照我的指示操作，很快就成了那里的常客。有一天，我预测行情即将大跌，于是指示麦克戴维特全力卖出。就在那天，我净赚了 2 800 美元，这还不包括给麦克戴维特的佣金和其他费用。但我也警觉起来，怀疑麦克戴维特给他自己做了一些老鼠仓。此事发生不到一个月，泰勒就将霍博肯分行关闭了。这下可把警察忙坏了。不管怎样，虽然我只在那里做过两次交易，但足以让它亏本倒闭。我们赶上了疯狂的牛市，股票的回调非常弱，甚至连一个点的保证金都洗不掉。当然，所有客户都在做多，都在赢钱，不停加码，收益剧增。在整个美国，投机商行接二连三地倒闭，简直形成了一股浪潮。

他们的游戏规则已经彻底变了。在老式投机商行做交易，曾经比在正规交易所做交易更有优势。只要你耗尽保证金，交易就会自动结束。这是最完美的止损方法。你的损失充其量也就是你投的那点本金，而且你的指令永远不会遭遇执行不力的问题。况且，纽约的交易所可没有西部的投机商行那么慷慨。在纽约，他们经常把某只活跃股票的潜在利润限制在 2 个点之内，例如糖业公司和田纳西煤铁公司。即使它们在 10 分钟内涨跌了10 个点，客户的交易单上依然只显示赚了 2 个点。他们觉得，如果不这样做，客户就会占有过多优势，很可能赔一赚十，给他们造成太大的威胁。

有段时间，所有投机商行，包括那些规模最大的投机商行，会同时拒绝某只股票的交易指令。例如，1900 年大选前一天，麦金莱胜出已成定局，全美所有投机商行都不接受交易。当时赌麦金莱胜出的赔率高达 3：1。假如在星期一买进股票，那么你很快就能赚到 3～6 个点，甚至更多。当然，你也可以赌布莱恩，同时买入股票，肯定不会亏。然而，那天所有的投机商行都拒绝接单。

　　如果不是投机商行拒绝我的单子，我肯定会一直在那里做交易。可如果真是这样的话，我也就永远都不可能知道股票的学问之大，它绝不仅仅是玩几个点的波动那么简单。

第三章

只有赔钱才

能证明我是

错的

一个人要想在失败中吸取教训是不容易的，总要花上很多时间。人们常说凡事都有两面性，然而股市却只有一面，不是牛市的一面或熊市的一面，而是正确的一面。我用了很长时间才学会股票投机游戏的高深技术，但我用了更长时间才牢牢记住这一基本原则。

　　听说有很多人喜欢用虚拟的钱做虚拟的交易，以此证明自己的正确，并且乐在其中。这些幽灵一般的赌徒有时也会赚几百万美元，但这种做法太盲目，就像那个老段子讲的一样。

　　有个人第二天就要跟别人决斗了，他的助手问他："你的枪法怎样？"

　　"很好，"他自信地回答，"我能在20步开外将酒杯的杯脚打断。"说着，还做出一副很谦虚的样子。

　　"那就好，"助手平静地说，"但是，如果酒杯也举着一把手枪，子弹上了膛，并且对准了你的心脏。那时，你还能打断它的杯脚吗？"

　　对我而言，只有赚到真格的钞票才能证明自己的判断是正确的。我从一次次失败中得到教训：只有确定不会后退，才可以前进，否则就要原地停留。我的意思并不是说当你出错时任由损失扩大，你应当采取止损措施，但不应该犹豫不决。我犯过很多错误，但赔钱的过程其实也是积累经验的过程，我从中了解到各种交易禁忌。我曾经数次赔得一无所有，但从未觉得自己陷入绝境。否则，我也不会走到现在。我知道自己有的是机会，绝对不会被同一块石头绊倒两次，我对自己满怀信心。

要想在投机游戏中生存下来，你必须对自己和自己的判断满怀信心。正是出于这个原因，我对别人的建议从不动心。如果我按照谁的建议买进了股票，那么我就必须按照他的建议将其卖出。这样一来，我就会依赖他的决策。然而，如果卖出的时机到了，那个人却碰巧出去度假了，那我该怎么办？所以，依赖别人的决策永远都不可能赚大钱。经验告诉我，根据自己的判断赚到的钱，比根据别人的建议赚到的钱要多得多。我花了五年时间才学会根据自己的正确判断聪明地玩这个游戏，只有如此，才能赚到大钱。

我的经历或许没有你想的那么有趣。我是说，回忆过去，学习投机的过程似乎枯燥又漫长。我曾几度破产，那滋味确实很不好受。而我赔钱的方式也和别人没什么区别，因为华尔街不存在第二种赔钱方式。做投机很辛苦，为此你要尽心竭力。作为一个投机客，你必须时刻保持紧张忙碌，否则就会被撵出门去。

通过在富勒顿的挫败，我早就应该明白自己的任务是什么，说来也简单，就是换一个角度看待投机。可是当时我还没有意识到这些，我从投机商行学到的仅仅是冰山一角。我自以为打败了股市，其实，我只不过是打败了投机商行。但必须承认的是，我在投机商行锻炼出来的报价带研读能力和记忆力是一笔宝贵财富。这两项技能是自然形成的，并没有花费我多大气力。我早期的成就都应该归功于这两项技能，而不是智慧和知识，因为我从未接受过系统训练，也从未学习过专业知识。我是在实践中学习的，但与此同时，我也受到了一次又一次的惩罚。

我难以忘记第一次来到纽约时的情景。之前我讲到过，我被投机商行拒绝，无奈之下只好寻找可靠的证券公司做交易。我的一个前同事当时正在纽约证交所会员哈丁兄弟公司工作。那天，我上午刚到纽约，下午一点之前就在哈丁兄弟公司开好了户头，准备做交易了。

在这里做交易，我自然而然地沿用了投机商行里的策略——对价格波动下注，捕捉微小而明确的价格变化。没有人告诉我证券公司和投机商行之间的差别，也没有人为我指明一条正确的道路。况且，即便有人提醒我做错了，我也要亲自验证一番才能相信。只有赔钱才能证明我是错的，而只要赚钱，就证明我是对的。投机就是这样。

当时，形势一片大好，市场非常活跃，人们都很兴奋，我也感觉如鱼得水。眼前的一切都是那么的亲切：熟悉的老式报价板，上面写着我 15 岁以前就掌握了的专业语言。一个小伙计干的活儿和我刚入行时完全相同。那些客户也都是老样子，有的在看报价板，有的在一旁喊着价格，有的在议论着市场。设备依旧，氛围依旧，一切都如同我从股市上赚到 3.12 美元时一样，眼前的情景恍如昨日。一模一样的报价机，一模一样的交易者，一模一样的交易游戏。我以为自己已经完全了解这个游戏了，不是吗？别忘了，当时我只有 22 岁。

我在报价板上发现了一只表现不错的股票，便以 84 美元买进了 100 股，半小时后就以 85 美元卖出。很快，另一只股票的走势又引起我的注意，我按照刚才的方法，不一会儿又赚到了 0.75 个点的净利。真是开门红！

请注意，作为这家著名的证券交易所会员公司的客户，我在第一天的前两个小时交易了 1 100 股，频繁地买进又卖出。但当天的整体操作结果是——我整整亏损了 1 100 美元。换句话说，我在第一个交易日就损失了将近一半的本金。不要忘了，这些交易中有很多都是赚钱的，但最终的结果却是赔了 1 100 美元。

但我并不担心，因为我不觉得哪里做错了，而且我的操作是正确的。如果换一个地方，比如在大都会公司做交易，那么结果应该会好些。这次亏损只是让我感觉这里的报价机有些不对劲。既然维修师说机器没问题，那我也没必要担心什么了。毕竟，对于一个 22 岁的年轻人来说，无知还算不上致命缺陷。

过了几天，我对自己说："不能再这么交易下去了，这里的报价机总是出错！"但这也只是随便想想罢了，我并没有停止交易，也没有深究问题的原因。一切都和平时一样，时而赚钱，时而赔钱，直到有一天，我把自己赔得一干二净。然后，就发生了之前那一幕，我向老富勒顿借了 500 美元，去了圣路易斯，在投机商行赚了一大笔钱，再次回到了纽约。

这一次，我谨慎操作，成绩一度上升，手头宽裕起来，生活也舒适多了。我广交朋友，享受着美好时光。当时的我还不到23岁，一个人在纽约闯天下，口袋里装满了轻轻松松赚到的钱。我充满了信心，自以为已经开始理解新的报价机了。

我开始想了解我的交易指令在场内是怎样执行的。与此同时，我的操作也更加谨慎起来。但我仍然死守报价机，却忽略了基本原则，这就导致我始终无法找到问题的根源所在。

1901年是个繁荣年，我也赚了一大笔钱。确切地说，对于一个孩子而言，那就是一大笔钱。当时的美国进入了空前繁荣的时代，工业大整合和资本大合并远远超出历史水平，所有人都陷入了股市的狂热中。据说，在那段鼎盛期之前，华尔街号称"日成交量高达25万股"，也就是说有2 500万美元的股票易手。但到了1901年，日成交量已经高达300万股，每个人都有钱可赚。钢铁界人士都发了财，他们涌入纽约，挥金如土。他们只玩一个游戏，那就是股票。钢铁公司背后涌现了一批大作手，这在之前是不可想象的。例如，有号称"赌你100万"的约翰·盖茨和他的朋友约翰·德雷克、劳耶尔·史密斯，等等；还有卖掉部分钢铁股份，用所得资金在公开市场买进罗克岛公司大部分股权并成为其实际控制人的里德－利兹－摩尔一伙；还有施瓦布、弗里克、菲普斯和匹兹堡集团。此外，还有很多人在市场大洗牌中亏了钱，但也称得上是时代风云人物了。市面上的股票任你买卖。投机家基恩炒热了钢铁公司的股票，某经纪商仅仅几分钟就卖出10万股。那段时光简直太美好了！伟大的赢家层出不穷！而且，当时的股票交易不用交税，人们都以为这种好日子永远不会有终点。

可是，好景不长，很多灾难传言接踵而至。在那些"老油条"眼里，人们都在发疯，只有他们头脑清醒。可事实是，人们都有钱可赚，唯独他们赚不到。当然，我心里也明白，涨势总要有个头，买什么赚什么的狂潮持续不了多长时间。因此，我转而看空。然而，每次卖空，我都会亏损。幸好我手脚还算麻利，否则我会赔得更多。我盼着股市暴跌，更加谨慎操作，可是一买进就赚钱，一卖空就赔钱。所以，在那段鼎盛期，尽管我的交易量很大（别看我还年轻，但早就习惯大手笔交易了），可赚到的钱并没有你想象的那么多。

唯独有一只股票我从未卖空，那就是北太平洋公司。我的报价带研读能力发挥了作用。以我的判断，大部分股票已经没有上涨的空间，开始陷入停顿状态，但"北太平洋"似乎还有猛涨的趋势。现在我们都知道，当时，库恩－勒布－哈里曼联盟正在扫货，持续买进"北太平洋"的普通股和优先股。我不顾所有人的劝阻，做多了 1 000 股"北太平洋"的普通股。当"北太平洋"涨到 110 美元时，我已经赚了 30 个点，这时我才全部卖出。通过这笔交易，我的账户有了近 5 万美元余额，这是我有生以来最阔气的时候。想想就在几个月前，也是在这间交易大厅，我把全部身家都赔光了。与那时相比，眼下的情形已经非常不错了。

当时哈里曼集团通知摩根和希尔，它打算加入柏灵顿－大北方－北太平洋铁路联盟的董事会。摩根的人首先通知基恩买入 5 万股"北太平洋"，目的就是巩固其控股地位。后来听说基恩让罗伯特·培根把指令提高到 15 万股，银行方面照办了。不管怎样，基恩把手下一位名叫艾迪·诺顿的经纪人派到北太平洋公司当卧底，买进了 10 万股"北太平洋"。我猜想，这笔交易之后，他又追加了 5 万股。就这样，著名的垄断大战开始了。

1901 年 5 月 8 日收盘后，金融界闻名于世的两大巨头开始了交战。像这样发生在两大资本联盟之间的大规模争斗，在美国还是前所未有的。哈里曼对摩根，就像火星撞地球一般硬碰硬。

5 月 9 日，也就是第二天一早，我拿着 5 万美元，没有持仓任何股票。就像之前所说，我已经看跌多时。此刻，机会终于来了。我预感到将要发生的一切，那将是一次颇为壮观的暴跌，随之而来的是一批物美价廉的便宜货，然后就是一场快速反弹。那些捡了便宜的人将会收获大笔的利润。这无须福尔摩斯的推理就能看得一清二楚，只要抓住价格的一跌一涨，你就能够稳操胜券。

一切都如我所料。我本应是正确的，但却赔得分文不剩。某些反常的东西将我清洗出局了。当然，如果没有反常的事情发生，那么人与人之间就没有什么区别了，生活的乐趣也就荡然无存，投机游戏也只能是简单的加减法，我们的头脑也会因此变得迟钝。猜测可以开发人的大脑潜能。细想一下，为了猜得准确，人们要付出多少代价啊！

果然不出我所料，市场异常火爆，交易量猛增，波动的剧烈程度也是从未有过的。我以市价卖出了好几笔。开盘价令我极度兴奋，跌得太惨了。我的经纪人忙碌起来，他们忠于职守，效率极高，可是处理完我的指令后，价格已经暴跌了20多点。报价带上的价格严重落后于市场行情，业务量之大也导致成交报告出得很慢。当报价带上显示的价格是100美元时，我下达了卖出指令，而我的成交价却是80美元，比前一天晚上的收盘价下降了三四十个点。我卖出的价格与我原计划抄底买入的价格相符。但市场下跌总有到头的时候，于是我立即决定回补空单，转手做多。

我的经纪人开始买进了，但买进价不是我预计翻空做多的价格，而是场内交易员接到我的指令时的报价。到最后，买进价格比我预计的平均高出15个点。一天亏掉35个点，谁能承受得了？

报价机将我打败了，因为它总是落后于市场。我一直把报价机当作自己最好的朋友，每次下注都是以它为依据，但这次我却因为它而失败。报价带打印出的数字与实际价格差得很远，这让我损失惨重。过去我就在这上面栽倒过，但这次栽得更惨重。显然，光靠研读报价带是行不通的，还要注意经纪人对指令的执行情况。这么明显的问题，为什么我没有尽早发现并及时采取补救措施呢？

相比不闻不问，我选择了更糟糕的行为——继续做交易。进出没有停止，至于执行情况却完全不予理会。你知道，我从不做限价交易，一心想抓住市场机遇。我要打败的是市场，而非某个特定的价位。我认为该卖出时就卖出，要上涨时就买入。对这一基本原则的坚持最终救了我。如果在证券公司采取限价交易，那么就相当于把我在投机商行里的老办法照搬过来，虽然效率上会有些损失，但还是可行的。然而，这样做我永远无法学到股票投机的奥秘，只会按照有限的经验对自以为正确的东西下注。

在报价机严重滞后的情况下，我曾尝试限价交易，以期损失最小化，但市场根本不配合。这种情况频繁发生，我只好选择放弃。我自己都不明白为什么费了这么大心血才学会这个简单道理：投机游戏可不是对未来几档报价下小注，相反要对大行情做出预测。

　　经历了 5 月 9 日的大灾难，接下来我的任务就是努力弥补亏损了。在交易方法上我做了改进，但还是存在不足。假如我没有经常赚点钱的话，或许我就能更快地掌握市场智慧。但我赚到的钱，足以让我过上舒适的生活。我有很多朋友，享受着生活的美好。记得那年的夏天，我和华尔街的富豪们一样，前往泽西海滩，到那里去避暑。说实话，我的盈利还算不上丰厚，无法在填补损失的同时，承担起奢侈生活的开销。

　　我打算放弃老一套交易方法，但我还是没有弄明白究竟哪里出了问题，这样也就无法找到解决问题的方法。我一再强调这点，就是为了说明我在能够真正赚钱之前需要扫清的障碍。我的老式猎枪和 BB 弹根本无法对付大型野兽，因为它毕竟不是机枪。

　　就在那年初秋，我再一次赔得一无所有。而且，我感觉自己再也无法赢得游戏了。我非常沮丧，于是打算离开纽约，到别的地方另谋生路。我从 14 岁开始做交易，15 岁就赚到了人生中的第一个 1 000 美元，21 岁前，第一个 1 万美元也到手了，但转眼就都赔了进去。反复如此。我在纽约曾经斩获数千美元，很快又赔得精光。我最多曾拥有 5 万美元，但仅仅两天就不属于我了。我不懂得其他谋生之道，也不知道应该做些什么。就这样，一切又回到了起点，应该说比这还糟糕，因为我已经养成了奢侈的生活方式和习惯，但更令我烦恼的是我总犯错。

第四章

华尔街，我又回来了

就这样，我回到了老家。然而，刚一到家，我突然意识到，我的人生使命只有一个——赚钱杀回华尔街。从全国来看，也只有华尔街能接受我的重仓交易。总有一天，我会掌握正确的交易术。到那时，我会非常需要能够重仓交易的地方。当一个人可以正确判断时，他会渴望通过这种判断获得他应该获得的一切。

　　虽然希望渺茫，但我还是尝试着回到投机商行。如今，投机商行少了很多，有些商行的老板也换了人。凡是认识我的老板都拒绝和我做生意，也根本不给我解释的机会。我对他们说了实话，告诉他们我在纽约输得一干二净，我也并非过去自认为的那样什么都懂，他们没有必要把我视为敌人，拒绝和我做交易。但他们依然没有松口。新开的商行很不可靠，假如你有信心赌对，那么他们只允许你买20股。

　　我现在很需要钱，而大型投机商行正在从那些常规客户手中大把地捞钱，这些钱恰恰就是我所需要的。我联系到一个朋友，派他去一家投机商行做交易，我则假装随意进去看看。我按照从前的办法，试图让下单员接受我的小单，哪怕只有50股也行。但对方还是拒绝了我。于是，我和朋友事先约定好暗语，让他听从我的指示去做，可赚到的钱还不够我塞牙缝的。没过多久，投机商行有所警觉，不愿再接我朋友的单子了。有一天，当他准备卖出100股圣保罗时，终于遭到了拒绝。

事后我们才知道，原来，一位客户发现我们在商行外面交谈，就向商行告了密。因此，当我朋友走进商行，要求卖出 100 股圣保罗时，下单员回敬道："我们现在不做圣保罗的卖单，包括你的。"

"为什么，乔伊，出什么事了吗？"我的朋友诧异地问道。

"没什么事，就是不做这只股票的卖单了。"乔伊回答道。

"难道我的钱有问题吗？你看看，这可不是假币。"朋友边说边递上我给他的 10 张 10 美元钞票。他装作很气愤的样子，我则在一旁假装事不关己。大部分客户都围了过来。当然，只要听到有人在大声讲话，或是感觉到商行与客户之间有冲突，他们就会围过来看个究竟。他们都想搞清楚到底发生了什么事，生怕投机商行有破产的征兆。

那个乔伊可能是经理助理级别的职员，他从柜台后面出来，走到我朋友面前，看看他，又看看我。

"很有意思，"他缓慢地说道，"真是太有意思了，你的朋友利文斯顿没来这里的时候，你一天到晚只知道看报价板，别的什么都不做，连口大气都不敢喘。可他一来，你就忙开了。就算你真的在替自己交易，但不要在这里做了。利文斯顿在给你出主意，我们不会上当的。"

看吧，我的财路又断了。好在除了日常开销，我还有几百美元余钱，现在的问题是我无法用它们赚钱，没钱就无法杀回纽约，我为此焦虑万分。我预感，只要能回去，我就会做得很好。为了总结自己过去愚蠢的操作，我花了很多时间进行反省。你知道，距离远一点，也许会把事情看得更透彻。但现在，我急需一笔本钱。

有一天，我正在一家酒店的大堂和一群熟人聊天，这些人也都是交易老手。大家都在谈论股市。我非常肯定地对他们说：由于经纪公司的执行能力太糟糕，因此没有人可以战胜市场，尤其是和我一样根据实时价格做交易的人。

一个人问我："你指的是哪家经纪公司？"

我回答道："就是美国最好的经纪公司。"

他又追问："具体是哪一家？"看得出来，他不相信我曾在顶级公司做过交易。

我对他说："我说的是纽约证交所会员公司。我的意思并不是他们使诈或不负责任，只不过，如果你按照市价下单买进股票，那么你无法知道自己确切的买进价位，只有等到经纪人将成交报告交给你的时候才会知道。当然了，波动一两个点的概率比波动 10 ~ 15 个点的概率大得多，但由于执行问题，场外交易者很难跟上小涨跌。如果投机商行允许客户做大单，我倒宁愿在他们那里做交易。"

和我搭话的这个人我并不认识。他叫罗伯茨，面容和善。他把我拉到一旁，问我是否在其他类别的交易所做过交易。我否认了。他说他了解几家棉花交易所、农产品交易所和小型证券交易所的会员公司。这些公司很负责，而且尤为关注指令的执行情况。它与纽交所最大最赚钱的会员公司都有密切合作，影响力很大，保证每个月成交量能达到几十万股，为每一位客户提供最好的服务。

"他们对小客户的确很关照，"他说，"做外地生意是他们的强项，对 10 万股和 1 万股的单子一视同仁。他们尽职尽责，很讲诚信。"

"那好。但有个问题，如果他们按照常规向证交所支付 0.125 点的手续费，那他们还怎么赚钱？"

"是啊，那 0.125 点的手续费他们是一定要支付的。可是……我想你应该明白！"说着，他朝我挤挤眼睛。

"我明白，"我说，"但证交所会员公司不可能分割手续费，他们宁可杀人放火也不可能对那 0.125 点的手续费做出让步。这项铁规定关系到他们的存亡。"

他肯定知道我和证交所的人打过交道。他说："你听着！经常会有一些本来忠于职守的证交所会员公司被吊销一年执照，原因就是违反了这项铁规定。有很多种方法可以打擦边球、给回扣，没有人会去告发。"

他可能看出我不相信他的话，便接着说："另外，还有一些交易，我们——我是指那些证券公司——会在 0.125 点手续费之外再收取 0.0625 点手续费。但凡事都好商量，除非特殊情况，他们是不会收取额外手续费的，而且也只针对账户不活跃的客户。这一点你是知道的，不这样做不就赔了吗？他们做生意又不是吃饱了撑的没事干，对吧？"

我听懂了，他是在替冒牌经纪商拉客户呢。

"这样的公司哪家靠得住？"我问道。

"我了解全国最大的公司，"他说，"我自己就在那里做交易。它在美国和加拿大的 78 个城市都设有分部，生意很红火。如果它不守规矩，也不可能发展得那么好，你说是不是？"

"是啊，"我附和道，"它交易的股票和纽交所的是一回事吗？"

"那是肯定的。除此之外，还包括美国其他交易所和欧洲交易所的股票。另外，它还做小麦、棉花、粮食等等，凡是你能想到的，都应有尽有。它在各地都有耳目，并且具有当地交易所会员资质，有的是以公开身份开户的，有的则是匿名开户的。"

此时，我已经完全明白了，但我还想听他继续讲下去。

"嗯，"我说，"但是指令还得靠人去执行，这是无法改变的，没有谁能保证市场会有怎样的波动。同样，也没有谁能保证报价机的价格与场内价格有多接近。你从报价机上看到价格，然后提交指令，由电报把指令传到纽约，这个过程会浪费很多宝贵时间。看来，我还是回纽约去吧，就算在可靠的经纪公司赔钱也比在这儿强。"

"我还真不知道有赔钱一说。我们的客户都没这个顾虑。他们都能赚钱，我们可以打包票。"

"你们的客户？"

"对，公司也有我的股份。他们一直对我很好，所以我会竭尽全力为他们招揽客户，我也通过他们赚了不少钱。如果你愿意，我可以把公司的经理介绍给你。"

"这家公司叫什么？"我问道。

他把这家公司的名称告诉了我，我听说过。它做了大量广告，宣称很多客户根据它关于活跃股的内部信息赚到了大钱，这就是它的专长。这类公司与常规的投机商行不同，是投机商行中的骗子。这些人声称自己是正规证券商，但却在交易单上耍花招。他们精心伪装自己，让人们以为他们做的是合法生意。这家公司是这类公司中资历最老的一家。

如今，这类经纪商有很多都倒闭了，而这家公司可以称得上是这类经纪商的鼻祖。这伙人使用的原理和手法完全一样，只是在具体操作上稍有不同。老的一套招数用尽时，就要在细节上进行更新。

他们经常使用的手段是散布某只股票的消息，他们用几百份电报鼓动一部分客户立刻买进某只股票。与此同时，又用几百份电报鼓动另一部分客户立刻卖出同一只股票，无非就是赛马情报贩子惯用的老套骗局。这样一来，他们就能坐收买单和卖单了。此时，这家公司会选择一家正规的证交所会员公司买卖 1 000 股，并取得一份正式的交易报告。如果有人对他们产生了怀疑，指责他们在交易单上耍花招，他们就会用这份交易报告堵对方的嘴。

他们的另一个手段就是建立全权委托交易机制，根据自愿原则，让客户书面授权他们自由操作。他们使用的都是客户的名义，用的钱也都来自客户，很多客户觉得公司的判断比自己高明，还以为自己受了恩惠。有了授权后，如果钱被耗光，即使最难缠的客户也无法得到合法补偿。而公司通常会在账面上做多一只股票，以此吸引客户的资金，接着就利用投机商行的惯用手段，迅速打压股价，把数以百计的小额散户清洗出去。他们能骗就骗，不会放过任何人，尤其喜欢对女人、教师和老人下手。

"哪个经纪商我都看不上，"我对这位掮客说，"让我好好想一想。"说完我就走了，免得他继续在我耳边唠叨。

经过调查，我了解到这家公司有数百个客户，虽然负面新闻不断，但客户赚钱后却拿不到钱的情况还从未发生过。调查的难点是要找到一位在这家公司赚过钱的人，而我真的找到了。当时，市场形势似乎在按照公司的设想发展着，即使出现少数对他们不利的交易，他们也不会赖账。当然，大部分这类公司最终都会倒闭。对他们来说，倒闭就像流行病一样，隔一段时间就会爆发一次。这种情形就像一家银行倒闭会引发多家银行的挤兑潮一样，这是亘古不变的规律。一家商行倒闭，会引发其他商行客户的集体恐慌，争相把自己的钱取出来。不过，话说回来，在美国还是有不少骗子商行的老板可以稳稳当当地混到退休。

对那位掮客所说的公司，除了为达目的不择手段以及缺乏诚信外，我并没有听说任何值得警惕的消息。这些人的专长就是鼓动那些企图一夜暴富的人追随他们。但他们在将客户的钱财卷走之前，总会让客户签下书面授权。

我遇到一个家伙，他说他亲眼看到过一天之内有600封电报发出，鼓动客户买入某只股票，而同时又有600封电报发出，鼓动其他客户立即卖掉相同的股票，刻不容缓。

"是的，这种把戏我知道。"我对他说。

"那就好，"他说，"但是，你知道吗，第二天他们还会再次给同一批人发电报，鼓动这些人平掉手中所有的交易单，买进或卖出另一只股票。我问过公司里的一位高级合伙人：'你们这么做的目的是什么？我能明白你们第一天的做法，虽然所有客户最终都会赔光，但好歹也要让一部分客户暂时留点账面利润啊。第二天还来这一套，这不是把他们赶上绝路吗？你们究竟是怎么想的？'"

"他说：'客户的钱注定是要输光的，这是没有办法的事，无论他们买了什么，怎么买的，从哪里买的，何时买的，都逃不出这个结局。他们哪天把钱输光了，我们也就失去了这些客户。既然如此，我们为什么不趁他们还有钱的时候多榨一点呢？反正把他们榨干以后，我们还可以再找别人，冤大头多的是。'"

说实话，对这家公司的职业道德我毫无兴趣。当初，我对泰勒公司耿耿于怀，直到狠狠教训这些人一顿之后才算出了口气。但对这家公司，我却毫无恨意，或许他们真的是骗子，也或许有人故意陷害他们。我不会让他们替我做交易，也不想从他们那儿打听什么小道消息，不想听他们的谎言。我只想筹集一笔本金杀回纽约，到正规的证券公司做大手笔交易。在那里，我不用担心警察会突然闯入，也不用担心账户突然被冻结。一旦账户被冻结，基本就不用指望什么了。幸运的话，一年半后或许能拿回8%。

41

不管怎样，我主意已定，要到这家公司看看，比起正规的证券公司，它到底能为我提供哪些交易优势。我没有太多的钱做保证金，不过，会在交易单上耍花招的公司在这方面的要求并不苛刻。所以，即使只有几百美元，你也可以好好玩一把。

我来到那家公司，见到了经理本人。当他了解到我是个交易老手，在纽交所会员公司开过户头，并且还亏掉了所有身家之后，他便不再承诺只要我把钱交给他们，一转眼就能赚到100万。在他眼里，我成了长期摇钱树，和那些时刻追逐报价机、时刻都在交易又时刻都在赔钱的人一样，为经纪商提供稳定的收入来源——无论是骗子投机商行，还是只赚取少量手续费的经纪商。

我对经理说，我只要求强大的执行力，因为我按市价做交易，我不想看到成交报告上的数字与报价机上的价格相差半个点甚至一个点。

他向我发誓，他们会满足我的愿望。他们愿意接我的单子，因为他们要通过交易让我看到什么是高端经纪服务。他的员工都是本行业最优秀的人才。事实上，他的优势就在于迅速按照指令行事。即使成交价和报价机上的价格略有差异，也一定会对客户有利。当然，对此他并没有打包票。只要我在他那里开户，就可以按照电报传来的价格买卖，他对自己的场内交易员很有信心。

也就是说，在那里，我可以放心地按照实时价格交易，就像在投机商行里一样。我没有表现出急切的样子，只是摇了摇头，告诉他我还要考虑一下，但只要决定了就会及时通知他。他竭力劝我立即开户，因为现在形势很好，是赚钱的好时机。他说的没错，但真正赚钱的是他们，此时市场很沉闷，价格波动小，这正有利于他们诱骗客户入局，接下来再制造一个急跌，将客户清洗出去。面对他的纠缠，我好不容易才找了个借口离开。

我把姓名和住址留给了他，当天就收到了发件人付款的电报和信件，鼓动我抓紧买进几只股票，因为听说有个内部资金集团正准备把价格炒高至少50点。

此时，我正在满处寻找同类公司。根据我的观察，要想从它那里赚钱，

42

我只有一条路可走，那就是在周边多找几家公司同时交易。

一切都筹划好后，我就在三家公司开了户，然后租了一间小办公室，安装了直通这三家公司的电报线。

一开始，我出手很轻，只做小额交易，以免他们察觉。总的来说，我还算是赚了钱。没过多久，他们就告诉我，他们希望和直连电报客户做大单交易。在他们看来，我做的交易越大，赔的钱也就越多；趁早把我清洗出去，他们就能赚更多的钱。这真是个如意算盘，因为他们的对手一直都是一群平庸之辈。从财务角度看，普通客户往往坚持不了多久。半死不活的客户怨声载道，甚至找上门来闹事，这些都会影响公司的生意。而只要让他们破产，再也无法做交易，也就万事大吉了。

此外，我还与当地一家正规公司连了线，它可以即时联络纽交所的会员公司。我搞到一台股票报价机，开始谨慎地操作。就像前面说的，这样的交易和在投机商行很相似，只不过节奏慢了一些而已。

对于这样的游戏，我有十足的把握会赢。我也的确赢了。我还从未有过这么好的状态，可以说是百发百中。我每个星期都在赢钱，生活重新优裕起来，但我也一直坚持存钱，为了积累足够的资本杀回华尔街。我又和另外两家同类公司连接了电报线。这样一来，和我做交易的同类公司一共有5家了。当然，我始终和那家正规公司保持电报直连。

我的操作出现过几次问题，股票与我预计的模式走势相反。好在没有给我造成多大的损失——当然，那些人也无法给我造成太大的打击，因为我的保证金本来就没有多少。我和这几家公司保持着融洽的关系。他们的账户记录经常与我的记录不一致，而这些差别总是对我不利，这难道是巧合吗？当然不是！我极力反攻，直到最终取胜。他们总是企图把我从他们那里赚到的钱再赢回去。看得出来，他们把我的盈利当作临时贷款。

他们不可能做公平交易，固定比例的经纪行手续费无法满足他们的胃口？他们的赚钱之道就是坑蒙拐骗。在股票交易中，受骗者永远都在赔钱，因此根本称不上是投机者。也许你会认为，他们明明可以把非法业务做得合法一些，但他们坚决不会这么干。有句名言说的是"将欲取之，必先予之"，可在这帮人眼里，这句话一文不值，他们要做的只有赤裸裸的欺骗。

他们也曾多次试图用这样的老把戏给我下圈套，有时我也难免疏忽犯错。他们经常在我做小单交易时耍这些把戏。我指责他们做手脚，手段下作，但他们从不承认，结果我只能认倒霉，继续像平时一样做交易。不过，和骗子做生意也有好处：即使你抓了他们现行，他们也不会和你计较，只要你还继续和他们做生意就行。对他们来说，被抓现行并不丢脸，他们愿意委曲求全配合你，这可真是"宽宏大量"啊！

面对如此缓慢的资本积累，我决定不再忍受骗子的伎俩，想要惩罚一下他们。我选择了一只股票，不久前它还很热门，可是如今已经没落了。当然，如果我选择一只从未活跃过的股票，他们一定会有所怀疑。我向五家骗子公司发出了买进这只股票的指令。当他们接到指令，等待报价带上的最新数字时，我立即通过证交所会员公司下达指令，要求以市价卖出100股同一只股票，并且催促他们尽快执行。你可以想象一下卖出指令到达交易所场内时的情形：一家和外地有电报直连的会员公司要求尽快卖出一只冷门股。有的人借机捡了便宜，但这笔交易的成交价将会显示在报价机上，成为我那5张买单的买进价。总而言之，我用低价做多了400股。那家正规公司问我是否听到了什么风声，我只说我有小道消息。就在市场收盘前，我又给正规公司发去电报，要求立刻买回那100股，并且催促他们不能耽误。我告诉他们我不想做空了，无论形势怎样变化，都要不惜一切代价给我平仓。于是他们与纽约连线，传达了买进的指令，由此掀起了一波暴涨。此前，我已经给那五家骗子公司下达了卖出指令，将我那500股全部卖掉。一切都很完美。

可他们就是不接受教训。既然如此，我便以相同的方式又教训他们几次。虽然他们本应受到更严厉的惩罚，但我没有太下狠手，只用100股的规模赚上两三点就收手。这对我的积蓄帮助很大，我的目标是重返华尔街。现在，这笔钱已经积累了不少。有时，我也变变方式，卖空某只股票，但也会适可而止。只要每次能赚上600到800美元，我就非常满意了。

然而，有一次出了点意外。因为我的手法实在太高明，引发了出人意料的波动，竟然达到了 10 点之多。而且，这一次我并没有像往常那样在每家骗子公司交易 100 股，而是选择了其中一家交易 200 股，其他四家依然是 100 股。形势好得让他们难以忍受，纷纷发来电报对我表达不满。于是，我找到那位经理，当初就是他迫不及待地要我开户，每当被我抓了现行，他总会表现得事不关己。他的职位不算高，但说话口气却很大。

"这只股票被人做了手脚，我们一分钱也不能付给你！"他恶狠狠地说。

"你们接我买单时可没说有人做手脚，当时是你们让我买进的，对不对？现在你们也得让我卖出，否则就太不公平了，你说呢？"

"胡说！"他居然发怒了，"我可以证明有人在捣鬼！"

"是谁在捣鬼？"我追问道。

"有个人！"

"究竟是谁？"我又追问。

"不用问，就是和你一伙的。"他说。

我提醒他说："你应该明白，我一向单枪匹马，这一点谁都清楚，从我开始交易那天起，大家就都知道。我现在好言相劝，你快把钱给我，我不想发火，照我说的做！"

"我们不会给你钱的。这里面有圈套！"他怒吼着。

我不想再和他纠缠下去，对他说："现在马上给我钱，现在，马上！"

他又嚷嚷了一会儿，直接骂我是诈骗犯，但最后还是把钱拿了出来。另外几家还是好说话的，有一家的经理甚至事先对我在冷门股上的操作方法做了一番研究，当他接到我的买单时，也在纽交所为自己买了些，所以也赚了。如果客户以欺诈罪起诉他们，这帮家伙才不会在乎，他们有一套为自己辩护的技巧。我没法冻结他们银行里的钱，因为他们很谨慎，不让任何资金暴露在风险中。他们唯一害怕的就是信誉受损，被说成是奸商并不会影响他们的生意，但摊上赖账的名声可是致命的打击。对客户而言，在经纪行里赔钱是平常事，可是一旦赚了钱却拿不到手，那么这家公司在投机界的名声就坏了。

五家经纪行到最后都把钱如数给了我，但这 10 个点的大涨后，我的报复行动也宣告结束了。他们惯于用小手段去欺诈那些可怜的客户，没想到自己有一天也会被人算计。我重新回到以往的交易模式，但他们开始限制我的交易规模，让我无法赚大钱。

转眼一年多过去了。在这段时间里，我想尽办法从这些公司赚钱。我的生活富裕了，还买了一辆汽车，也不再限制自己的开销。我既要积蓄，也要生活。只要我判断正确，就能赚很多钱，可以存下不少。但如果我判断错误，那么就赚不到钱，也就没钱可花了。前面说过，我已经攒下了一大笔钱，那五家骗子公司也没什么油水可捞了。于是，我决定回纽约去。

我开着买来的汽车，邀请一位同是交易者的朋友同行。他接受了我的邀请，然后我们就上路了。到了纽黑文，我们停车吃了晚饭。在饭店里，我遇到一位老股友。寒暄过后，他告诉我市里有家投机商行，生意很红火。

从饭店出来后，我们继续向纽约进发，我特意沿着那家投机商行所在的街道行驶，想看看它的门脸有什么特点。我们找到那家投机商行，在诱惑的驱使下，停车走了进去。这里的装修算不上豪华，但老式报价板和忙碌的客户都是我熟悉的样子。此时，游戏正在进行中。

经理的做派像个演员，又像个政治演说家，给人印象深刻。他那一句"早上好"就如同经过 10 年的艰苦寻觅，才终于在显微镜下发现了早晨的美妙之处，于是急忙把天空、阳光和公司的资金实力捏合在一起呈现给你。他看到我们开着跑车，像是没有社会经验的愣小子。况且，我的相貌看上去可能还不到 20 岁，或许他以为我们是耶鲁大学的学生。我没有透露真实身份，也根本没这个机会。经理忙不迭地迎接我们，一边对我们表示欢迎，一边对市场行情夸夸其谈，说市场真是天遂人愿，早盘上涨，就像天上掉钱一样，简直就是给大学生派发红包。自古以来，聪明的大学生们总是入不敷出，但在这里，只需一小笔投资，报价机就会帮你赚上几千块。股市会让你财源滚滚。

这位经理极其和善和热情，以至于让你觉得，不在这里干一票就觉得对不起他。于是，我告诉他，我会按照他说的去做，因为我也听说很多人通过股市发了大财。

我开始交易了。起初下手很轻，但随着盈利不断增加，加码也越来越大。我的朋友也在照着我的样子做。

晚上，我们就在纽黑文过夜。第二天上午9点55分，我们又来了。"演说家"经理见到我们很高兴，以为自己今天会有好运气，但那天我用很少的钱就赚了1 500美元。第三天，我又找到经理，卖出500股糖业，他显然是犹豫了，但没说什么，接了我的单子。股价下跌1个点后，我决定平仓，将交易单交给他。这一笔我赚了整整500美元，当然，他还要把我的500美元保证金退给我。他从保险箱里拿出20张50美元的钞票，动作缓慢地数了三遍，又当着我的面数了第四遍。他的手指像是沾了黏稠的胶水，牢牢地粘住了那些钞票，但最终他还是把钱交给了我。他抱紧胳膊，紧闭双唇，没说一句话，只是直勾勾地瞪着我身后的窗顶。

接着，我对他说，我要卖出200股钢铁。他没有搭理我，似乎没听见。我又重复了一遍，但这次改为300股。他扭过头来，我等待着他说些什么，但他只是瞪着我，舔了舔嘴唇，仿佛要向长达50年的黑暗开火似的。

最后，他指了指我手中的钞票，说道："快把它拿开！"

"把什么拿开？"我有些不明白他的意思。

"你们打算去哪儿，大学生？"他清清楚楚地问道。

"纽约。"我回答。

"这就对了，"他一边说，一边不停地点着头，"就该这样，你们要离开这儿，这就对了，我算是认识你们了！学生？别骗人了！我知道你们是谁！是啊……"

"真的吗？"我礼貌地问道。

"没错，你们两个——"他稍稍停顿了一下，突然咆哮起来："你们就是全美国最大的巨鳄！学生？是啊！而且还是大一新生呢！"

我们走了，他还在那里一个人自言自语。其实，他可能并不心疼那笔钱，因为职业赌徒是不在意那些钱的，毕竟股市中的输赢都是难免的。他之所以生气，是因为我们捉弄了他，他的自尊心受到了伤害。

就这样，我第三次来到华尔街。其实，我一直都在研究自己的方法，下决心找出其中存在的问题，找到我在富勒顿公司失败的原因。我在 20 岁时赚到了人生中的第一个 1 万美元，然后赔光了，但这次失败让我明白了钱是怎么赔掉的——我时刻都在做交易，当我无法根据经验找到正确方法时，我依然在做交易，这样做无异于赌博。我在 22 岁时筹集到了 5 万美元本金，但却在 5 月 9 日的一天内就赔光了。我同样明白自己是如何赔掉钱的：我输给了报价机的滞后和从未有过的大波动。但我不明白的是，当我从圣路易斯回到纽约后，以及 5 月 9 日的恐慌平息后，我为什么还会赔钱。当时，我已经有了一定的理论，也已经纠正了一部分错误，但我仍需通过实践来检验这些理论。

要想知道不该做什么，最好的方法就是将你的全部身家都赔掉。当你发现不做某件事就不会赔钱时，你也就明白了做什么才能赢钱。

第五章

数字是唯一
不会说谎的

在我看来，那些比较平庸的报价带研读者，也就是被称为"报价带虫"的人，他们在操作中的失误可能是过于追求专业化所导致的。这说明他们的思维模式还很僵化、狭隘，这为他们带来了惨重的损失。但无论基本原则如何长久不变，投机游戏都不能仅靠数学公式和定律来玩。我在研读报价带时，也要结合数学以外的东西，这其中就有"股票行为"的东西，这是我命名的。通过这个过程，你就能对股票是否按你所观察到的历史走势波动加以判断。一旦发现股票行为异常，就停止接触，因为其中或许就有问题。情况不明，也就无法正确预测；无法预测，当然就无法赚钱了。

对股票行为加以观察，对其历史表现加以研究，对这些我们已经谈得很多了。我第一次到纽约时，见一个法国人常在经纪商的营业厅里对图表高谈阔论。开始时我还把他当成那家公司无奈养着的怪人，因为那里有很多"烂好人"。到后来我才知道，这是个说客，他口才很好，让人印象深刻。他说过，数字是唯一不会说谎的，因为它无法说谎。用他发明的曲线大法，可以对股市运动加以预测。他对股票的分析讲得头头是道，比如说为什么基恩在著名的艾奇逊公司优先股拉升控盘中做得完全正确，但在其后的南太平洋公司集资控盘中却遭遇失败。对这位法国佬的方法理论，许多职业交易者都做了尝试，结果他们不得不重回自己的老路，他们的生计还得依靠自己不科学的老方法维持。在他们看来，自己的方法的成本更低。听说法国佬自己宣称，基恩承认他的图表是完全正确的，但我还听说他的这套方法在活跃市场中进展很慢，没有什么实际作用。

有一家经纪行每天都要绘制日价格运动图表，看一下图表，就能清楚地了解每只股票几个月来的走势。通过对个股曲线和整体市场曲线加以比较，同时运用一定的规则，客户就能对不科学的小道消息有所分辨，发现那些股票是否真的会涨。图表成了内幕消息的补充。现在，许多佣金行都在提供交易图表，它们由专门的统计专家制作，既有关于股票的，也有关于商品的。

我必须强调的是，图表对研读者能提供帮助，也可以说，对了解图表内容者提供帮助。但如果是一个平庸的图表研读者，他常常会陷入波峰和波谷、主要运动和次要运动这样的概念中，从而将这些当成股票投机的全部。将这一逻辑演绎到极致，并因此建立自己的自信，这样的人肯定是要破产的。

曾经有位能人，他是一家著名证交所会员公司的正式合伙人，毕业于一家著名的技术学校，是个素质很高的数学家。他对许多市场的价格行为做了非常细致的研究，这其中就包括股票、债券、谷物、棉花、货币等等。他还在这个基础上发明了图表。他回溯了多年的历史数据，对计算相关性和季度波动进行跟踪，所有的工作都做得细致入微。许多年了，他始终在用他的图表做股票交易。他采用的是堪称精巧的均线。他曾对我讲，他总是战无不胜的，只是因为世界大战让所有的历史走势失去效力才告一段落。据说，他和他的大批追随者亏损了数百万美元才认输罢手。一旦形势好转，就是世界大战也挡不住牛市的滚滚洪流；而形势不妙，就会发生相反的情形。你想赚钱，有一件事就一定要做好——懂得怎样对形势做评估。

我不是要跑题，可是一回忆起在当初在华尔街的日子，就不禁想起这些。我现在懂得了很多当初不懂的东西，反省当初那些因无知而犯下的错误，那都是普通股票投机客常犯的错误。

回到纽约后，我又尝试着第三次战胜市场。我选择了一家证交所会员公司。我不指望自己做得多么出色，但我相信，很快我就能大有长进的，因为我可以在这里下很重的注。但现在反思一下，我的主要问题还是无法识别股票赌博和股票投机之间致命的差别。当时，我所遵循和凭借的就是在7年间所总结的报价带研读经验，还有一定的投机天赋。我的本钱并没有壮大，但收益还算很高的。随着赚钱增多，花销也增大了，这也算是人之常情，因为不仅是能赚钱的人如此，只要你不是守财奴，就都会这样的。而像老罗素·赛奇，既能赚钱也能囤钱，两样功夫都很厉害，到最后，人不在了，还有很多钱没花完。

　　每天从上午10点到下午3点，我都要全力以赴地投身于战胜市场的游戏中。即使下午3点以后，我还会全神贯注于这场游戏。娱乐干扰业务，在我这里是绝对不允许的。如果我亏损了，错误一定出在我这里，并非因为挥霍钱财、荒淫无耻而导致状态不好。我还没有因为精神和身体原因而影响交易。我不能让任何事情造成我身体和精神不适，因为我担当不起。我还是个年轻人，我从未做到很晚，我知道如果没有充足的睡眠我就无法正常做事。在不断赚钱的同时，我还没有放弃优越生活的想法。我有什么需求，市场就能满足我。我的自信心正在建立起来，它来自平和的职业态度，它使我走向自强自立。

　　我要对操作手法做些改革。首先是时间框架。过去在投机商号时，总要等到一切条件都具备后才去搏那一两个点的利润，我要改变这种做法。在富勒顿公司营业厅里要想抓住行情，就要及早下手。也就是说，我一定要把握住将要发生的事情，预测股价运动。我说的这些一定让人觉得既好笑又老套，但你还是会明白我的用意。如今，对我来说，最重要的是自己对这场游戏要转变态度。我从中学到了很多，对波动下注和预测必然发生的涨落之间是有本质区别的。也就是说，赌博和投机是有本质区别的。

　　在对市场加以研究时，有必要用一个小时回溯一下过去，这是我在全世界最大的投机商号中做交易时没有领悟到的。我对交易报告、铁路公司利润表和金融及商业统计数字做了大量的研究，努力培养自己对它们的兴趣。我对重仓出击情有独钟，所以我被它们称为"少年豪赌客"，但价格运动也是我所喜欢的研究对象。只要有助于我更成功地交易，不管它是什么，我都会当作可爱的东西。有问题需要解决，首先我必须清楚问题是什么。

如果我自认为解决问题的办法已经有了，我就要证明自己是正确的。证明的方法只有一个，就是把你自己的钱投进去。

如今再看我，还是进步太慢，但换个角度讲，我当时整体处于盈利状态，所以也算铆足劲了。如果我再多亏些钱，很可能我会更加努力钻研的。毋庸置疑的是，有些错误还没有被我发觉。

我在富勒顿的操作是成功的。总结经验，我觉得虽然我对市场预测能达到百分之百的正确，自己对大势的判断以及对整体趋势的把握是正确的，但是这种"正确性"所应带来的利润，我却没有完全得到，不知道原因是什么。

在市场中，无论是打胜了还是打败了，有些道理还是相同的。

比方说，牛市一开始，我就看到了，并依据自己的判断买入了股票。后来，一波涨势果然出现了。到现在，一切都还正常。除了这些，我还有什么可做的呢？我采纳了资深人士的意见，克制住年轻人的冲动鲁莽。我主意已定，要采取明智的办法，谨慎从事，保守操作。人们都认为，这样做就意味着获利了结，接着在回调时重新杀入。我也打算这样做。按照通常的情况，我将获利了结了，但后面的回调却没有出现。这样，我就只能眼睁睁地看着自己的股票大涨 10 点，我却只有通过保守操作产生的 4 点真实利润。谁都会讲，只要你赚了，就不会受穷。变穷倒不至于，但指望在牛市中赚到的 4 点利润发家致富，那也是不靠谱的。

本来我应该能赚到 2 万美元，最终却只得了 2 000 美元，这就是保守操作的结果。我明白了，我所赚到的总是我应该赚的一小部分。同时我还发现，菜鸟之间也不完全一样，他们的行为方式是由他们的经验决定的。

新手什么都不了解，这是谁（包括新手自己）都知道的。可是到第二个阶段，他就觉得开窍了，并且会让别人也产生这种感觉。他有经验了，也经过了一番研究，但不是针对市场本身的研究，而是对市场做更高层次的评论。二级菜鸟明白一些新手还不懂的止损的办法。佣金行的衣食父母，就是这些准菜鸟，他们每天都在向佣金行送钱，而那些百分之百的新手则不然。二级菜鸟一般在三年半内不会破产，而新手在华尔街的生命不会超过一个季度，通常在三周到三十周。准菜鸟习惯于将有关交易的豪言壮语和投机规则挂在嘴边。老鸟所谆谆告诫的禁忌戒律，准菜鸟都明白，除了最重要的一条——不做菜鸟！

准菜鸟自以为什么都懂，他专选下跌时买入，他计算股票从顶部下跌的点数，用这样的方法来衡量自己能捡到多少便宜。在大牛市中，那些如假包换的菜鸟，那些根本不懂得规则和历史走势的家伙，他们会盲目地买进，这是因为他们的期望本身就是盲目的。他们赚了不少钱，一直到发生健康的回撤，只需一次大跌，就能将利润全部赔光。但那些准菜鸟的所为和我自以为是时一样，就是跟在别人后面。我现在明白了，我在投机商号中的交易手法必须改变。我觉得我的交易手法一旦改变，我的问题就能解决，而且我所选择的手法，已经被那些老手证明是具有极高价值的方法。

被我称为"客户"的人，他们的情形都大致相同。想找到承认华尔街不欠自己钱的客户是很难的。在富勒顿公司，客户就是一群乌合之众，囊括了形形色色的菜鸟。但其中还是有一只与众不同的老鸟。他年事已高，而且从不拿出意见，也不显摆自己的成果。他善于倾听，总是认真地听别人在讲些什么。对小道消息，他不以为然，也从不喜欢向别人打听消息。但遇到有人给他透露点小道消息，出于礼貌，他也会道声谢。有时他甚至还会再次向提供消息的人表示谢意，这说明那条消息应验了。如果小道消息没有兑现，他也不会怨谁。这样一来，没人能猜透他到底是怎么想的。交易厅的人都认为他手头非常宽裕，但从公司的佣金看，他的贡献其实并不多。他叫帕特里奇，人们私下里给他起了个绰号叫"火鸡"，因为他的胸膛宽厚，总是挺着胸膛在几个房间里转来转去，喜欢将下巴顶在胸口上。

对客户来讲，他们都希望有人从后面推自己一把。这样一来，他们就能将失败归罪于他人。他们总是跑到帕特里奇那里，对他说，有个内幕人士的朋友的朋友向他们提出建议，告诉他们某种股票的操作方法。他们还没有按照消息采取行动。于是，帕特里奇会告诉他们用什么方法。但是，无论人们获得什么样的消息，不管是买还是卖，老谋深算的帕特里奇总是给出同样的答复。

客户高谈阔论，他们提出问题，接着就会问道："对这个问题，您觉得我该怎么做呢？"

此时，"火鸡"把头扭向一边，像慈父一般微笑着望着客户，接着语重心长地说："你明白的，这是牛市。"

这句话我听见他说过好几次了，"呃，你明白的，这是牛市"，仿佛他送了你一个灵验的护身符，还给你上了百万美元的意外险。当然，对这句话的意思，我还没有领悟明白。

一天，有个客户冲进营业厅，他叫艾尔默·哈伍德。他写了一张指令交给下单员，随后又走向帕特里奇。这时，约翰·范宁正给帕特里奇讲故事，帕特里奇也很有礼貌地听着。故事是这样的：有一次，约翰·范宁偶然听到基恩给经纪人发出某个指令，他跟风杀入，可结果却只在100股上仅仅赚了3个点。但就在约翰卖出后，这只股票却一飞冲天，仅仅在三天内就涨了24点。约翰讲述他的苦难历程，也许是第四次了，但是"火鸡"仍一如既往地认真倾听，面露同情，仿佛第一次听到这个故事。

就在这时，埃尔默过来打断了故事，他没顾上向约翰·范宁表示歉意，就急忙对"火鸡"说："帕特里奇先生，我刚把我的克莱麦斯汽车卖了。我的人对我说市场要回调了，那时我就能用更低的价钱吃进了。如果你还有持仓的话，最好也这样做吧。"

埃尔默疑惑地望着"火鸡"，当初他听到买入消息后就告诉了帕特里奇。业余消息人士（这些人常义务为人们传递消息）一贯认为，那些从他们这里获得消息的人应该对他们感恩才对，虽然他们并不知道消息是否靠谱。

"是啊，哈伍德先生，我还有持仓！""火鸡"的回答充满了感激。埃尔默不愧是个好心人，这么惦记这位"老油条"。

"那么，现在是了结利润等到下跌后再赚一票的时候了，"埃尔默说道，那口气仿佛他刚将一张存单送给了"火鸡"一样。可是"火鸡"却没有显出感激的神情。于是，埃尔默接着说道："我刚清仓了！"

听他说话的声音，再看他的神态，还真让人以为他至少交易了1万股。

再看帕特里奇的脸上仍然洋溢着感激的神情，他慢慢地像是自言自语地说道："不！我可不能这样干！"

"你说什么？"埃尔默吼了起来。

"我可不能这样干！"帕特里奇重复着刚才的话，那神情像是遇到了大难题。

"我不是已经把买进的消息给你了吗？"

"没错，哈伍德先生，我对此是非常感激你的，这是实话，可是——"

"别说了！听我讲！在 10 天之内这只股票不是已经涨了 7 个点？"

"就是这样啊，所以我非常感激你，小伙子，但是我还不考虑卖掉它。"

"不考虑？"埃尔默的眼睛里满是疑惑，很多消息的传递者同时也爱打听消息。

"不，不考虑。"

"怎么就不考虑呢？"埃尔默说着就凑近帕特里奇。

"怎么就不考虑？因为这是牛市！""火鸡"的回答仿佛为一连串的详细解释做了归纳总结。

"说得太好了，"埃尔默显然非常失望，又非常恼火，"我也明白这是牛市，但你现在的选择最好是先把这只股票的仓位卖掉，等回调时再捡回来，这样做不就降低成本了吗？"

"好伙计，"老帕特里奇显出一副苦大仇深的样子说，"好伙计，我要是现在就卖掉这只股票，我的位子就没了，那时我如何是好？"

艾尔默·哈伍德又是甩手又是摇头，他走到我的身边，显然是想从我这里得到些支持。"你说，这叫什么事啊？"他凑到我的耳边高声问道。

我没说什么，只听他接着讲："我把一个克莱麦斯汽车的消息给了他，他买了 500 股，获 7 点利润。我现在建议他出场等回调后再杀入——其实早就该回调了。你看他听到这个消息时的反应，他竟然讲如果卖掉的话他就只有喝西北风了，这是什么话啊？"

"真是对不起，哈伍德先生，这不是我说的，""火鸡"接上话茬儿，"我只是说我要丢掉我的头寸。你现在还年轻，等到了我这把年纪，就会和我一样见识很多的繁荣和恐慌，同时也会明白丢掉头寸会带来很大的压力，就是约翰·洛克菲勒也不例外。我盼着股票回调，这样你就能用很低

56

的成本再次建仓，是这样吧，先生。可是我的交易只能根据自己多年积累的经验进行。这是我付出很大的代价才学会的，我可不想再多付一次学费。但我还是要感谢你，这就像我已经把这笔钱存进了银行。这是牛市，你明白的。"说完这番话，他就挺着胸膛离开了，只剩下埃尔默一个人站在那里。

当时，我对老帕特里奇的话还没怎么在意。后来，我开始反思自己的错误时，尤其是在对大势判断正确时却没有赚到钱这个错误反思时，对这番话才真正有所领悟。随着研读的深入，我越发感到这位"老油条"的正确。可以看得出，在年轻时他也曾遭遇困境，对人性的弱点也有所领悟。经验教训使他不再受到诱惑，对他来说，那是难以抵御的。同时，他还将为此付出巨大的代价，如同我现在这样。

"这是牛市！你明白的！"老帕特里奇总是这样告诫客户。对他的这番话，我终于有所领悟了。这句话实际上是要告诉我们，大钱并不在个别波动中，而是在主要趋势中。换句话说，就是不在研读报价带中，而是在顺应大市及其趋势中。我觉得，这是我在交易中的一大提高。

我还想再说一件事。我在华尔街磨砺多年，赚了不少钱，也曾亏损过很多钱。我想对你说，能给我带来财富的不是我的想法，而是我的期待。我在等待观望。其实，要对市场做出正确的判断并不需要什么技巧，你在牛市时总能找到许多早期就买入牛股的人，而在熊市时，你也能找到许多早期就卖空熊股的人。我发现，许多人在正确的时候做出了正确的判断，在价格处于潜在利润最大水平处开始买入或卖出股票。和他们对照，他们的经历和我如出一辙，到最后都没赚到钱！判断既准确，又安稳如山，这确实是少见的！在我看来，这是最难学到的。但是作为一个股票作手，要想赚大钱，这一关就必须得过。我们都要面对这样的现实，对一个交易者来说，懂得了交易方法后，接着就会有滚滚而来的金钱。与无知时相比，赚上百万美元是很容易的事，比赚几百美元还容易。

其中的道理是这样的，你对市场的看法也许是直观且明确的，但如果市场出现你所预料的走势时，你就显得不耐烦或是疑虑增加。华尔街上的许多人不是菜鸟，他们甚至早已超出了老鸟的境界，但到最后还是要亏损，原因就在这里。他们不是被市场打败的，而是被自己打败的，因为如果不能像山一样稳固，就是再聪明的脑瓜也是没用的。老火鸡的言行确实高明，他既有胆量按照自己既定的判断行事，还能保持山一般的稳固。

反思我的错误，我发现致命之处就是对大波动熟视无睹，却总是在小走势上跳进跳出。没有谁能把握所有的波动。在牛市中，你要做到买入并持有，一直到牛市进入尾声。要想做到这些，你就要对整体大势加以研究，而不是影响个股的消息或特别因素。接着，就要把所有的股票都忘掉，为了持稳它们而忘掉。你要做的就是等待，一直到你发现，也可以说你更愿意发现市场出现了转机，整体大势出现了逆转。你一定要发挥你的远见卓识做好这件事，否则我的建议就没有意义，就成了"高买低卖"那样的废话。有一条被大家认可的教益，它告诉人们不要试图抓住最后（或最开始）的 0.125 点（当时美国股市变动的最小单位）。这两个 0.125 点是全世界最贵的 0.125 点。为了抓住这两个 0.125 点，股票交易者付出了惨重的代价，这代价甚至可以建造数条横穿美国的高速公路。

当交易进入更为明智的阶段后，我研究了一下在富勒顿公司的操作，我发现有一个地方值得注意，在最初的交易中，我很少亏损。这就使我出手非常大方，判断也更加自信。但接下来由于他人的建议以及我自己的不沉稳，这种自信又被摧毁了。玩投机游戏，你如果对自己的判断缺乏自信，你就走不远。我学到的所有内容就是对整体大势的研究，建立头寸并拿住它。我能等待，不要因为丧失耐心而后悔。我能经历回撤而不被震荡出局，我心里明白这是暂时的。我曾经将十万股卖空，接着就出现了大反弹。我的预料是非常准确的，我的几百万美元的账面利润，将要在这样一次不可避免甚至可以说是正常的反弹中被抹掉，但这些并不能触动我，我眼看着账面的利润被蒸发掉了一半，对"轧平空头头寸等到反弹结束后再重新做空"的建议我也不去理睬。我明白，假如我这样做了，就有可能把自己的头寸丢掉，还会丧失大杀四方的确定性。只有大波动才会带来大利润。

学到这些，我花费了很多时间。从犯错到明白自己错了，需要一段时间；从明白自己错了到明确出错的地方，这要花费更多的时间。但即便如此，我还大步前行。我还年轻，我会另找出路。我赚到的大部分利润，主要是善于解读报价带的功劳，我的方法与所处的市场非常适宜。当然，我也会亏钱，但已经不像刚到纽约时那样多了，我的脾气也改了很多，不像当初那样暴躁了。回想自己，曾经在不到两年的时间里经历三次破产。所以我才说，最有效的教育方式就是破产。

由于我的生活奢侈，导致资本金增长得很慢。在我这个年纪的人所要经历和拥有的东西，我都想去尝试并拥有。我有属于自己的汽车，我能通过市场赚钱，在生活上我就没有理由亏待自己。在周日和节假日，报价机会停止工作，这是理当如此的事。一旦发现亏损的原因，或发现导致另一种错误的原因，还有出现这种错误的原因，这时，我会在资产禁忌名单上增添新条目。要想让资产变成资本，最理想的方法不是节省生活支出。当然，对生活来讲，既有如意，也有失意，让我细说，恐怕三天三夜也说不完。说实话，我在无意中回忆起的就是那些教我怎样做交易的事情，这些都是我的宝贝，我的投机知识储备就是通过它们才得以增长的，我还通过它们对自己有了更深入的了解。

第六章

相信直觉，坚信自己是对的

1906 年春天，我在亚特兰蒂斯市休短假。我暂时离开了股市，只想出来透透气，好好休息一番。我顺路去了一趟我的第一家经纪行哈丁兄弟公司，在那里开了个账户。当时，我的交易非常活跃，一次能做到三四千股的规模。这和我 20 岁时在大都会投机商行所做的交易规模差不多。但投机商行只收取 1 个点的保证金就算完事，而经纪行收取保证金后，真的会把我的交易单输入纽交所。

　　我在前面说过，我曾经在大都会卖空了 3 500 股糖业，但直觉告诉我事情不对劲，最好立即结束交易。对了，我经常出现这种感觉。很多次，我都会按照直觉行事，但偶尔也会刻意无视它，告诉自己这种盲目冲动的做法太过愚蠢，一旦改变了仓位就很难再换回去。我将这种直觉归结为精神不振引起的，或许是吸烟过多、睡眠不足、醉酒伤肝等原因造成的。可是，每当我说服自己放弃突如其来的直觉，选择静观其变时，事情的结局总会让我后悔。大约有十几次，直觉告诉我应该卖出时，我克制住自己，第二天再去看时，发现市场表现极为强势，甚至还会上涨，于是我暗自庆幸，如果昨天听凭直觉冲动行事那简直太愚蠢了。然而，到了第三天，市场就会出现暴跌。一定是什么地方出问题了，如果我不是那么遵从理性和逻辑的话，早就赚到比现在多得多的钱了。显然，这种直觉并非出于生理原因，而是出于心理原因。

对此，我只想说说其中一个例子，因为这件事给我的影响实在太大了。就在 1906 年春天，我正在亚特兰蒂斯市度假时，一个同为哈丁兄弟公司客户的股友和我在一起。当时，我沉浸在美好的假期中，把市场完全抛到脑后。我总是可以抛开股市尽情享乐，当然，除非市场非常活跃，而我又持有重仓。我记得当时正值牛市，整体商业前景看好，股市涨势平稳，但基调明朗，所有迹象都表明市场将会继续上涨。

一天早上，我们吃完早餐，读完纽约所有的日报，然后呆呆地看着海鸥衔起蛤蜊飞到 20 英尺（译者注：1 英尺约等于 30.48 厘米）高度，再把它丢到岩石上摔开外壳，吃里面的肉。我们看腻了，便来到海滨木板路上散步。在白天，这算得上是最有意思的活动了。

此时还不到中午，我们慢慢地走着，呼吸咸湿的空气，打发时间。哈丁兄弟公司在海滨木板路上设了个分号，我们每天早上都会顺路去那里看看开盘情况——仅仅出于习惯，并没有进场交易。

那天，我们发现市场非常活跃，价格走势强劲。我的朋友看多，他手中还有一只低价买进的股票，现在已经涨了不少。他开始对我大肆炫耀，说持仓等待大涨多么明智。我根本没有听进他的话，也懒得和他理论，只是专注地看着报价板，观察价格变化——大部分股票都在上涨，直到我注意到联合太平洋铁路公司，直觉告诉我，应该立刻卖掉它。这是一种毫无缘由的直觉，我也找不到卖出这只股票的理由，只是感觉必须这么做。

我盯着"联合太平洋"的最新报价，直到眼前的一切都变得模糊，数字、报价板和其他所有东西都消失了。我的脑子里只剩下一个念头——卖出"联合太平洋"，没有任何理由。

我的样子肯定显得很怪，以至于身边的朋友突然拍了拍我，问道："喂，怎么了？"

"我不知道。"我回答。

"犯困了？"他问。

"不，"我说，"没犯困。我要卖出这只股票。"我很清楚，跟着直觉走总是没错的。

我走到一张摆着几份空白交易单的桌子旁边，我的朋友也跟了过来。我填好一张卖单，按市价卖出 1 000 股"联合太平洋"，然后把单子交给经理。在这个过程中，经理一直面带微笑地看着我，但当他看到卖单上的内容时，他的笑容消失了，他盯着我。

"你没搞错吧？"他问我。我只是看了看他，没有说话。他立刻把交易单转给了操作员。

"你干什么呢？"朋友问道。

"我在卖出它。"我回答。

"卖出什么？"他冲我喊了起来。如果他看多，那我为什么会看空呢？这里面肯定有问题。

"1 000 股'联合太平洋'。"我说。

"为什么？"他的样子有些激动。

我摇了摇头，意思是没有理由。但他认定我是听到了风声，于是拽着我的胳膊，把我拉到走廊里，以免其他人听到我们的对话。

"你得到什么消息了？"他问我。

他看上去非常激动。"联合太平洋"是他最钟爱的股票之一，因为它的获利前景很不错，经营状况也很好，他非常看好这只股票，但他也愿意接受看空的二手内幕消息。

"没有什么消息。"我说。

"没有？"他一脸不相信的表情。

"真的没有。"

"那你为什么要卖出？"

"我不知道。"我对他说，我可没说谎。

"噢，少来了，拉里。"他说。

他知道，我从不盲目交易，一定会把所有东西都弄明白才出手。既然我会在市场如此强劲的时候卖出 1 000 股"联合太平洋"，那么我就一定有着充分的理由。

"我不知道，"我重复道，"我只是感觉似乎要发生什么事情。"

"什么事情？"

"我不知道，我真的给不出理由。我只想卖出它。而且，我还要再卖1 000 股。"

我回到交易大厅，又填了一张卖出1 000 股的单子。如果我之前没有卖错，那么就理应再加点码。

"会发生什么事情呢？"我朋友还在追问，他拿不定主意和我一起卖空。如果我告诉他，我得到了内幕消息，说"联合太平洋"会大跌，那么他肯定会卖出，根本不会在乎消息来源和原因。

"到底会发生什么事情呢？"他又问了一遍。

"任何事情都有可能发生，但无论会发生什么，我都不能打包票。我又不是算命的，没法给你明确的理由。"我对他说。

"那一定是你疯了，"他说，"彻底疯了。这可是只牛股，你莫名其妙就要卖出。你真的什么都不知道？"

"真的不知道，我只知道我要卖出它。"我说。我的直觉实在太强烈了，以至于我再一次卖出了1 000 股。

我的朋友实在看不下去了，一把拉住我的胳膊，说："咱们赶快走吧，趁着你还没把老本都赔进去！"

我刚好已经满足了自己的直觉，卖出了足够多的"联合太平洋"，因此任由他拉着我离开，也没有等后面2 000 股的成交报告。对我来说，即使有充分的理由，如此大手笔的卖出也算得上是畅快淋漓了。这真是太刺激了，没有任何看空的理由，尤其是在整体市场如此强劲的时候，所有人都会觉得我疯了。但是我知道，如果像以前那样抑制自己的冲动，我肯定会后悔不已。

我曾经把这些事情说给朋友们听，有人告诉我，这不是直觉，而是潜意识的杰作，也就是创造性思维在起作用。艺术家就是靠这种思维发现灵感、创造奇迹的。而对我来说，这或许是各种小经验累积起来的结果。这些小经验单独来看都微不足道，但聚集在一起却产生了强大的力量。也许朋友盲目地看多市场激发了我的反向思考，让我抓住了大受追捧的"联合太平洋"。我也说不清楚直觉产生的原因或动机。我唯一知道的是，当我从哈丁兄弟公司亚特兰蒂斯分部离开时，我手头有3 000股"联合太平洋"的卖单。而且，在一片看好的市场中，我并没有丝毫的担忧。

我想知道后面2 000股的成交价，因此，吃完午餐，我们又回到了交易大厅。整体市场依然劲头十足，"联合太平洋"又涨了几个点，我的心情很不错。

"你完蛋了。"我的朋友说。看得出来，他很庆幸自己没有卖出。

第二天，整体市场还在上涨，我的朋友欣喜若狂。但我坚信自己的做法是正确的，每当觉得自己是正确的，我就不会失去耐心。当天下午，"联合太平洋"果然停止了上涨，在收盘之前，这只股票开始掉头下跌，很快就跌到了比我卖出时还低1个点的位置。我更加确信自己的做法是正确的，既然如此，何不继续卖出呢？所以，趁着还未收盘，我又追加了2 000股卖单。

就这样，我凭直觉一共卖掉了5 000股"联合太平洋"。这是我在哈丁兄弟公司的保证金能够卖空的极限。对于一个正在度假的人来说，这样的卖空规模实在太大了，因此，我干脆放弃了度假，当天晚上就赶回纽约。谁都不知道将要发生什么事情，但在我看来，如果真的要发生什么，我最好身居一线，以便随时采取行动。

第二天，旧金山地震的消息传来。这场灾难非常可怕，但此时的股市仅仅下跌了几个点。牛市依然在发挥作用，股民们从来不会独立地根据消息做出决策。举例来说，只要牛市基础牢固，无论媒体怎样声称这是人为操纵的结果，股民们都不会做出任何反应，除非整个华尔街开始看跌，这都要取决于市场当时所处的情绪状态。当时，华尔街没有对灾难的严重程度做出评估，因为谁都不想知道。当天收盘前，价格又开始反弹。

我卖空了5 000股，灾难已经发生。但我的股票并没有受到影响，我的直觉水平出类拔萃，但我的银行账户却没有进账，甚至连账面利润也没有。和我一起度假的那个朋友对此喜忧参半。

他对我说："兄弟，你的直觉确实很厉害。可是，这么说吧，如果股票天才和资金都站在看好的这一边，你为什么要跟他们作对呢？这有什么好处呢？他们明明会胜出的。"

"再等一等。"我说，我指的是给价格一点时间。我没有平仓，因为我知道地震造成了严重的破坏，"联合太平洋"损失惨重，但华尔街却对此视而不见，简直令人恼火。

"再等你就要被榨干了，他们会把你的皮扒下来，像晒熊皮那样晒干。"他言之凿凿地说。

"那么，你会怎么做？"我问他，"继续买进'联合太平洋'？各大铁路公司都在蒙受几百万美元的损失，你觉得这时候应该买进？它们亏了那么多钱，拿什么来分红？你能指望的最好结果也就是损失没有媒体渲染的那么严重。但这就是你买进惨遭重创的铁路股的理由吗？请你回答我。"

我的朋友只是说："对，你说得有道理。但是你要知道，市场并不认同你的观点。报价带从不说谎，对不对？"

"但是，报价带并不总是立刻传递事实。"我说。

"听着。就在黑色星期五之前不久，有人对吉姆·费斯克说，黄金要下跌了，还列出了 10 个响当当的证据。他自信极了，甚至告诉费斯克，他准备卖出几百万美元的黄金。吉姆·费斯克只是看了看他，说道：'去吧，去卖吧，别忘了邀请我参加你的葬礼。'"

"没错，"我说，"如果那个家伙真的卖了，你看看他能赚多大一笔！不信你就卖出一部分'联合太平洋'试试。"

"我才不干呢！我可不会跟主流对着干。"

次日，媒体开始报道地震的详细情况，市场随之下滑，但并没有出现应有的暴跌。我知道，暴跌已成定局，而且势不可当，于是再次加码卖出了 5 000 股。此时，对大部分人来说，事态已经再明显不过了，我的经纪人也开始积极地帮我操作，不再有抵触情绪。我和他们都不会盲目行事，我也不会轻易地对市场做出预测。又过了一天，市场开始了真正的下跌，有人摊上大麻烦了。我当然要抓住机会，加码卖出 1 万股，这是我唯一可以做的事情。

除了认定自己是正确的，我没有其他任何想法。我必须充分利用这个天大的机会，于是，我继续卖出更多的股票。其实，但凡有一丁点儿反弹，我的账面利润甚至本金都会一扫而空，我不知道我有没有考虑过这一点，就算考虑过，我也没有当回事。我从不盲目行事，这一次的操作也非常谨慎。我知道，地震带来的灾难是没人能够阻挡的，那些毁于一旦的建筑物也不可能凭空起死回生，哪怕把全世界的钱都投进去，也不可能在几个小时之内扭转乾坤，难道不是吗？

我没有盲目地赌博，没有脑子进水，也没有因为一时的胜利而得意忘形，更没有认为旧金山被夷为平地就意味着整个美国都会一蹶不振。当然不会！我并不希望出现大恐慌。总之，次日我平仓了，赚了 25 万美元。这是我此前从未有过的辉煌纪录。仅仅几天，我就赚了这么多钱。地震发生的前两天，华尔街对此不屑一顾。人们或许会说，这是因为当时的报道并不令人担心，但是，在我看来，这是因为改变股民对股票市场的看法需要漫长的过程，就连绝大部分职业交易者都是目光短浅、反应迟钝的。

我无法解释我的直觉，无论是从科学的角度，还是从胡扯的角度都无法解释。我告诉你的仅仅是我做了什么，为什么这样做，最终的结果是什么。我并不在意直觉的奥秘，我只在意自己依靠直觉赚到了 25 万美元这件事。这意味着，只要有时机，我就可以操作更多的资金了。

那个夏天，我前往萨拉托加泉区度假。虽说是度假，但我仍然放不下市场。因为我还没有疲惫到无心顾及市场的地步，而且我在当地遇到的所有人都正在或曾经对市场很感兴趣，我们在聊天时会自然而然地谈及股市。我注意到，人们在谈论股票时和正式交易股票时完全是两种状态。

哈丁兄弟公司在萨拉托加设有分部，很多客户都在那里做交易。但在我看来，他们设立这个分部其实是为了做宣传。把分部设在度假胜地比直接打广告要高明得多。我经常去那里坐坐，和其他客户待在一起。那里的经理是从纽约总部调来的，既和善又热心，无论熟人生人都会热情招待，当然，也会抓住机会招揽业务。那地方简直是各种小道消息的聚集地，股票消息、赌马消息、赌场消息，应有尽有。他们知道我没有持仓，因此经理从来不会在我耳边神秘兮兮地透露消息，而是直接把电报交给我，对我说："这是总部刚刚发来的。"诸如此类。

当然，我也密切关注着市场。对我而言，看报价板和研读市场信号是每天的例行公事。我注意到，我的小伙伴"联合太平洋"看上去要涨了。虽然价格已经很高了，但从走势来看，似乎有人正在收集筹码。我一连观察了几天，却迟迟没有动手。我越发觉得有人正在吸进这只股票，而且此人来头不小，不仅资本雄厚，而且技术一流。在我看来，他的操作非常高明。

既然确定了这一点，我便立即开始买进，买进价大约是 160 美元。它继续稳步上涨，因此，我以每次 500 股继续买进。我买得越多，它就变得越强势，但从未出现暴涨的情况，这让我很安心。我找不出这只股票不会上涨的理由，至少从报价带上来看是这样的。

突然，经理来到我面前，说他刚刚接到纽约传来的消息，问我是不是在这里，还说："请他别走开，哈丁先生有话对他讲。"

我说我会等他，同时又买进 500 股"联合太平洋"。我不知道哈丁要对我讲什么，但我觉得应该和股票无关。我有充足的保证金，他没有理由找我麻烦。很快，经理跑过来通知我，艾德·哈丁先生打来了长途电话，让我去接一下。

"你好，艾德。"我接起了电话。

然而，他直接说道："你是不是疯了，到底在搞什么鬼？"

"是你疯了吧？"我说。

"你干吗买那么多股票？"

"怎么了？我的保证金不够吗？"

"跟保证金没关系，我是提醒你不要犯糊涂。"

"我听不懂你的话。"

"你为什么要买那么多'联合太平洋'？"

"因为它在涨啊。"我说。

"涨？天啊！你难道没发现有内线正把股票倒给你？你是那里的活靶子，太引人注目了。哪怕赌马赔钱都比这个强，别再当冤大头了！"

"我没当冤大头，"我说，"我也没对任何人说过这件事。"

但他反驳道："你以为它总能创造奇迹吗？趁现在还来得及，赶紧脱手吧！"他说，"那群畜生正在猛抛，你却一个劲儿地买进，简直就是犯罪！"

"可是报价带显示他们都在买进啊！"我坚持自己的观点。

"拉里，当我看到你一单又一单地买进时，我吓得差点犯心脏病。拜托，别犯傻了，赶快打住吧。这只股票随时可能崩盘，该说的我都说了，剩下的就看你自己了，再见！"说完，他挂断了电话。

艾德·哈丁是个精明人，消息非常灵通，而且很讲义气，和客户交易从不急功近利。更重要的是，我知道以他的身份能听到很多确切的内部消息。我大量买进"联合太平洋"，仅仅是因为多年经验告诉我，某些迹象出现后，股价必定会大涨。我不知道自己当时到底怎么了，但我肯定是得出了这样的结论：报价带告诉我有人正在吸进这只股票，仅仅是因为内线高手正在暗中操作，使得报价带的信息看似如此，实则不然。艾德·哈丁非常肯定我犯了大错，苦口婆心地劝阻我。我无法怀疑他的智慧和动机。或许是这个原因促使我听从了他的意见，按照他说的做了。

我把手头所有的"联合太平洋"都卖掉了。既然做多是错误的，那么不做空必定也是错误的。因此，在清掉所有做多的股票后，我又反手做空了 4 000 股。其中绝大部分都是以 162 美元左右的价格卖出。

次日，联合太平洋公司董事会宣布派发 10% 的红利。起初，华尔街没人相信这个消息。红利如此丰厚，看上去很像走投无路的赌徒在孤注一掷。各家媒体开始对此事议论纷纷。然而，当华尔街精英们还在犹豫时，市场已经炸开了锅。"联合太平洋"成了领头羊，以前所未有的交易量创下了历史新高。一些场内交易员在短短一小时之内就赚到了巨额利润，听说一位迟钝的场内专家买错了股票，却因祸得福赚到了 35 万美元。一个星期后，他卖掉了自己的席位。一个月后，他买了块地，成了体面的庄园主。

当然，在听说了那个史无前例的 10% 红利时，我就立刻意识到自己遭到了报应。我竟然无视自己的经验，轻易听信内线消息。仅仅因为一位朋友善意的提醒，而且这位朋友向来明智且无私，我就把自己的信念抛到脑后，真是活该倒霉。

当看到"联合太平洋"创出新高时，我对自己说："这只股票可不能卖空。"

我所有的钱都作为保证金放在了哈丁兄弟公司。但接受这个事实既没有让我窃喜，也没有让我执迷不悟。显然，我曾经正确解读报价带，但又愚蠢地听从了艾德·哈丁的意见。我怨不得别人，因为事实已成定局，而且我没有时间可以浪费。于是，我立刻下单平仓。此前，我以 165 美元的价位买进了 4 000 股"联合太平洋"，如果价位不变，我将损失 3 个点。然而，指令执行的滞后性导致全部平仓是在 172 ~ 174 美元的价位完成的。也就是说，艾德·哈丁的好心插手，让我损失了 4 万美元。对于没有勇气坚持信念的人来说，这点代价算不了什么，甚至可以说是以低价买了个教训。

我并没有担心，因为报价带显示价格还有上涨的空间。这个走势很罕见，但这一次，我做了自己认为对的事情。在平掉了 4 000 股空头后，我立即决定按照走势操作，买进了 4 000 股，并且在次日早上卖出。这样一来，我不仅弥补了 4 万美元损失，还额外赚到了 1.5 万美元利润。如果艾德·哈丁没有善意地帮助我，我早就赚到更多的钱了。但我还是要感谢他，因为他让我学到了股票交易的最后一课。

我并不是说，这一课让我学到的仅仅是坚定自己的信念，不要盲目听从他人的建议。我指的是，我从这一课中获得了自信，并且终于摆脱了以往的交易方法。萨拉托加的那次交易是我最后一次凭运气随意发挥。从此以后，我开始关注市场基本形势，而不只是考虑个股。在凭本事说话的投机学校中，我再一次提高了一级。这可真是漫长而艰辛的一级。

第七章

找对了出手时机，就成功了一半

倘若有人问我是看多还是看空，我会毫不犹豫地回答他。可是，如果问我应该买进还是卖出某只股票，我是不会回答的。所有股票在熊市都会下跌，在牛市都会上涨。当然，我不是说战争引起的熊市中军火股也会跌，我只是说一般情况。但普通人渴望了解的并不是看多或看空，而是应该买进还是卖出某只股票。他们懒得思考，企图不劳而获，哪怕让他们捡起地上的钱数一数，他们都嫌麻烦。

我虽然没有懒到那种地步，但我也发现，研究个股比研究整体市场容易多了，所以以前总是从个股的波动入手，没有考虑整体市场趋势。我必须改变这一点，而我也的确改变了。

要想掌握股票交易的基本法则绝非易事。我经常说，在牛市中买涨是最舒服的玩法。关键并不是在最低价位买进、在最高价位卖出，而是在正确的时机买进和卖出。当我看空并卖出一只股票时，那么每次的卖出价都必须比上一次更低。看多时则刚好相反。我绝不会按照一路下跌的方式买进做多，而是按照一路上涨的方式买进做多。

举例来说，假设我买进某只股票，我先在110美元的价位买进2 000股。如果此后它涨到了111美元，那么我的操作至少暂时是正确的，因为我已经得到了1个点的利润。既然是正确的，那么我会加码2 000股。如果市场继续上涨，我会再次加码2 000股。假设价格已经涨到了114美元，

74

我觉得涨得已经差不多了，可以停止买进了。此时，我已经有了交易基础，可以开始下一步的操作了。我总共做多了 6 000 股，平均价位是 111.75 美元，而当前股价为 114 美元。此时我会持仓观望，不再买进。我知道，价格在上涨到一定程度后会出现回落的情况。我要看一看回落后的市场反应，或许市场会回落到我买进第三笔时的价位。假设市场回落到了 112.25 美元，接着开始反弹，那么当它反弹到 113.75 美元时，我会立刻按市价买进 4 000 股。如果这 4 000 股都是以 113.75 美元成交的，那么我就知道这里面有问题。此时，我会试探性地卖出 1 000 股，看看市场有什么反应。然而，如果当初我在 113.75 美元买进 4 000 股后，有 2 000 股成交价为 114 美元，有 500 股成交价为 114.5 美元，其余的成交价逐级升高，最后 500 股以 115.5 美元成交，那么我的操作就是正确的。这 4 000 股的成交方式让我知道在此时买进这只股票是否正确。当然，这么做的前提是，我必须事先研究过整体市场情况，并且做出了看多的判断。我从不指望在最低价位买进股票，也从不指望太轻松的交易。

我曾听说一则有关"牧师"S.V. 怀特的故事，当时，他是华尔街最大的作手之一。他和蔼可亲，聪明勇敢。从我听说的情况来看，当年的他曾经大有作为。

那些年，糖业公司在股市上持续火爆。公司主席哈弗梅耶是当时的大红人。我从股市前辈的谈话中得知，哈弗梅耶一伙儿人不仅资金雄厚，而且智慧超凡，足以随心所欲地操作糖业的股票。听说，哈弗梅耶在糖业股上教训过的中小职业交易者的人数可能超过了其他任何一位内幕人士在任何一只股票上的纪录。通常来讲，场内交易员总是会给内幕人士帮倒忙，而非推波助澜。

有一天，怀特的一个线人冲进他的办公室，激动地说："牧师，你说过，如果我听到了什么好消息就马上来告诉你，如果你采纳了，你就会帮我交易几百股。"

"牧师"淡定地看着他，说道："我忘了是否真的说过这话，但如果你的消息真能派上用场，我一定会给你合适的报酬。"

"好的，我要告诉你一个好消息。"

"好啊，请讲。""牧师"的语气非常亲切，线人听了大受鼓舞，于是说道："是，牧师先生。"然后，他贴到"牧师"耳朵旁边，以免其他人听见，他说："哈弗梅耶正在买进糖业。"

"真的？""牧师"依旧淡定地问道。

这种反应让线人非常不爽，他严肃地说道："是的，先生，他在全力买进。"

"老兄，你确定？"老怀特又问了一遍。

"牧师，这是千真万确的。那伙儿内线正在全力买进，1股都不放过。这件事肯定和关税有关，糖业要在普通股里掀起大风暴了。它会超过优先股。这意味着至少有 30 个点可赚。"

"你真是这么想的？"老怀特越过眼镜上沿看着他，那副老式银丝眼镜是他研究报价带时的必要装备。

"不，这不是我想出来的，这是事实！牧师，哈弗梅耶他们现在正在买进糖业，他们不赚个 40 点是不可能收手的。市场随时可能暴涨，不等他们满仓就会一飞冲天，发生这种事情我一点都不会吃惊。和一个月前相比，这只股票在经纪商手里的筹码已经所剩无几了。"

"他在买进糖业，是吧？""牧师"心不在焉地再次问道。

"买进？嘿，他是在使劲扫货呢，估计都来不及亲手填写价格了。"

"真的吗？""牧师"平静地说道。

线人已经火冒三丈了，他说："是的，先生！这是新鲜出炉的好消息，绝对没问题！"

"是吗？"

"是啊，这个消息绝对有价值。你打算采纳吗？"

"哦，是的，我正打算采纳。"

"什么时候？"线人怀疑地问道。

"现在。"接着，"牧师"喊道，"弗兰克！"弗兰克是他最得力的经纪人，当时就在隔壁房间。

"来了，先生。"弗兰克说。

"请你去场内帮我卖出 1 万股糖业。"

"卖出？"线人声嘶力竭地叫道，以至于已经冲出去的弗兰克都停了下来。

"是的，卖出，怎么了？""牧师"和善地说。

"我说的是哈弗梅耶在买进！"

"我知道，老兄，""牧师"平静地回答，然后转向经纪人，"弗兰克，快去！"

弗兰克冲出去执行指令。线人肺都快气炸了。

"我跑来这里，给你送来最好的消息。因为我把你当朋友，知道你是个厚道人，结果你不听我的。"

"怎么没听，我不是已经采取行动了吗？""牧师"不慌不忙地打断他。

"可是，我说的是哈弗梅耶那帮人正在买进！"

"对啊，我知道啊？"

"买进！我说的是买进啊！"线人尖叫起来。

"是的，买进！我听得一清二楚。""牧师"肯定地回答。他走到报价机旁，看着报价带。

"但是你在卖出！"

"是的，卖出 1 万股。""牧师"点了点头，"当然是卖出。"

他不再吭声，专心盯着报价带。线人跟了过来，想看看"牧师"到底在看什么，他知道，这个老头挺狡猾的。他刚想越过"牧师"的肩膀看个究竟，一位工作人员走了进来，手里拿着一张纸条，显然是弗兰克发来的成交报告。"牧师"只是瞟了一眼，他已经从报价带上看到了指令的执行情况。

他对那位工作人员说："告诉弗兰克，再卖出 1 万股糖业。"

"牧师，我向你发誓，他们真的是在买进！"

"是哈弗梅耶对你说的吗？""牧师"平静地问道。

"当然不是！他从不向任何人透露任何消息，甚至不会让自己最好的兄弟得到半点好处，但这消息绝对是真的。"

"别激动，老兄，""牧师"举起一只手，眼睛依然盯着报价带。线人痛苦万分地说道："早知道你会这么做，我就不来浪费你我的时间了。但即便你损失惨重，我也不会幸灾乐祸，只会替你感到惋惜，牧师，说实话！如果你不介意，我要去别的地方实施行动了。"

"我正在按照你的消息行动。我认为，我还是懂点市场的，或许比不上你和你的朋友哈弗梅耶，但还算是懂一点的。根据我的经验，再加上你的消息，我想，我的做法应该没错。我在华尔街混迹多年，任何一个真心实意替我感到惋惜的人我都会心存感激。老兄，别激动。"

线人呆呆地看着"牧师"，对他的判断和勇气充满了敬意。

很快，那位工作人员又走了进来，递给"牧师"一份成交报告。"牧师"扫了一眼，说道："现在，让弗兰克买进3万股糖业。3万股！"

工作人员匆匆离开，线人一边嘟嘟囔囔，一边看着这位头发灰白的"老狐狸"。

"老兄，""牧师"亲切地解释道，"我没有怀疑你的消息。但即便这是哈弗梅耶本人亲口所说，我也依然会这么做。因为，只有如此才能检验是否真的有人在大量买进这只股票。我的第一个1万股轻易就成交了，这还不足以下结论。但第二个1万股成交后，价格依然在上涨。从这2万股被消化的速度来看，的确有人在大量扫货，我不关心他是谁，这对我来说并不重要。因此，我回补了刚才的空头，转手做多了1万股。由此看来，你的确给了我一个好消息。"

"好到什么程度？"线人问。

牧师说："我会给你500股，价格和我那1万股的平均价位相同。祝你愉快，老兄。下次记得冷静点。"

"对了，牧师，"线人说，"当你卖出的时候，可不可以帮我一起卖掉？我明白了，我没有自己想的那么懂行。"

就是这个道理，这也是我从来不在低价买进股票的原因。当然，我总是想尽办法做到有效买进，以便有助于我的操作方向。至于卖出，很明显，除非有人想买这些股票，否则你根本卖不出去。

如果你的交易规模很大，那就要时刻牢记这一点：首先研究市场环境，谨慎规划操作流程，然后一步一步按计划付诸实践。如果你持有重仓，而且积累了巨额的账面利润，就不能随意卖出。你不能期望市场能够像吸进100股那样轻易地吸进5万股。你只能等待，直到市场有能力吸进大单再卖出。当你认为所需要的购买力出现时，你就要抓住时机。通常来讲，你必须耐心等待一段时间，在能够卖出的时候卖出，而不是在想卖出的时候卖出。为了把握卖出的时机，你必须仔细观察和测试。这没有技巧可言，但切忌一开始就满仓操作，除非你确定时机已经完全成熟。记住，股价永远不可能高到你无法买进，也不可能低到你无法卖出。不要轻易追加交易，除非上一笔交易已经产生利润。你要观察并且等待，通过报价带研读术来判断合适的出手时机。只要把握了合适的时机，你的交易就成功了一半。我花了很多年才领悟到这一点的重要性，为此，我付出了几十万美元的代价。

别误会，我并不是建议你必须持续加码。当然，加码的确有可能赚到大钱，不加码就不可能赚到那么多。但我要说的是：如果你真的想做投机生意，而你的本金最多能买500股，那么你千万不要一次性满仓；如果你只是想赌一把，那么我的建议只有一个——不要赌！

假设你第一笔买进了100股，但马上就亏损了，那么你为什么还要继续加码呢？你应该意识到自己的操作是错误的，至少暂时是错误的。

第八章

反思自己的错误，就能从中受益

在 1906 年的夏天发生了萨拉托加联合太平洋事件。经历了这件事后，我就远离了小道消息，无论提供消息的人多么靠谱。与大多数人相比，我对报价带的研读更准确，这么说并非出于我的虚荣心，而是经过事实证明的。与哈丁公司的普通客户相比，我的优势还表现在不被投机偏见困扰。熊市并不比牛市更令我陶醉，牛市也不比熊市更让我喜欢。如果一定要说我有什么固执的偏见，那就是我非常讨厌出错。

从儿时起，对所观察到的事物，我就能形成自己的见解，我因此能领悟到事物的深层含义。如果有谁告诉我哪件事的含义是什么，我倒不能透彻地加以理解。它们本身是属于我的事实，这一点能够明白吗？如果我认定某件事，那只能意味着我不得不这样做。如果我做多一只股票，那说明我对大势的解读让我看多。但是你也会发现另一种情形，许多非常精明的人，他们看多的原因是他们手里持有这只股票。我是不会让我的持仓或者未来持仓对我的判断产生影响的。就因为这个缘故，我再三强调，我一直也不与报价带争辩。仅仅因为市场上出现了不是你意料中的运动，甚至出现了反常的走势，你就激愤起来，这就像肺炎患者对自己的肺发脾气一样。

我逐渐意识到，研读报价带之外，股票投机的内容还有很多。老帕特里奇就认为，在牛市中毫不犹豫地保持看多是非常重要的。我因此明白了，最重要的是要确定你所交易的市场属于哪种类型。我明白了，大利润一定在大波动中潜藏着，无论造成大波动的第一动力来源于哪里。事实告诉人们，大波动的持续，原因绝不是在资金集团的操纵或是金融家的手腕，而是基本大势所致。承认也好，不承认也好，反正推动力量决定了大波动能走多远、多快、多长。

经过萨拉托加事件，我看得更清晰了，也可以说我看得更成熟了，既然所有股票都会随着大势运动，我也就用不着像过去认为的那样钻研个股的操作和行为了。另外，考虑大波动的人可以跳出交易对思维的限制，他可以将一系列股票买入或卖出。就个股来说，如果一个人的卖出量超过了流通量一定的比例，这样一来，他的卖空操作就不妙了。具体数字还要看是怎样卖出、是谁卖出的，谁持有该股，还有就是持有成本怎样决定的。但他卖出100万股一系列股票，假如能获得报价的话，这是没有任何危险的，不会被逼空的。在过去，内幕人士一再通过精心策划的逼空从卖空者那里赚取大量金钱。

不难看出，我们要做的是在牛市时看多，而在熊市时看空。听起来这实在没意思，是吧？当我对这一基本原理有了比较扎实的理解后，才意识到将其在实际中应用，就意味着以更大的概率做预测。我用了很长时间才学会了这些，但我也不能因此自欺欺人，我要告诉你的是，截止到现在，我的资金还不足以按这个法门做投机。假如你的仓位足够大，那就意味着大波动带来大利润。如果你想调动大头寸，就需要把一大笔钱存在经纪人那里。

长久以来，我始终都在股市中讨生活，这是不得已的事。我的资本金的积累因此受到影响，因为资本金的不足，又妨碍我进行利润更足但节奏更慢、即期成本也更高的波段交易方法。

但现在情形不同了，我的信心增长了。过去，经纪行只是把我视为昙花一现的幸运少年赌客，现在则不会这样看我了。它们从我这里赚走了大量的佣金，我已然成了它们的明星客户。在任何经纪行看来，一个赚钱的客户，就是一笔资产。

我不再只满足于对报价带的研读，从那一刻起，我的目光也不仅仅停留在个股的日波动上。假如有个股的剧烈日波动，我也不会从相同的角度加以研究。对报价我不再纠结，而是对首要原则加以关注。对价格波动也不再纠结，而是对基本大势加以关注。

过去我总是对每日报告感兴趣，这是所有交易者都曾有过的经历。看那些报告，其中多数就是垃圾，有的就是故意设置的陷阱，其余的就是作者个人的见解。每周评论称得上是很有名气的了，但当我将它和基本大势对照后，也感觉不能令人满意。财经编辑在观点上一贯和我相矛盾，炮制事实并因此得出的结论，对于财经编辑来说是很平常的事，没什么可大惊小怪的，但在我看来，就是关系存亡的大事。对时间要素的评价，我们也不一致。在我看来，预测未来几周比分析过去一周更为重要。

很多年来我都生活在三种打击下，就是在经验、年龄和资本三方面都存在不足，但到了现在，我的感觉很舒畅了。为什么我能数次在纽约铩羽而归，这一点可以从我对投机游戏的新观点中找到解释。现在，在资源、经验和自信都非常充足的情况下，我又急切地想尝试一下我的新的财富之钥，以至于忽略了另一点，就是财富大门上的另一把锁，即时间之锁。对这一点的忽略是很自然的，为此支付学费成了惯例，这就是吃一堑长一智。

1906 年，我在对形势进行了一番研究后，发现资金的前景很不妙。世界上的财富有相当一部分被毁掉了，人们迟早会感觉到压力，一个艰难时期即将到来。这可不像变卖 1 万美元的房子来换取 8 000 美元一车厢的赛马那样简单，因为房子已经被烧毁了，赛马也在铁路事故中都死亡了，人们辛辛苦苦挣来的钱因为战争而不见了，远在南非的士兵，他们是不用从事生产劳动的，而大家要花费数百万供养他们，再说英国的投资者也一改过去的做法，再也不支持这种事情了。另外，旧金山地震，以及其他灾害，每个人都不可避免地受到了影响。铁路被破坏也是必然的了。我感觉对这些灾害的发生，人类已经无法阻止了。人类此时能做的只有一件事，那就是卖股票！

我在前面已经讲过，据我的观察，当我决定了操作的方法后，我的第一笔交易总能产生利润。眼下我计划卖出后，就一头扎了进去。我们的前方就是一次货真价实的熊市，对此是不用怀疑的。所以我可以充满自信地说，我会干出在我职业生涯中最漂亮的一票。

市场下跌，接着又涨。经过这样的反复后，市场开始趋于稳定并有所提升。我在账面上的利润几乎没有了，纸面损失开始不断攀升。有一天，眼看没有哪头熊可以生存到给人们讲述名副其实的大熊市传说的那一天了。我已经无力支撑，轧平了空头头寸。还算幸运，假如我没有及早平仓，我恐怕连买张明信片的钱都拿不出了。虽然被狠宰了一刀，但小命总算保住了，日后我还能东山再起。

我出错了。但在什么地方出的错呢？在熊市中我看空，这样的选择是明智的。我卖空了股票，这也是合理的。但是，我卖早了，我为此付出的代价是沉重的。我的头寸是对的，错在操作上。一天过去了，市场距离难以避免的大崩盘又近了一步。我等待着，一旦上涨开始显出无力停顿时，我就全仓杀入，卖出我那缩水的保证金限定卖出的最大额度。最终我又受伤了。接着我对报价带加以研读，轧平头寸，接下来就再等待。我又一次卖出了，这属于正常行为。市场再一次下跌，接着又是反弹。

我发现市场正在全力将我逼回到在投机商号所使用的简单老套的交易手法上。我做了充分的预案，第一次以此操作大势，而不是一两只个股。我坚持只要自己把持住，盈利就是必然的。当然，那时我自己的下注系统尚未开发出来，不然的话，在下跌的市场中我就会一路放空，这套手法我已经向你介绍过了。果真如此，我的保证金就不会损失这样多了。我还会出错的，但不至损失惨重。确定的事实我已经观察到了，但如何据此操作还没有学会，这一点想必你也发现了。我的观察不是完整的，最终我不仅没有从中受益，还严重拖了后腿。

反思自己的错误，就能让自己从中受益。这样一来我就发现，在熊市保持你的空头头寸不是一件坏事，只是在你出击之前，你要对报价带加以研读并确定最佳操作时机。假如你选择了合适的时机介入，你的盈利头寸将是安全的，没有什么威胁，你尽可大胆地继续下去。

现在来看，我对自己观察力的自信已经提高很多，我彻底抛弃了期望和习惯，我的用来观察和验证观点正确性的工具，现在也比过去更有力了。但是在 1906 年，我的保证金被不断的反弹回升损害了。

我快 27 岁了，从事投机游戏已有 12 年。在我的第一笔根据自己发现的尚未到来的危机所进行的交易中，我意识到自己在用望远镜做交易。从我发现了风暴的苗头，直到市场大跌的最终出现，中间经历了漫长的时间，这是我没有预料到的，我因此怀疑自己是否真的看到了即将到来的东西。许多警示信号已经出现了，拆借利率也在大幅攀升。但是听听一些大金融家的言论还是非常乐观的，至少在记者面前他们是这样讲的，股市的不断反弹也仿佛在表明，对灾难的预言纯粹是胡说八道。难道是因为我一开始身处熊市就错了吗？还是仅仅因为操之过急过早地卖空，只是暂时性错误？

在我看来，还是开始得早了，然而我又不能忍耐。市场果然开始崩溃了，机会来了，我尽全力卖出。没想到，股市接着就反弹了，并且达到了相当的高度。

我被洗出局了。就是如此，看上去很正确，但破产了。

我认为这件事值得关注，事情是这样的。我望着远方，那里有一座巨大的金矿，外面竖着一块牌子，只见上面有四个大字，写道"任君自取"。旁边有一辆板车，侧面有"劳伦斯·利文斯顿运输公司"的字样。这里除了手拿铲子的我，再没有别人。谁要是从这里经过，就能发现这个金矿，可是，大家都去看棒球比赛了，或者去开车兜风，还可能正忙着购房，他们所使用的就是我发现的金矿中的金子。我第一次发现了金矿，它就在我的眼前，我急忙朝它奔去。我还未靠近它，一阵强风吹来，就被刮倒了。金矿还在，可是我的利铲却丢掉了，板车也失去了踪影。这一切说明什么呢？说明了急躁是要付出代价的。我热盼着告诉世人，我看到的是真正的金矿，它是实实在在的，不是虚无缥缈的。我既看到，也认定是自己所见，我感到我有着超人的能力，我为此而骄傲，以至我忘记了自己和金矿间的距离。我要的是走向它，而不是拼尽浑身的劲儿奔向它。

就这样，来不及对时机做出判断，我就扎进空头阵营。我的报价带研读术本应在这时发挥作用，但我放弃了。我的教训就在这里：即便在熊市一开始你就非常恰当地看空了，也别开头就重仓做空，市场回光返照的风险一定要规避。

回想这些年，在哈丁公司营业厅交易了多少个1 000股，我已经说不清了。哈丁公司对我充满信心，我们之间有着良好的关系，他们相信我会很快调整好方向，他们了解我，知道我喜欢迎风扬帆，知道我喜欢乘胜前进，我只要能得到一笔自动资金，就能将亏损弥补上，还能赚上一笔钱。他们通过我的交易赚了很多钱，将来赚到的钱会更多，因此，只要我的信用坚挺，我就能东山再起，这是没有任何问题的。

连续遭到重创，我的自信受到了挫折，鲁莽草率必须有所纠正。我距离玩儿完很近了，对此我是很清楚的。我要做的就是认真观察，加上耐心地等待，我在一头扎进空头之前就该这么做。这不是什么补救措施，我的目的就是保证在下一次的操作中不出差错。谁能保证不出错，他就有可能在一个月内赢得全世界。但假如他对自己的错误不能从中吸取教训，那将来还要接着惨败。

各位，这是一个非常美好的早晨，我再一次满怀自信走向市中心。这次是不会存在任何疑问了，看所有的报纸财经版上都刊登了一个广告，对我来说它就是我所期待的信号，过去我之所以吃亏，就是因为在一头扎进空头时没有等待这个信号：北太平洋铁路和大北方铁路宣布要发行新股。为了方便股东，认购款将采取分期付款的方式支付。对华尔街来说这是个新生事物。但我心里却沉重起来，预感到这不是件好事。

很多年了，在大北方铁路优先股身上有个好消息一直都很灵验，那就是公告切"甜瓜"，并宣布"甜瓜"里含有让幸运股东以面值认购新发行的大北方股票的权利。这个权利价值很高，这是因为股价总要高过面值。然而现在的货币市场形势不好，就是美国最有实力的银行也无力保证股东有足够的钱去购买便宜的新股，而大北方铁路优先股的价格高达330美元。

来到营业厅，我进门后便对艾德·哈丁说道："现在正是卖出的好时机。本来我应该到这时才出手的。你看这个广告，怎么样？"

他看过了，于是我对他说，我觉得从中可以看出银行家的恐慌，但在他看来好像还没发现即将出现的崩盘，他觉得可以再等等，不要急于建立巨大的空头头寸，市场出现剧烈反弹是常有的事。如果再等待一些时候，价格还会走低，但对于操作来说就更安全些。

我对他说道："艾德，时间拖得越长，崩盘出现得就越激烈。广告上说得很清楚，银行家都认输了。他们害怕出现的就是我所期待的，这是个信号，告诉我们该上船了，熊市即将启动。我们要做的就是这些。如果我有1 000万，我就会把它们全部投进去。"

看来我还得费一番口舌，这个广告在任何神智健全的人眼里都能发现其中的信息，但他还是不放心。可在我看来，仅此就足够了，但在营业厅里大多数人看来，还嫌不够。最后我卖出了一点儿，很少的一点儿。

圣保罗铁路公司也在几天后道貌岸然地出现了，发出将发行新融资券的公告，说的似乎是股票，又像是票据，我记不准了。但关键还不在这里，问题是读到这个消息时，我发现圣保罗股票的付款日恰好排在早先宣布发行股票的北太平洋铁路和大北方铁路之前，这就好像在用扩音器向大家宣告，老圣保罗要在华尔街那点可怜的资金的争夺战中将另两家铁路公司击败。圣保罗的银行家显然在担心市场上没有足够的资金支付三家公司的股票认购款，在他们眼里没有什么先后顺序。银行家对资金短缺是很清楚的，怎么能落在别人后面呢？铁路公司急切地需要钱，但就是没有，这会是个什么结局呢？

一定要卖掉它们！但公众的目光都紧盯着股市，很少有谁注意这里。普通人只能观察一周，而优秀的股票作手却要关注一年。如此，他们就比普通人看得更长远，两者的区别就在这里。

我的疑虑和犹豫在这一刻都被抛入了太平洋，我从这时起就坚定了信念一直向前。就在那天一早，我开始了新线路的旅程，今后，我将沿着这条路走下去。我把自己的想法讲给哈丁听，对于我在330美元时卖出大北方铁路优先股(以及高价卖出其他股票)，他没有提出异议。过去的错误，代价是沉重的，我也从中吸取了教训，有了进步，这样，我的卖出操作也更明智了。

我的声誉很快就恢复了，这要归功于在经纪营业厅做事正确，无论你是撞大运或者别的什么。我在这一次表现得非常镇定、非常正确，原因并不是来自灵感，也不是报价带研读术的作用，而是我分析了影响整体股票市场大势的形势，但我不是猜测，而是对某种必然发生的情况的预测。经过这样的分析和预测，再去卖出股票就不需要勇气了。除了价格会下跌，看不出还有什么情况会发生，我一定要根据判断有所作为，是不是这样？除此之外，还有什么办法吗？

股票市场出现了疲软，但很快又发生反弹，大家都在提醒我，告诫我底部已经到了。这些大鳄心里明白卖空者人数众多，他们决心来个逼空，吓破空头的胆。这就使我们这些空头吐出了几百万利润。大鳄是不会给你留什么情面的，这一点是没有任何疑问的。对那些向我提出忠告的人，我总是心怀感激，我不会和他们争辩什么，因为那样我在他们眼里就成了一个不知好歹的人，把人家的好心误解了。

此刻，那位和我一起去大西洋城的老兄正在痛苦中挣扎，对我在地震后产生的直觉，他是能够理解的，他想提出质疑都是不可能的，因为人要明智，这样在灵光一现时，我就从卖空"联合太平洋"的交易中获得25万美元的利润。在他看来，甚至觉得那是冥冥中上帝在帮助我，让我在他自己都看多的市场中卖空。对我在萨拉托加对"联合太平洋"的操作，他也能够理解，这是因为对操纵个股的一切伎俩，他都很熟悉，无论涨还是跌，小道消息已经告诉人们股票的发展动向。但是说所有股票都会下跌，这还是让他非常恼火，这样做到底有什么好处？怎么办才是正确的选择呢？

老帕特里奇的那句口头禅又在耳边响起："这是牛市，你知道的。"对于明智的人来说，这句话就是小道消息，他完全可以依照这句话的含义去做，事实也证明了这一点。想起来就觉得很有趣，在经历了15点甚至20点的大跌后，还有人不醒悟，对仅仅3点的反弹就喧嚣起来，觉得这样底部就铸成了，大反转开始了。

有一天，朋友来找我："你回补空头了吗？"

"怎么要回补呢？"我反问。

"这是大家都知道的秘密。"

"到底是什么秘密呢？"

"就是赚钱啊！已经到底了，跌多少就能涨多少，难道不是这样吗？"

"不错，"我说，"它们先是沉到底部，然后会雄起，但不是现在这个时候。它们要经历几天的死亡，尸体现在还不会浮出水面，因为它们还没有完全死亡。"

我的话被一位老前辈听到了，这是位具有怀旧情结的人。他说，当年威廉·特拉维斯看空的时候，正好与一位看多的朋友相遇，两人交换了一下对市场的看法，朋友的意见是这样的，他说："特拉维斯先生，你看市场都僵成这个样子了，怎么你还看空呢？"特拉维斯提出了不同意见："是啊！僵……僵尸的僵！"对特拉维斯不可等闲视之，他曾经闯进某家公司的办公室要求查账。员工问他："你手里持有我们公司的股票吗？"他是这样回答的："应该说是……是的！我卖……卖空了2……2万股！"

反弹在逐次疲软下来，而我则要抓住这时机，倾囊而出。每一次只要我卖出几千股大北方优先股，股价就会有几个点的崩跌。我也在别的股票上寻找薄弱环节，以便让它们来个小崩盘。我到处出击，捷报频传，只有一个例外，那就是雷丁公司。

当所有的股票都在暴跌时，唯独雷丁稳固。有人认为它被庄家控盘了。看它的走势是这样的。有人提醒我，卖空雷丁等于自杀。营业厅的人现在正和我一样，把所有的股票都看空了。但一旦有人提出建议说卖出雷丁，这时看他们就是一副求饶的表情。我自己卖空了一些，而且态度非常坚定。同时，我还是更愿意发现薄弱点，而不是选择强攻守护完善之处。我的报价带研读术提示我，更好的选择就是卖空别的股票。

说到雷丁的多头庄家，这是早有耳闻的。这可能是个实力雄厚的资金集团。第一，听朋友讲，它拥有大量低成本的筹码，因此平均成本低于现在的价位。第二，它的主要成员与银行有着密切的联系，人脉广泛，从银行那里得到了大笔的资金用于维持巨额持股。只要价格能居于高位，他们和银行之间的关系就是牢不可破的。有一位成员的账面利润就已经超过了

300万美元，这就意味着即使价格下跌，也不会伤及他们的筋骨。这样看来，这只股票能抵御熊市一点也不奇怪了。场内交易员对价格盯得很紧，经常会用一两千股试探一下。但还没有出现跟风买单的情况，于是他们回补头寸，另外寻找猎物。每每看到雷丁的价格，我都会多卖出一些，让我感觉到在数量上是在按照新交易原则去做，而不是因为对这只股票有何偏爱。

要是放在过去，看到雷丁的势头，我肯定要被愚弄了。报价带始终都在提醒我："不要理睬它。"但理智却在提示我要另做打算。我是在预料大势崩盘，没有哪只例外的股票，无论在它的背后有无资金集团的支持。

自从在投机商号交易起，我一向是单独打拼的，我的工作方式就是这样。观察也好，思考也好，我都要亲自去做。但我想对你说，当市场开始按照我所设想的方案启动后，我第一次感到应该建立一支联军，它是世界上最强大最可靠的联军：基本大势。基本大势对我帮助非常大。有时基本大势动作可能要慢些，导致反转总是迟到，但只要耐心等待，它们就是可靠的。我不是凭借报价带研读术或者直觉寻找机会。事物的发展是有规律可循的，这是不可阻挡的，我的赚钱术就是这样的。

在关键的地方一定要正确，要知道什么是正确并据此展开行动。对于整体市场大势，我的"可靠联军"在告诉我："跌！"可是对这个命令，雷丁却不去执行，对我来说，这就是不尊重。我感到非常焦躁，雷丁这样坚挺，似乎没发生任何事情。本来它应该是整个市场中最好的做空对象，因为它还没下跌过，而且庄家手中持有大量股票，一旦资金链紧张起来，他们就将无力持有。这些银行家的朋友总有一大会被扫地出门的，他们会显得很无助。这只股票一定会和其他股票一样下跌。假如雷丁不跌，那说明我的理论有问题，我就出错了，事实也有问题，逻辑也有问题。

我发觉雷丁价格坚挺的原因是华尔街害怕卖出它，这样，有一天我就向两家经纪行同时发出了卖出的指令，卖出4 000股。

现场的情况你真该去看看，这只被庄家控盘的股票，这只卖空等于自杀的股票，在争先恐后的空单的袭击下跳水了。我又加仓卖空了几千股。当我卖空时，我发现雷丁的价格是111美元。过了几分钟，在92美元的价位上，我满仓杀入做空了。

属于我的春天到来了。我在 1907 年 2 月清掉了全部仓位，大北方铁路优先股下跌了六七十点，别的股票的跌幅（按比例计算）相差无几。我这一击非常漂亮，我为什么要清仓呢？理由就是我觉得跌幅已经贴现了近期市场前景。据我的预计，相当规模的反弹即将发生，但还没有达到让我出手参与反转的程度。我的立场是坚定的，不会轻易改变。在短期内，市场上不会出现于我合适的交易时机。我曾在投机商号赚到第一个 1 万美元，但随后就亏掉了，这是因为无论大势是否对头，我时刻都在交易中。我不会一个陷阱掉进去两次的。我也不会忘记就在不久前我还破产过，这是因为我过早地发现了崩盘即将来临，因此过早地开始卖空。现在，我已经获利颇丰，心里有落袋为安的念头，这样我就能觉得自己所做是正确的。在此之前，我因为反弹而破产，现在，我不会再让反弹把我清洗出局的。我没有继续等候别的机会，我选择去佛罗里达。钓鱼是我的爱好，这样还能让自己休息一下。在那里，我的两个愿望都能得到实现。另外，直连电报已经把华尔街和棕榈滩联结起来了。

第九章

当你想离场时，一定要离场

我乘船沿着佛罗里达海岸航行，钓鱼是一项有趣的活动。此时，我已经完全放下了股票，心情非常轻松。这段日子舒服极了。一天，在棕榈滩外的海面上，几个朋友开着摩托艇来找我。其中一人随身带着一份报纸。那些天，我始终没有看报纸，对任何新闻都提不起兴趣。但我还是忍不住扫了一眼朋友的那份报纸，发现市场正在猛烈反弹，幅度已经达到了10点以上。

　　我告诉朋友们，我想和他们一起上岸。偶尔出现一些小反弹是很正常的事情。熊市尚未结束，华尔街和愚蠢的大众以及绝望的多头全然不顾货币环境，要么亲自上阵，要么指使别人哄抬股价，这让我忍无可忍。我必须去看一看市场。我不知道我是否会有所行动，但我很清楚我迫切地想要看一看报价板。

　　哈丁兄弟公司在棕榈滩设有分部。我走进交易大厅时，发现里面有很多熟悉的面孔，其中大部分人都在看多。他们都是那种根据报价带交易且行动迅速的交易者。这类人没有远见，因为他们的交易方式决定了他们没有必要有远见。我说过，我在纽约的交易所里有个"少年作手"的称号。当然，人们总是会夸大一个人的交易额和盈利量。棕榈滩分部的人已经听说我在纽约做空赚了一大笔钱，他们期待我再次大力做空。他们认为反弹将会持续很长一段时间，而我的责任就是对抗反弹。

我来佛罗里达是为了钓鱼的。此前，我承受的压力太大，需要彻底放松一下。然而，当我发现市场反弹已经到了离谱的程度，我便立刻决定结束度假，重新开始工作。上岸时，我还不知道自己应该做些什么，但现在，我知道我必须卖空股票了。我是正确的，而且，我必须用一贯且唯一的方法——用钞票来证明我是正确的。卖空整体市场上的所有股票将是一种合适、谨慎且有利可图的行为，甚至称得上是一种爱国行为。

我刚一看报价板，就发现安纳康达的股价已经快突破300美元了。这只股票一路飙升，显然，其背后显然隐藏着一个实力雄厚的多头集团。按照我以往的交易习惯，当一只股票首次突破100、200或300美元后，它不会在这些整数点上停留，而是会继续上涨很大一段幅度。所以，只要在它突破整数关口时立刻买进，就肯定有利可图。胆小的人不喜欢在股价创出新高时买进，但我却不同，根据对历史案例的观察，这种运动模式对我的操作有着很大的指导意义。

安纳康达仅仅是一只四分位股票，也就是说，该股票面值只有25美元，需要400股才相当于100股面值100美元的常规股票。我预计，在突破300美元之后，安纳康达会继续走高，也许转眼间就能涨到340美元。

别忘了，我是看空的，但我也是看报价带做交易的人。我了解安纳康达，按照我的预测，它的上涨速度会很快。活跃的行情总是很对我胃口。虽然我已经学会了保持耐心、坚持等待，但大涨大跌依然吸引着我，而安纳康达恰恰是这种急性子。我迫切地渴望验证自己的观察，因此当安纳康达突破300美元时，我就立刻买进了。

就在此时，报价带显示买盘比卖盘多，因此，整体市场的上涨应该还会持续一段时间。最谨慎的做法是等一会儿再卖空。此外，在等待的这段时间里，我还可以赚点小钱——在安纳康达上抢进30个点的快速涨势就可以了。我看空整体市场，但唯独看多安纳康达！因此，我买进了32 000股安纳康达，也就是8 000股完整股。这种做法有些冒险，但我对自己的判断很有信心，而且，根据我的估计，这笔交易有助于扩充我的保证金规模，对我此后的空头操作非常有利。

第二天，由于北方风暴或者其他此类原因，电报线出了故障，中断了。我只能待在哈丁交易大厅等待消息。人群中传来一阵阵牢骚声，各种猜测都有，当然，股票交易者们在无法交易的时候就是这副样子。后来，我们得到了当天唯一一个报价：安纳康达，292 美元。

当时，我在纽约认识的一个经纪人就站在旁边，他知道我做多了 8 000 股完整股，我猜测他手头也持有一些安纳康达，因为他一看到报价，脸色就变了。他不知道此刻安纳康达是否又下跌了 10 个点。从安纳康达的涨势来看，暂时下跌 20 点其实算不上意外。我安慰他说："别担心，约翰。明天就会好了。"这是我的真实想法。但他只是摇了摇头。他觉得自己才是明白人，他一直都是这样想的。于是，我笑了笑，继续等待报价更新。但是，当天再也没有报价发来了。我们只知道安纳康达已经跌到了 292 美元，除此以外一无所知。按照这个报价，我的账面亏损已经接近 10 万美元。我想来个快的，于是，快的就来了。

第二天，电报线修好了，我们又像往常一样收到最新报价了。安纳康达以 298 美元开盘，随后涨到了 302.75 美元，但很快又开始下跌。与此同时，市场上的其他股票也没有进一步反弹的迹象。我下定决心，只要安纳康达跌回 301 美元，我就必须断定这是一次假动作，是被人暗中操作的。按照正常情况，安纳康达应该会一路上涨到 310 美元，否则就意味着我被骗了，我的操作是错误的。而当一个人犯错的时候，唯一应该做的就是不要继续错下去。我买进了 8 000 股完整股，本来指望它出现三四十点的涨幅，但事与愿违。这不是我第一次犯错，也不会是最后一次。

果然，安纳康达跌回到 301 美元。我立刻悄悄溜到电报员面前，告诉他："把我买的 8 000 股完整股安纳康达全部卖掉。"我把声音压得很低，生怕别人听见。

电报员抬起头看着我，一脸惊恐的表情。我催促道："全部卖掉！"

"没问题，利文斯顿先生，您的意思不会是按照市价卖出吧？"他的表情就好像他自己因为经纪人的执行不力而损失了几百万似的。但我只是斩钉截铁地说道："别废话！赶快卖！"

交易大厅里的吉姆·布莱克和奥利·布莱克两兄弟听到了我和电报员之间的对话。他们来自芝加哥，是大交易商，曾经在小麦市场叱咤风云，如今也在纽约交易所做大手笔交易。他们富得流油，而且挥金如土。

"你会后悔的，拉里。"当我返回报价板前的座位时，奥利·布莱克微笑着对我说。

我停了下来："你是什么意思？"

"明天你就会再买回来的。"

"买回什么？"除了电报员，我没有对任何人提起过这笔交易。

"安纳康达，"他说，"明天再买，你就得花 320 美元了。这买卖可不怎么样啊，拉里。"他再次露出笑容。

"什么不怎么样？"我装作茫然的样子。

"按照市价卖掉你的 8 000 股安纳康达，你应该持股才对。"奥利·布莱克说。

我知道，他是个聪明人，而且消息灵通。但他为什么会如此清楚我的交易？我怎么都想不通。我确信公司不会出卖我。

"奥利，你是怎么知道的？"我问他。

他大笑了几声，说道："是查理·克莱特兹告诉我的。"他说的就是那位电报员。

"但他从没离开过他的座位啊！"我说。

他笑道："你俩究竟说了什么，我是听不到的，但我可以听到他帮你发给纽约的电报。几年前，我的一份电报被电报员弄错了一个地方，我为此和他们大吵了一架，此后，我就学会了电报密码。从那时起，每当我像你刚才那样口头下单时，都会确认一遍电报员发出的信息是否无误。我要知道他以我的名义发出的信息是什么样的。所以我才说你会后悔卖出安纳康达的，它会涨到 500 美元。"

"但这次不会，奥利。"我说。

他直直地盯着我，说道："你还挺自信的。"

"不是我，是报价带。"我说。当然，那里没有报价机，也就没有报价带。

但他明白我的意思。

"我知道，有一种人喜欢研读报价带，但他们看到的不是价格，而是股票进站和出站的列车时刻表。但事实上，这种人都被关在墙上包着软垫的精神病院小包间病房里，所以他们不会伤到自己。"

我没有说话，因为此时公司的伙计给我拿来一份成交报告。我以299.75美元的价格卖出了5 000股。显然，这里的报价比市场慢了一步。电报员帮我下单时，棕榈滩报价板上显示的价格是301美元，但同一时刻，纽约证交所里的价格肯定已经更低了，如果有人愿意以296美元的价格接我的卖单，那么我会欣喜若狂的。可见，我从不以限价方式做交易是完全正确的。如果我限价300美元卖出，那么我将永远都脱不了手。千万别这样做，先生！当你想离场时，一定要离场。

此时，我的股票成本价为300美元。他们以299.75美元又替我卖出了500股完整股，然后以299.625美元卖出1 000股，以299.5美元卖出100股，以299.375美元卖出200股，以299.25美元卖出200股，其余的股票以298.75美元卖出。哈丁公司最能干的场内交易员花了15分钟才把最后100股卖掉。他们不想把成交价格口子扯得太大。

在接到最后一笔卖单的成交报告后，我立刻开始正式做空，这才是我上岸的真正意图。我必须这样做。市场在剧烈反弹之后，已经迎来了卖出良机。瞧，人们又开始谈论牛市了。然而，市场走势告诉我，反弹已经快到尽头了。卖出才是安全的，无须多想。

第二天，安纳康达以低于296美元的价格开盘。奥利·布莱克早早来到交易大厅，满心期待着股价进一步反弹，准备随时目睹安纳康达突破320美元。我不知道他是否持有这只股票、持有多少，但当他看到开盘价格时，脸上的笑容顿时消失了，此后一整天都没有露出笑容。安纳康达开盘后持续下跌，且棕榈滩得到的最新报告表明，这只股票根本没有市场。

这已经足够说明问题了。我的账面利润持续增长，每个小时都在创出新高，这些数字提醒着我：我是正确的。于是，我又卖出了其他股票，几乎是所有股票！要知道，现在可是熊市，每只股票都在下跌。次日是星期五，华盛顿诞辰日。我不能继续待在佛罗里达了，因为我已经建立了对我来说相当大的空仓。我必须回到纽约去，那里需要我。谁需要我？我自己！棕榈滩的位置太远、太偏僻了，往返电报会浪费大量宝贵时间。

我离开棕榈滩，赶往纽约。星期一，我被迫停留在圣奥古斯丁，花几小时的时间等火车。那里有一家经纪行营业部，我自然得过去看一看当天的市场形势。安纳康达在上一个交易日价格的基础上又跌了几个点。其实，安纳康达此后始终在下跌，一直持续到当年秋季的大崩盘之后。

回到纽约后，我继续做空了大约四个月。市场偶尔来个反弹，这很正常，于是我不断地平仓，然后再卖空。严格来讲，我并没做到持股坚守。别忘了，我曾经把我在旧金山地震期间赚到的 30 万美元全部赔光了。我的判断无比正确，但却破了产。如今，我谨慎行事，所谓"否极泰来"，即使未必会好到极点。想要赚钱，就得抓住机会。想要赚大钱，就得在正确的时间做正确的事。在投机游戏中，必须理论结合实际，不能光学不练，你不仅要做个好学生，更要做个好投机客。

我干得相当漂亮，虽然现在看来，当时的策略还有不足之处。那年夏天，市场变得沉闷起来，看来，入秋之前肯定不会出现大行情了。我的熟人们要么去欧洲度假了，要么正打算去欧洲度假。我觉得这个主意不错，因此也清了仓，坐船前往欧洲。当时，我已经获得了超过 75 万美元的利润。对我来说，这个数目已经相当可观了。

我来到埃克斯莱班，享受了悠闲的假期。这个假期是我为自己挣来的。我怀揣大把钞票，和朋友们在这度假胜地吃喝玩乐，简直棒极了。在埃克斯莱班，一切享受都来得那么轻松愉快。华尔街被我抛在脑后，我们之间似乎一点关系都没有了。我敢说，美国的所有度假胜地都比不上这里。我无须去听别人谈论股市，也无须做交易，我手里的钱足够我好好享受很长一段时间了。此外，我还知道，当我回到纽约，很快就能把这个夏天的开销全部赚回来，甚至赚得更多。

一天，我在《巴黎先驱报》上看到一篇来自纽约的报道，说斯梅尔特公司宣布额外增发红利。这个消息让斯梅尔特公司的股价迅速上涨，整体市场也恢复了强劲势头。当然，我的度假之旅也因此发生了改变。这个消息意味着多头集团仍然在和大环境做殊死搏斗，绝望地对抗着常识和现实。他们明明知道未来会发生什么，却企图使用这种手段哄抬市场，避免被随后而来的暴风雨席卷一空。或许，他们以为危险的局面并不严重，或是情况还没有那么紧急。华尔街的大佬们都是空想家，跟政客和普通菜鸟没什么区别。我可不允许自己和他们一样。对投机客来说，这种思维是致命的恶习。或许只有证券制造者和新股承销商才经得起空想带来的可怕后果。

无论如何，我知道，在熊市中操纵多头只会落得一败涂地的命运。这则报道让我立刻意识到，我唯一可以放手去做的事情，就是卖空斯梅尔特。唉，内幕人士们都快跪下来哀求我这么做了，否则他们怎么可能在金融恐慌的当口提高分红率？这就如同儿时玩的"敢不敢"游戏，根本就是在设法激怒我，一遍一遍地问我：你敢不敢卖空这只股票？

我用电报发出了几个指令，要求卖空斯梅尔特，并且建议纽约的朋友们也卖空它。接到成交报告后，我发现成交价格比《巴黎先驱报》上刊登的报价低了 6 个点，这足以说明当前的形势。

我原计划月底返回巴黎，三个星期后坐船回纽约，但我一接到成交报告，就立马动身赶回巴黎。到达巴黎的当天，我就致电轮船公司，得知次日有一趟发往纽约的快船。我订了票。

就这样，我比原计划提前了一个月回到纽约。这里是最适合我做空的战场。我手头有 50 多万美元可以当作保证金。我的回报并非来源于我的看空，而是来源于我的逻辑推理。

我继续加码做空。随着银根进一步收紧，短期利率节节攀升，股票价格持续下跌。一切如我所料。曾经，我的预测让我赔光了全部。但如今，我不仅预测正确，而且赚了大钱。不过，真正令我感到高兴的是，作为一名交易者，我终于步入正确轨道。我需要学的东西还有很多，但我知道应该怎么做，不会再不知所措，也不会再使用错误的方法。在投机游戏中，研读报价带非常重要，找准正确时机入市同样重要。然而，我最大的发现是，你必须研究整体市场形势，按照各方面影响的强度排列顺序，从而准确预测市场发展的可能性。总之一句话，我必须努力，才能在股市里赚钱。我不再盲目赌博，也不再沉迷于追求技巧，而是通过艰苦的钻研和清晰的思维来获得成功。我还发现，每个人都有可能沦为菜鸟。菜鸟手法只会让你得到菜鸟待遇。财神爷从不懈怠，你应得的酬劳从来不会少。

在我的带头下，我所在的经纪行赚了大钱。我的操作如此成功，被人们传为佳话，当然，其中免不了添油加醋的成分。人们认为我是众多股票崩盘的始作俑者。经常有陌生人跑来向我表示祝贺。他们都认为我能赚到那么多钱是件很了不起的事情。他们已经忘记了当初我看空时他们冷漠的态度，当时他们还以为我股场失意变成了疯子。他们才不在乎我对金融危机的预测，他们看重的只有我赚到的钱。就连经纪行的会计耗费不少墨水才写完我账户上的数字都成了他们眼中奇迹般的成就。

朋友们曾经告诉我，各大经纪行都在流传哈丁兄弟公司"少年作手"的故事，人们说我总是在牛市转熊市的当口，以各种手段对多头集团发起总围剿，引领市场正常转空。直到今天，人们依然在传颂我的一场场逆袭之战。

从9月下旬开始，货币市场的危机状况浮出水面。但人们不愿卖掉手中的投机性持仓，依然奢望奇迹的出现。10月初，一位经纪人给我讲了个故事，让我觉得自己实在太温和了。

或许你还记得，短期贷款是在交易所交易大厅的资金席位发放的。通常来讲，银行通知经纪商当日需要偿付短期贷款时，经纪商已经知道自己需要重新贷款多少金额；而银行也知道自己有多少可贷资金，如果可贷资金充足，那么银行会把这些钱放在交易所。这些钱会被分配给几家以短期贷款为主营项目的经纪商。到了中午，当日最新短期贷款利率会被公布出来。这一利率通常代表截止到中午，所发生的短期贷款的平均利率。这些业务通常都是公开进行的，买家和卖家开诚布公、明码标价，每个人都可以随时了解事情的进展情况。从中午到下午2点，通常没有多少短期贷款业务。但到了交割时间，也就是下午2点15分以后，经纪商就会明确地知道自己当天的资金状况，然后就可以到资金席位贷出盈余，或是贷入不足。这些业务通常也是公开进行的。

言归正传，10月初的一天，我刚才提到的那位经纪人找到我，向我讲述经纪商的现状，他说经纪商们已经不再把可贷资金放进资金席位了。因为有几家著名的佣金经纪行派人死守在资金席位上，时刻准备把钱一抢而光。当然，既然你已经公开放贷了，那么就不能拒绝这些经纪行的短期贷款要求，因为他们并非无力偿还，也有足够抵值的抵押品。但麻烦在于，这些钱贷出去容易，还回来难。借款方只需说一句无法偿还，无论放贷方是否愿意，贷款都会继续延期。因此，任何一家交易所如果有可贷资金，那么就不会再放进资金席位，而是派人到交易大厅直接兜售，他们会悄悄问一些老朋友："100要吗？"意思是："你想贷款10万美元吗？"替银行做生意的资金经纪人也采用了相同的手段，而资金席位一片荒凉。那种情景可想而知。

他还告诉我，在10月的那几天，证交所还立了个新规矩，让借款方按照自己的利率进行短期借贷。你瞧，换算成年利率，在100%～150%之间。我想，立这个规矩是为了让放款方不至于像个放高利贷的。但可以肯定的是，他们比放高利贷的好不到哪儿去。当然，借款方也从不指望自己不必付出高额利率。这是公平交易，每个人付出的利率都一样。不管怎样，他需要的是资金，只要资金到手就满足了。

情况越来越糟糕。灾难最终还是降临了。那些多头、乐观主义者、空想家，以及其他菜鸟们，现在只能眼睁睁地看着自己被割肉了。这一天，1907年10月24日，我永生难忘。

资金业务报告早就显示，无论放贷方提出多高的价码，借款方都必须照单付账。市场上的资金已经无法满足周转需求了。当天，借款需求量远远高于平日。到了下午交割时间，至少有100位经纪行代表围在资金席位四周，迫切地想要为本公司借到急需的资金。如果借不到钱，他们就不得不按照市价卖掉持股，能卖多少算多少。但买家手里也没有多少钱，几乎没人敢接盘。放眼望去，整个市场就好像一分钱都看不到似的。

我朋友的合伙人和我一样看空，所以他们公司不需要贷款，但我朋友——就是讲故事的那个经纪人——刚刚目睹了资金席位周围一张张憔悴的面孔，跑过来找我。他知道，我重仓做空了整个市场。

他说："天啊，拉里！我从来没见过这种状况，到底怎么了？不能再这样下去了，总得有人出来做点什么吧，看这架势，好像所有人都要破产了。你可别再卖空了，市场里肯定已经没钱了！"

"什么意思？"我问他。

然而，他却回答道："你听说过那个实验吗？把一只老鼠放在玻璃罩里，然后抽掉玻璃罩里的空气。你会看到那只可怜的老鼠呼吸越来越急促，肋部像风箱一样起起伏伏，试图从越来越稀薄的空气中获取足够的氧气。你看着它逐渐窒息，眼睛都快进出眼眶了，它喘息着，一步步迈向死亡。唉，看到资金席位周围的那些人，我就想到了这个实验！哪里都没有钱，清盘也没用，因为没人接盘。我说，此时此刻，整个华尔街已经破产了！"

他的话令我陷入了沉思。我的确预见到了超级熊市，但我必须承认，我没有想到会是这样一副惨状。照这样下去，没有人能够从中获利。

最终，事态变得显而易见。在资金席位周围干等根本毫无意义。哪里都没有钱，市场如同面临世界末日。

后来，我听说，证交所主席 R.H. 托马斯在得知华尔街危机之后，到处寻找解救方法。他找到美国最富的银行国民城市银行的行长詹姆斯·斯蒂尔曼，向他说明情况。国民城市银行曾经夸下海口，说其贷款利率从不高于6%。

听了托马斯的话后，斯蒂尔曼说："托马斯先生，我们应该先去请教一下摩根先生。"

他们二人都不希望出现金融史上最具毁灭性的灾难，于是一起来到了J.P. 摩根公司，找到了摩根先生。托马斯再一次说明了情况。他话音刚落，摩根就说："你马上回证交所，告诉大家不用担心资金问题。"

"哪儿有资金？"

"银行有！"

在这个关键时刻，所有人都无比相信摩根的话，因此，托马斯没有多问，立刻赶回证交所，给那些被判了死刑的会员们带去了死缓的消息。

当天下午2点30分之前，J.P. 摩根派阿特伯里公司的约翰·阿特伯里去纽交所处理这件事。众所周知，阿特伯里公司与摩根公司关系非常密切。我朋友说，他看到阿特伯里快步走向资金席位，向人群挥了挥手，就像布道者在主持一场复兴会议。此前，人们听到托马斯带来的消息，已经平静下来，但一看到阿特伯里的身影，又立马担心起来，害怕援救计划有变，事情会变得更糟。但当他们看到阿特伯里的面孔和挥动的手时，又立刻安静了下来。

随后，在鸦雀无声的氛围中，阿特伯里说："我被授权借给诸位1 000万美元。大家放松点儿！每个人都有份，够你们用的！"

说完，他就开始分钱了。他只是记下借款人的名字和所借数额，并没有告知借出者的名字，而是对他们说："会有人通知你们到指定地点领钱。"他的意思是说，他们稍后就会知道应该去哪家银行领取贷款。

一两天后，我听说摩根又给那些胆战心惊的纽约银行家们下达了命令，要求他们必须向纽交所提供所需贷款。

"可是，我们也没有钱啊。我们的钱已经贷光了。"银行家抗议道。

"不是还有准备金吗？"摩根厉声反驳道。

"可是准备金已经低于法定限额了，不能再往外拿了。"银行家嚷嚷道。

"用掉它们！现在正是动用准备金的时候！"各家银行只好服从命令，动用了大约2 000万美元的准备金。股市得到了挽救。银行恐慌直到第二周才出现。J.P. 摩根真是有勇有谋。银行恐慌并没有比股市恐慌严重多少。

那一天给我的股票生涯留下了刻骨铭心的记忆。就在那一天，我获得了超过100万美元的利润。至此，我的首次谨慎计划的交易以胜利告终。我所预见的一切都发生了。但最重要的是，我那狂热的梦想实现了。那一天，我成了市场之王！

为什么这样说？且听我慢慢道来。在纽约闯荡多年后，我经常绞尽脑汁地想：我15岁就打败了波士顿的投机商行，却始终无法在纽交所会员公司取胜，这到底是为什么？我知道，总有一天，我会找到问题的根源，并且停止犯错。到了那个时候，我迎来的不仅是正确，更是保证正确的方法。这意味着实力。

别误会，这绝非白日做梦，亦非虚荣妄想。这仅仅是一种感觉，我曾在富勒顿公司和哈丁兄弟公司里一败涂地，但它们终将拜倒在我脚下。我坚信这一天总会到来。而这一天果然到来了——1907年10月24日。

我之所以这样说，是因为，那天早上，一位和我的经纪行经常有业务往来的经纪人（他也知道我重仓做空的事情）与华尔街最著名的银行的一位合伙人一同乘车。这位朋友对那位银行家大谈我的大手笔交易，以及对多头的穷追猛打。如果你判断正确，那么就应该充分利用这种正确，收获可能出现的所有成果，否则正确就毫无意义了。

为了让故事更有分量，那位经纪人肯定是添油加醋了一番。或许在我后面跟风操作的人比我想象的还要多，或许那位银行家比我更清楚当时的危急形势。无论如何，我朋友告诉我："他对你的故事很感兴趣，尤其是当我告诉他，你曾说过真正的卖潮将会造成市场暴跌，现在就差有人再推动一两下了。他听了这话以后，说他当天晚些时候或许会再来找我帮个忙。"

当证券公司发现哪怕付出一切都筹不到一分钱的时候，我知道时机终于成熟了。我派了好几个经纪人去打探消息，得知没有一个人愿意买进"联合太平洋"，无论价格已经压到多低，可想而知，其他股票也是差不多的状况。没有一个人有钱持股，因此，没有一个人可以买进。

我已经获得了巨大的账面利润，而且我确信，如果我想继续打压价格，只需再卖出1万股"联合太平洋"以及其他六只股息较高的股票就可以了。然后，地狱大门就会自动打开。我预感这样做会导致恐慌蔓延，以至于交易所或许会被政府关闭，就像1914年世界大战爆发时的情形一样。

这意味着我的账面利润还会继续膨胀，但同时这些利润也很有可能无法套现。此外，需要考虑的因素还有很多，例如，继续崩盘可能会对我已经感觉到的复苏苗头造成阻碍，而这次复苏可是大失血之后的大补给。总之，这样的恐慌会让整个国家元气大伤。

我下定决心，既然继续积极做空既不明智又不道德，那么我为什么还要坚持空头呢？于是，我调整方向，开始买进。

在我的经纪人开始帮我买进后不久——顺便说一句，我的买入价都是底部价格——那位银行家来找我的朋友了。

他说：“我来找你，是想请你立刻找到你的朋友利文斯顿，告诉他，我们希望他今天不要继续卖出股票了。市场已经承受不起更大的压力了。照此下去，市场就难逃灭顶之灾了。让他替国家想一想吧，在这种情况下，他也应该为同胞们考虑一下了。一旦他有了回复，请你立刻转达给我。”

我朋友立马赶来给我传话。他说得很委婉。我想，他肯定以为我在预谋彻底整垮市场，所以让我接受他的请求无异于让我放弃赚到 1 000 万美元的机会。他知道我非常痛恨华尔街的某些大佬，因为他们和我一样清楚市场即将出现怎样的局面，但他们依然向公众抛出大量股票。

其实，大佬们也在遭受重创，我在底部买进的很多股票原本都属于金融界大名鼎鼎的人物。当时我并不知道这一点，但这也无关紧要。事实上，我已经回补了全部空头仓位，而且觉得此时更适合低价买进，同时还可以为市场复苏帮上点忙——只要没有人再打压市场。

因此，我对朋友说：“请回复银行家先生，我非常赞成他的看法，其实，早在他找到你之前，我就已经意识到了问题的严重性。我今天不仅不会继续放空，而且还会尽可能地买进。”我信守承诺，当天就做多了 10 万股。直到九个月以后，我才重新开始放空操作。

正是由于这个原因，我才可以自豪地说，我实现了自己的梦想，并且成了市场之王。在那天的某个时刻，市场已经站在悬崖边上，任何人都可以轻而易举地把它打入地狱。我并没有自负到产生幻觉的地步，事实上，人们似乎都在无端指责我抢劫市场，整个华尔街都在流传关于我的谣言，这让我心里很不是滋味。

我渡过了这次危机，自我感觉良好。报纸上说，“少年作手”拉里·利文斯顿赚了好几百万美元。当天收盘后，我的身家的确超过了 100 万美元。但我最大的收获并不是钱，而是那些无形的资产：我是正确的，我不仅目光长远，而且能够制订明确可行的计划并加以实施。我已经掌握了赚大钱的方法，永远超越了赌徒的境界，至少我已经学会了怎样明智地调动大头寸做交易。这是我一生当中最重要的一天。

第十章

最小阻力线是关键

对自己错误的认识与对成功的研究相比，后者应该有更大的收益，但是，人的天性就是逃避惩罚。如果你因为错误而吃了苦头，那还想再犯一次吗？至于股市上的错误，它能给你带来双重的伤害，也就是你的钱包和你的自尊都受到了伤害。但有些事情很有趣，我还是想对你说：股市投机客有时在错误面前明知故犯。错误发生了，他们还会反省自己为什么会犯错。经过认真思考，会感到受到惩罚的痛苦，接着还会找犯错的原因：什么时候发生的？是在交易过程中的哪一点发生的？至于犯错的原因，他们是不明白的。在经过一番自我安慰后，他们会接着出错。

当然，对一个既聪明又幸运的人来说，他是不会在同一个坑跌进两次的。但是一个错误能衍生出千千万万种类似的错误，犯这些衍生出的错误就很难避免了。错误家族太庞大了，当你把握不住自己时，就会做出错误的操作，这样，在你周围就总会弥漫着错误的阴影。

下面我想跟你说说我是怎样犯下 100 万美元大错的，但首先我想先说一下我第一次成为百万富翁时的情形，当时是 1907 年 10 月的大崩盘后。从我的交易进度看，拥有 100 万美元也就意味着拥有更多的储备。对交易者来说，金钱并不会让他更舒心，这是因为无论穷富，他都会出错，一旦出错，就不会舒心。一个百万富翁交易正确，赚来的钱也就像他的一个仆人。在我看来，金钱上的损失算不上什么麻烦。对于我来说，任何损失我也不感到难受。只要睡上一觉，就什么都忘了。但是如果是出错，就和承担损失不一样了，出错既让我的钱包受损失，还对我的精神造成伤害。还记得迪克逊·沃茨讲过的故事吗？有个人一天到晚都生活在紧张中，一位朋友就问他是怎么回事。

"我睡不着觉。"那人回答道。

"这是为什么呢？"朋友接着问道。

"我持有很多棉花，想到它们我就难以入睡。为这件事我感到很累，有什么办法吗？"

"卖呀！一直卖到你能睡着觉为止。"朋友给他出了主意。

一般来说，人们总在设法与环境相适应，这时就很容易忽略了大局。他不能有效地识别其中的差别，换句话说，对于做百万富翁前的感受，他已经很难再回忆起来了，在他的感受中，很多过去没有条件做的事情如今都能实现了。对于一个年轻的普通人来讲，让他告别清贫时的生活习性，这不用花费多少时间，但你想让他忘记富有的日子，就要花上很长时间了。我觉得这大概是因为金钱给人们带来了更多的需求，也可以说是因为金钱产生了乘数效应。我的感觉是，一个人通过股票赚了钱，过去的节俭习惯很快就能丢掉，可是如果是亏了钱，过去的奢侈习惯就不好改掉了。

1907 年 10 月，我在了结空仓并开始做多后，打算休息一段日子。我买了一艘游艇，计划去南方出海游玩一下。我喜欢钓鱼，也想好好享受一下生活的乐趣。我期待着度假，时刻都准备着出发，但是市场却不能遂我心愿。

一直以来，我既做股票交易，也做商品交易。当我年纪还很轻时，就已经开始在投机商号做交易了。对市场我做了多年的研究，但不如对股市的研究用功。说实话，与股票相比，我更愿意做商品交易。毋庸置疑的是，期货具有更大的合理性。做期货交易是要承担某种风险的，在这方面做股票交易是无法与之相比的。在商品交易过程中，你能体验到所有的商业问题。在商品市场中，你能找到推动和阻碍特定趋势的臆想理由，但是由此而获得的成功是暂时的，事实最终是会胜出的，因此认真研究和观察的交易者才能获利。在这一点上，与常规生意没有任何区别。他可以观察和评估大势，了解其他人的信息。他不需要与内幕庄家争斗。在棉花市场（小麦和玉米相同），不会发生意外分红或增加分红的情况，这样就不会让你无法应对。从长远看，主宰商品价格的只有一条规律，就是供求的定律。在商品市场上，交易者只要把现在和将来的需求和供给的事实搞清楚就行了，他不需要像在股市中那样猜测。做商品交易一直都在强烈地吸引着我。

当然，投机市场在哪里都一样。报价带提供的信息没有区别。这对于那些懒于思考的人来说是件大好事，他会发现，只要他对自己提出问题并且考虑大势，答案就会自动呈现在面前。但人们都懒于提出问题，更别说去找答案了。对于一个普通的美国人来说，无论何时何地，他都不愿对他人轻信，但只要走进经纪商营业厅，看到报价带，情况就变了，无论上面的价格是股票的还是商品的。在所有的游戏中，在动手前需要研究一下的，只有投机游戏了，而正是在投机游戏中，美国人所擅长的未雨绸缪和小心求证，都被统统抛在了脑后。在股市中，他能毫不犹豫地将一半的身家压上，如果你劝他去买辆汽车，只是中等价位，他一定会精心挑选半天。

研读报价带其实并不复杂，当然，要是有些经验更好，特别是要具备一定的基本观念。对报价带的研读并不是预测你的财运。报价带不会告诉你下周四1点35分你会盈利多少。研读报价带是为了确认怎样做交易，什么时间交易，换句话说，就是买入和卖出哪个更合适。对于股票、棉花、玉米和燕麦来说，在报价带上读起来都是相同的。

对市场的观察，也就是观察报价带所显示的价格走势，只有一个目的，那就是确定方向，就是价格趋势。大家都明白，价格的趋势就是上涨和下跌，它只是沿着它所遇到的阻力线波动。通俗一些讲，价格就像别的什么东西一样，它总是沿着最小阻力线运动。怎么省力，它就怎么走，所以，上涨的阻力一旦小于下跌，它就向上走，反过来也一样。

市场平稳地开盘后，你就不要被"牛"或"熊"所困扰。用事实去拟合理论，对一个投机客来说，这是非常不明智的。只要你的心态开放，视野合理，在你面前就会展现明确的趋势，你就会看出眼下的市场是"牛"还是"熊"，明确了这一点，也就告诉了你该选择买入还是卖出。这样看来，在行情启动时，就要明确是买入还是卖出。

举例为证，如果市场正处于两次波动的间隙，就像平时一样，在上下10点的范围内波动，最高冲不破130点，最低也不会跌下120点。市场在底部会显得很弱，而在上涨时，比如上涨了8点或10点后，它又会显出强势来。这时你一定要冷静，不要被前面的特征迷惑而去交易。你现在要做的就是等待，一直到报价带提示你时机成熟了，那时你再动手。现实的情况是，人们往往看到股票便宜时就买入，而一旦贵了就卖出，此举所付出的代价是巨大的。我们要明确投机客不是投资者，投机客的目标并不是确保自己的资金能以较高的利率获得稳定的回报，而是通过他的投机标的物的价格涨跌获利，而不管那是什么。所以，问题的关键是交易时的最小阻力投机线。此时需要等待的就是这条线自己浮出水面的时刻，这也是开始忙碌的时刻。

对报价带的研读，只能让他明确，选择130美元价位的卖出力量要比买入强，价格回撤是不可避免的。当卖出力量大于买入力量时，那些半桶水的报价带研读者就能得出这样的结论，就是价格会一直冲向150美元，于是他们杀入买进了。但开始回调后，他们或许持股，或许亏损离场，或许多翻空转做空头。但在120美元的价位上时，下跌的阻力要大于上涨时。买入力量大于卖出力量，接着会出现上涨和空头回补仓位行情。大家都在两面挨打，此情此景看了就让人感叹，为什么大家就不记挨打的痛呢？

最终会发生一些事情，使上涨或下跌的动力增强，最大阻力点也会因此上移或下移，换句话说，就是在130美元的价位，买入力量将首次超过卖出力量，也可能在120美元的价位，卖出力量将首次超过买入力量。价格将突破旧的区间（或波动上下限）并继续发展。一般来说，在120美元处会有不少交易者卖空，这是因为市场看上去很弱，而在130美元处有不少人会做多，因为这时的市场又表现得很强。如果市场的发展并不如他们所期待的那样，他们就会在稍稍坚持后改变主意。可能选择平仓，也可能反手。无论哪种选择，他们的操作都会让最小阻力价格线更加明确，因此，精明的交易者此时会耐心地等待这条线的出现，他们既借助基本交易环境，也借助另一部分交易者，这些人可能因为方向选择出现了失误，此时被迫做了更改，他们的更改就会使价格沿着最小阻力线发展。

我想在这里说的是，虽然我没有对它做数学的定量化，也没有把它看成投机公理，以我的经验，只要我基于对最小阻力线的判断来建仓，那些意外的事情，将有利于我的市场头寸。记得我曾给你讲过萨拉托加"联合太平洋"的案例，我做多的原因，就是因为我发现最小阻力线是向上的。我应该持稳多仓，而不是让我的经纪人将内幕人士在卖股票的事情告诉我。至于董事们的态度，这对股票走势丝毫没有影响。况且董事们的态度，我是不会了解的。但我知道报价带怎么说——"涨"，对此我是自信的，接下来就是分红率提高很多，出乎人们的意料，这只股票随之大涨了30点。164美元的股价已经显得非常高了，但就像我说过的，股票不会因为过高而不适合买入，相反，也不因过低而不适合卖出。价格本身与确认我的最小阻力线没有丝毫的关系。

在实践中你会发现，如果你按照我所说的那样做交易，在这个市场收盘到那个市场开盘，在此期间所发生的重要消息一般都与最小阻力线的方向一致。在消息公布前，趋势便已经确立了。在牛市中表现为忽视利空而放大利多，反过来也一样。在此次世界大战爆发前，市场的态势就已经显得很弱。接下来便是德国宣布开始无限制的潜艇战。在这个背景下，我放空了15万股股票，之所以这样做，并不是因为我知道这个消息，而是因为我在按照最小阻力线的方向操作。从我操作的角度看，这个消息也是很突然的。但这个情况被我很好地利用了，就在当天，我的空头仓位就被平掉了。

你需要认真研读报价带，明确你的阻力点在哪里，还要时刻准备着确定最小阻力线并照此行动，当然这些说得容易，但在实际操作中，你要准备和许多因素抗争，这其中最大的敌人就是你自己，也就是说是人性。我认为一个人能够正确行事，那他就能获得来自两方面的帮助，一个是基本大势，还有就是其他出错的人，关键就在这里。在牛市中，空头因素被忽略。人性本来就是这样的，但人类对此却总是表现得很不理解。当有人对你说，今年的小麦收成很差，一年算是白干了，原因是有一两个地方遭遇了气象灾害，还有几个农场主损失惨重。但将各地所有的小麦产量加在一起后，当各地小麦产区的农场主把小麦送往码头的升降机上时，他们都惊呆了，因为这时发现小麦产量很高，损失微乎其微。这时大家才意识到辛苦一场后，倒给空头帮了大忙。

如果在商品市场做交易，你就要提醒自己不要有先入为主的念头。你要保持一种开放的心态和灵活性。无视报价带是不明智的，无论你对谷物收成或可能的需求量持什么意见。我还记得自己曾经错失了一次大行情，那是因为想尝试着对开始信号的预测。我对自己的感觉非常有信心，甚至认为等待最小阻力线的出现是没必要的。我还自认为有能力帮助最小的阻力线形成，我觉得只要有谁稍稍帮我一下就可以了。

对棉花我很看好，它的价格始终都在 12 美分上下，在一个很小的区间里震荡。棉花正处于一种中间状态，这一点我是能发现的。我很清楚，我要做的就是等待。但我也在琢磨着，只要我轻轻地推它一下，它就有希望把向上的阻力点突破了。

我买了 5 万包棉花，这时它上涨了，这是没有谁怀疑的。同样不用怀疑的是，如果我停止买入，它的上涨也将停止。接下来就是回调，直到我当初买入的价位。我卖出平仓，这时，下跌也停止了。我觉得离启动信号又近了，此时轻轻地推它一把，同样的情形就会发生了。只要买它就涨，而停止就会跌。就这样经过了四五次的反复，我实在是感到烦躁了，于是放弃了这样的尝试。我在这个过程中花费了 20 万美元，我的资金被耗尽了。不久，棉花出现了涨势，而且一直在持续着。如果我能耐心点儿的话，是有可能干出漂亮的一票的。

类似的经验很多交易者都有，所以，可以得出这样一条规律：在较窄的市场中，如果市场方向不明确，仅仅在很窄的区间震荡，这时想预测接下来大行情的走向，也就是涨跌的情况，纯粹是做无用功。你要做的就是对市场的观察，对报价带的研读，确定无方向震荡的区间的大小，而且还要拿好主意，除非价格向上或向下将这一区间突破，不然的话就静静等待。

投机客要考虑的是怎样通过市场来赚钱，不要固执地要求报价带与自己一致。和报价带的争论永远也不要发生，也不要找各种借口或尝试着去解释。在股市中，"事后诸葛亮"不会带给你利润的。

前不久和朋友聚会时，大家谈论起小麦，有的人看多，有的人则看空。到了最后都来问我的想法。当然，我对小麦是做过一些研究。我明白，这些人关心的不是任何统计数字或者大势分析，于是我说："大家要是想在小麦上赚钱，我可以告诉你们办法。"

大家的回答是肯定的，我就对他们说："如果大家已经想好了要在小麦上赚钱，你们就要认真观察它，耐心地等待，一旦它突破 1.2 美元就买入，这样，就能很快赚到大钱了。"

"为什么不选择现在 1.14 美元的时候买呢？"有人这样问。

"这是因为我还不晓得它到底会不会启动。"

"那为什么选择 1.2 美元的时候买呢？到那时已经涨得很高了。"

"这有两种选择，或者为了赚大钱而盲目地下注，或者少赚一点但更有把握，你选择哪种呢？"

大家都认定了收益较小但更有把握这一选择，于是我说："那就照我的话去做，小麦一旦突破 1.2 美元就买入。"

我在前面已经说过，我对小麦已经观察了一段时间。几个月来，它的价格都在 1.1 美元到 1.2 美元之间摇摆，一直没有离开这个区间。想起来了，有一天它收在 1.19 美元之上。我密切观察着，没有任何悬念，转天它开在 1.205 美元，我就杀入了。价格一路上涨，1.21 美元，1.22 美元，1.23 美元，1.25 美元，我也随着一路加码。

我肯定没有对你讲过此时发生了什么情况。我在价格处于有限波动阶段时，一直也没有寻找过对它的解释，也不晓得它会如何从波动区间跳出，是向上突破 1.2 美元还是向下击穿 1.1 美元。但我还是觉得它会上涨，这是因为小麦产量还没有高到足以使价格大幅下跌的地步。

其实，欧洲人可能一直都在不声不响地买入小麦，而很多交易者在 1.19 美元上下做空了小麦。受欧洲的买盘以及别的因素的影响，市场上的许多小麦都被人提走了，这就导致大行情的启动，1.2美元的价格关口被突破，我等待的就是这个价位。我明白，只要小麦突破了1.2美元，就会持续上涨，是涨势所聚集的能量，把小麦推上了震荡区间的上沿，这预示着将有情况发生。也就是说，突破1.2美元后，小麦价格的最小阻力线就确定了。后面，将是另一个故事。

还记得在一个节假日，市场都不开盘，可是在温尼伯，小麦高开，每蒲式耳（译者注：英制的容量及重量单位，在英国及美国通用，通常1蒲式耳等于8加仑——约36.37升，但不同的农产品对蒲式耳的定义各有不同）涨了6美分。价格沿着最小阻力线运动。

我给你讲了这些情况，从中你可以发现，我的交易系统是在报价带基础上形成的。价格最有可能的运动方向就是我的研究对象。说到我个人的交易，我还会采取别的方法验证，以便确定最合适的机会。用什么方法检验？就是观察在我动手后价格的演变过程。

如果我打算买入一只股票，我会选择在顶部买入；而卖出一只股票，则选择在底部卖出。当我把这种做法说出来时，许多交易老手都不信，因为这样的选择确实出人意料。交易者严格遵守投机之道，就能赚到钱，我的主张是，等到最小阻力线彻底显露时才出手，并且按照报价带的提示进行买入或卖出。在上涨行情中你要随之加码。开始时入五分之一仓位。这笔交易没有利润产生时，你不能选择加仓，这是因为你已经在出错了。就在此刻，你是错的，无论何时，出错就不会带来利润。这时报价带可能还在提示"涨"，这并不意味着它的提示不可信，它只是在告诉我们"时候还不到"。

在相当长的一段时间里，我在棉花市场上获得了很大的成功。我有自己的一套理念，并根据这样的理念做交易。比如说我计划构筑一个4万到5万包的头寸，我就会像我前面对你讲的那样对报价带加以研究，对买或卖的机遇做一番观察。如果最小阻力线提示了牛市行情将出现，我就会买入1万包。这笔交易完成后，假如市场出现了新情况，比如在我最初买入价的基础上又上涨了10个点，我就会再卖1万包。这样继续下来，当我有了 20 个点的利润，或每包 1 美元的利润时，我就会再买入 2 万包，这样，我就满仓了 . 看，我的交易基础就是这样的。如果在买入第一个 1 万乃至 2 万包后发生了亏损现象，此时我就会选择平仓撤走，因为我意识到自己出错了，这种错也有可能是暂时的，但就像我前面讲的，万事就怕开头出错，因为这不是个好兆头。

按照自己的系统交易使我能够抓住机遇，没有错过任何一次真正的行情。在逐渐加码直到满仓这个过程中，我也许会因为行情与预期不符而损失五六万美元。这样看显得要付出很高的试探成本，而实际情况并不是这样，要挽回我为了确保在正确的时间入市和加码所付出的 5 万美元需要多少时间呢？就是眨眼的时间！要想得到很好的回报，就要在正确的时间做正确的事情。

这也是我在前面讲过的下注系统。简单的算术就能加以证明，最明智的选择就是在胜利的形势下接着下大注。不要怕亏损，因为亏掉的只是一种试探的损失。照我说的去做，相信你总能持有赢利头寸，做到大注不败。

作为一名职业交易者，他会根据自己的经验，以自己的投机观念和意愿，形成一套交易系统。我在棕榈滩结识了一位老绅士，他的名字我已经忘了（或许我一直也不知道他的名字），据我的了解，他在华尔街有多年的经历，早在南北战争时他就在这里。听说他聪明，脾气古怪，繁荣和恐慌他都经历过。他常说的一句话就是阳光下面没有新鲜事物，至少在股市中没有。

老先生向我提出了许多问题。我把自己的交易方法告诉他后，他点了点头，说道："好！这样做很好。看你的经历，还有你的思路，这些使你的系统与你很相配。听你讲的这些，在实际应用中一定很顺手，这是因为最不用担心的就是你用来下注的钱。听说过帕特·赫尔恩吗？他是个运动员，挺有名的，他在我们那儿有账户。他有勇有谋。他通过股市赚了钱，不少人向他取经，可他从不给人家出主意。当有人向他请教直接的持仓是否合理时，他便用'不做就永远都不知道结果'这句赛场格言来回答。他就在我们的营业厅做交易。他买入 100 股活跃股，如果股票上涨 1%，便再来 100 股。再上涨 1 个点，再追加 100 股，就这样不断循环。他常挂在嘴边的话是，玩这个游戏可不是为别人赚钱，所以他会在最新一笔买入价之下1个点处理好止损单。假如市场继续攀升，他的止损价位也会跟着提高。只要有1%的回调，就止损出场。在他看来，无论亏损的是最初的保证金还是后来的账面利润，任何超过1个点的亏损都是一点道理也没有的。

"你知道的，作为一个职业赌徒，他从不指望放长线钓大鱼，他要的就是取胜的把握。当然，有了长线的机遇，他也不会放弃。帕特从不在股市中追逐小道消息，也不会选择持股一周斩获20个点的交易，他赚的只是既定平稳的利润，数量上不限，能以此维持舒适的生活就可以了。我在华尔街见的人多了，但像帕特·赫尔恩这样的人还是绝无仅有的，他将股票投机已经看透，在他眼里，这就是一场概率游戏，就像法罗牌和转盘赌一样，但只要你坚持相对来说比较靠谱的下注手段，还是能盈利的。

"赫尔恩去世后，有位曾与他一起做交易的客户，还是用他的系统在拉卡万纳获利10万美元，接着又选择别的股票。他觉得自己已经赚了一大笔，可以放弃帕特的方法了。当市场回调时，他没有避开亏损，却选择了任其增长，就好像这不是在亏，而是在赚。于是他把自己输光了。到最后，不仅输，还在我们这里欠下几千美元的债。

"接着，他又四处游荡了好几年。身上的钱输光了，可对股票他始终还是热衷的。看他这样，我们也不拦住，只要他做事不出格就是了。我还记得，对自己没有遵守帕特·赫尔恩操作风格的愚蠢举动，他从来都能坦诚地承认。有一天他兴致勃勃地来找我，希望我允许他在我们营业厅卖空。这个人很好，在过去风光时也属于优质客户了。我对他说，我会以个人的名义担保他的账户能做100股。

"他把100股湖岸公司卖空，那还是1857年的事，当时正赶上比尔·特拉维斯砸盘。在最好的时机，我的这位朋友将湖岸公司卖空，并随着跌势一路加仓，这样他就又走上了成功之路。

"罗伯茨四天的交易是非常成功的，金字塔操作使他盈利15 000美元。当我发现他并没有埋伏止损单时，我赶紧提醒他，但他却说崩盘还没有正式开始，他不想被小小的1个点的回调震出局。这是发生在8月的事。到了9月中旬，他来找我了，他准备给第四个孩子买辆婴儿车，需要10美元，可是他拿不出，特意来找我借的。对自己已被证明的系统，他没有很好地坚持，许多人的失败都是这样造成的。"老先生边说边摇头。

老先生讲得很对。我也在考虑，投机与一般的营生不同，在我看来，普通的投机客总是站在自己天性的对立面。成功投机的死对头就是谁都避免不了的弱点，这些弱点显示了他们讨同伴喜欢的特征；但他们也有能克服这些弱点的时候，那就是在做不像股票和商品那样的冒险活动时。

投机客最危险的敌人一向在我们自己身上深藏着，要想从人性中清除掉希望和恐惧，这是很难做到的。在投机游戏中，一旦市场与你作对，你总说希望今天就是最后一天，结果赔得更多，这些钱比不听从希望的情况下更多。而同样是希望，它却是开国帝王和或大或小的开路先锋的最佳同盟军，帮助他们赢得了多次的成功。而当市场的发展正与你的愿望相符时，你又担忧起来，担心你的利润在转天就会丢掉，于是你选择了出场，而且是过早地出场了。你没有获得本来到手的利润，原因就是你的担忧。这两个本能根深蒂固，一个成功的交易者要善于和它们作斗争，要能控制冲动，不为冲动所左右。当别人满怀希望时，他要小心慎重；当别人恐惧时，他要满怀希望。对亏损和希望，他一定要有所警觉。在股市中抱着像芸芸众生那样的赌博心态是错误的。

想想自己从14岁开始就跻身投机界，其他行业从来也没做过，我很清楚自己所思所说。从事交易30年间，我从未中断过，我有过穷途末路的失意，也享受过辉煌之时。我最终想说的是：一只股票甚至一个板块，你可以一时击败，但要想击败股市这是任何人也做不到的！在某一笔棉花或谷物的交易中你可能获得丰厚的利润，但谁也不会战胜棉花和谷物市场。投机如同赛马，你可以在一场比赛中获胜，但你想击败赛马行业那是不可能的。

我很想用更有力的语言来强调这些。无论谁有反对意见，这个结论都不受影响。我深信这些话，它们是不容置疑的。

第十一章

犹豫就意味着输

1907年10月，我买了一艘游艇。一切准备停当，我就要离开纽约，下一个目标是南方水域，我准备到那里去游玩。我喜欢钓鱼，我想驾着自己的游艇自由自在地去垂钓，时间和地点都任我自由选择。我准备好了一切。在股市，我赚了漂亮的一票，然而没想到的是，最后却败在玉米上。

　　在这里需要做个交代，在我赚得人生中的第一个百万美元的资金恐慌发生前，我始终在芝加哥做谷物交易。我把1 000万蒲式耳小麦和1 000万蒲式耳玉米卖空。对谷物市场我曾做过大量的调研，对它们非常看空，这就像我对股票看空一样。

　　对了，现在两种谷物都开始下跌了，但就在小麦持续下跌时，芝加哥最大的作手，也就是被我称为斯特拉顿的这位，也入场控盘玉米了。股票头寸我已经了结了，我已经做好乘游艇去南方游玩的准备，这时，我的小麦也给我带来了丰厚的利润，遗憾的是在玉米市场中，斯特拉顿在拉升价格，我也因此损失惨重。

　　美国拥有大量的玉米，它的数量远远超过价格所显示的数字，这我是知道的。供求法则没有失效的时候，但是需求主要来自斯特拉顿，供给却一直不见踪影。还记得那时我总是希望来一场倒春寒，这样泥泞的道路就会被封冻，农场主们就好把玉米运到市场上去。遗憾的是老天不帮助我。

　　正当我准备实施我的游乐计划时，玉米却让我难以成行。市场既然是这样的情况，我自然是脱不开身的。当然，斯特拉顿在密切关注着空头的动向。他明白我已经在他的掌心里，对形势的了解，我也和他一样清楚。但就像我说的那样，我把希望寄托于老天的帮助，希望天气会助我一臂之力。但是老天对我的希望似乎没有任何反应，看来也没有别的神奇的力量帮助我了。意识到这些后，我把克服困境的希望寄托在了自己身上，要通过自己的努力摆脱困境。

我将小麦的头寸平掉，赚了一大笔钱，然而更大的问题是玉米，如果我能以现在的价格回补我的 1 000 万蒲式耳空头头寸，我就会非常乐意这样做的，当然，我要为此承担不小的损失。但我一旦买进玉米，斯特拉顿就会盯紧我，向我发起围剿，我自己的卖单将把价格推向高峰，这样说来就犹如我在用刀砍向自己的脖子。

虽说玉米很强，但它却比不上我对钓鱼的渴望，在这个强烈愿望的驱使下，我恨不得马上就脱手，展开一场战略大转移。我需要买上 1 000 万蒲式耳玉米平我的空头仓位，同时还要尽可能地避免损失。

这也许是个巧合，当时在燕麦市场上，斯特拉顿也在玩弄控盘手段，抬高了燕麦价格。这期间，我都在密切跟踪谷物市场，注意搜集有关玉米的信息和交易所场内的传言。据说在市场上，斯特拉顿有个强大的对头名叫阿莫帮。我心里明白，除非按他的要求出价，不然的话他是不会让我得到玉米的。但现在有个有利条件，就是我听说阿莫帮与斯特拉顿正在作对，我可以趁机向芝加哥交易者寻求帮助。至于帮助的方法，就是卖掉斯特拉顿不愿卖给我的玉米，至于别的事情，那都好办。

我先是为玉米买单，每下跌 0.125 美分买进 50 万蒲式耳。买单下达后，我即刻向四家经纪行下市价单，将 5 万蒲式耳燕麦卖掉。据我的判断，此举能促使燕麦价格下跌。对于交易者的思维方式我是了解的，这样的情况一经发现，他们会立刻意识到是阿莫帮向斯特拉顿开战了。燕麦市场上的战端一起，他们就会做出推断，认为玉米市场将发生崩盘，根据这样的推断，他们会开始卖出。一旦玉米庄家抵挡不住，那么好戏就要开演了。

对芝加哥交易者的心理，我做出了正确的判断，当他们发现因为四个经纪商的卖单，燕麦发生了崩跌时，就立刻瞄上了玉米，使出全力卖出。在后面的 10 分钟，我将 600 万蒲式耳脱手。此时我发现他们的卖单好像力度不够，马上决定再以市价单买进 400 万蒲式耳。这张单子又让玉米的价格涨了起来，但我用这样的方法回补了所有 1 000 万蒲式耳空头头寸，价格也只比芝加哥交易者开始竞相卖出之前的价格高了不到 1.5 美分。为了诱导芝加哥交易者卖出玉米，我卖空了 20 万蒲式耳燕麦，损失只有 3 000 美元，从空头大逃亡的角度讲，这是个很小的代价。我在小麦上所获利润，将玉米的大部分损失抵消。在谷物市场上，我仅仅损失了 25 000 美元。此后的玉米价格再次上涨了每蒲式耳 25 美分。斯特拉顿曾经控制了我的命根子，这一点是很明显的。如果我不管不顾地将 1 000 万蒲式耳玉米买进平仓，这样所付出的代价就会更大了。

如果一个人多年经手某件事物，就会形成一种习惯性态度，这种习惯性态度与新手不同，差别就在职业和业余的区别。一个人如何看待事物，这决定了他在投机市场中的输赢。公众对自身的认识只是半桶水，在他们的脑子中总要掺进很多的自我因素，这样考虑问题就不可能深入。职业选手关心的是自己的正确与否，而不是赚钱与否。他们明白功到自然成的道理，到那时，利润就会自然产生。做交易就像职业台球选手参赛，要想赢球，就不能只考虑现在这个球如何打，而是要眼光放长远。王道就是走位，要使之成为自己的本能。

有个关于艾迪逊·卡马克的故事，我至今还记得。通过这个故事，也可以发现我想指出的东西。就我的了解，在华尔街，卡马克称得上是有史以来全能的股票交易者。他并不是人们眼里的死空头，但又确实爱做空，更善于调动人性中的两大主要因素，也就是希望和恐惧为自己服务。有句格言据说是他说的："当植物的汁液向上流动时，股票不要卖出。"前辈对我说过，他几次大的盈利都是通过做多获得的。无论怎样讲，他都称得上交易高手。记得有一次正赶上牛市的尾声，卡马克看空，有位擅长讲故事的财经作家，名叫 J. 亚瑟·约瑟夫，他得知这个消息后，认为可以充分利用这个机会，让卡马克去炮制熊市消息，于是他带上好消息急忙赶到卡马克的办公室。

"卡马克先生，我有个好朋友，他在圣保罗公司营业厅担任转账员。他对我讲了一些事情，这些事情我觉得你应该知道。"

"什么事？"卡马克冷冷地问道。

"你的立场改变了，是吧？现在你看空了？"约瑟夫问道，他想探听一下，假如卡马克对此没有兴致，他也就不在这件事上白费气力了。

"是啊，你有什么好消息吗？"

"今天我到圣保罗营业厅去了，我每周都要去两三次的，到那里搜集点信息。今天在那里遇到我的一个朋友，他告诉我说：'老头子在卖股票。'老头子就是威廉·洛克菲勒。'吉米，你说的可是真话？'我反问道。他肯定地说：'没错，价格每上涨 0.375 个点，他就卖出 1 500 股。近几天我都在为他交割股票。'我这不急忙来向你报信嘛。"

要想说服卡马克可不是件容易的事，对那些闯进自己办公室，一脸疯狂的人，对他们带来的各种道听途说，无论真假，他早已见怪不怪。他们带来的各种信息，他是不会相信的。面对这样的情景，他只是平淡地说："你说的这些是真的吗，约瑟夫？"

"问我是真的吗？那没说的！你看我像个聋子吗？"约瑟夫说。

"你的朋友可靠吗？"

"当然靠得住！"约瑟夫信誓旦旦地回答，"我们可是多年的老朋友了，他从未欺骗过我。绝对不会！对他我完全信任，我以性命担保，他讲的都是实话。在这个世界上，我是最了解他的。你对我算是很了解的了，可是我对他的了解比你对我的了解还深，别看咱俩有多年的交情。"

"那你对他是信任的了？"卡马克把目光又盯向约瑟夫，然后说道，"哦，你应该明白的。"说着他把经纪人惠勒叫来。约瑟夫想让卡马克最少卖出5 万股圣保罗股票。威廉·洛克菲勒此时正利用市场强势出货。至于他的货是属于投资性还是投机性的，这倒无关紧要。一个重要的事实是这样的，标准石油公司最优秀的股票交易员正在将圣保罗脱手。一般人听到这个消息后会有什么反应，这是显而易见的。

卡马克堪称万能的空头作手。一个对市场看空的人，却对经纪人说："比利，你去一趟，市场每上涨 0.375 个点，就替我买进 1 500 百股圣保罗。"这只股票当时的价格是 90 多美元。

"你是不是要卖呀？"约瑟夫急忙问道，他算不上华尔街的新手，但对市场的思考还是站在新闻记者的立场，也与普通大众的立场一样。内幕卖出信息一经披露，价格肯定会下跌，而最好的内幕卖出信息也不会超过威廉·洛克菲勒所为。标准石油在出货，而卡马克在买进，别开玩笑了！

"不是，"卡马克说，"我说的是买！"

"你对我还不相信吗？"

"当然相信了！"

"我的消息你也不信？"

"当然相信。"

"你不看空了？"

"当然看空。"

"那还这样是为什么呢？"

"我买进的原因就是这个。我告诉你，你要和那位可靠的朋友保持联系，一旦停止大量卖出，就立刻告诉我！听懂了吗？"

"是。"约瑟夫说着便站起身要走，但是，对卡马克买进威廉·洛克菲勒脱手的股票的动机，他还算不上真正了解。他明白卡马克对整体市场看熊，他的行为让人难以理解也正在这里。但约瑟夫还是找到转账员朋友，对他讲，如果老家伙卖出一结束，就立刻向他吹风。约瑟夫本人也会每天来两次探听消息。

一天，转账员对他说："老家伙的股票像是不来了。"约瑟夫听到后表示了谢意，然后赶紧跑去向卡马克报告。

卡马克听了就问惠勒："比利，我们还有多少圣保罗？"惠勒看了一下张目，说还有大约 6 万股。

看空的卡马克在别的铁路股上都有空头仓位，另外将不少别的股票也卖空了，早在买进圣保罗之前就布好局了。如今他持有很重的空头仓位。

他让惠勒立刻将这 6 万股圣保罗多头仓位卖掉，并且还要反手做空。他就是利用手中的圣保罗多头仓位加大对大市的打压，从下跌中大发利市。

圣保罗股价下跌很快，到 44 点方才打住，卡马克借机发财了。说到他的操作方法堪称老到。在这里我想提醒人们，注意他对交易的习惯性态度。他从来也不用思考，因为他一眼就能发现比某只股票的盈利更重要的东西。他能洞察最佳时机，并借机操作大规模做空。他不仅时机抓得好，并且在一开始就把握得很有分寸。关于圣保罗的消息让他买进而非卖出，得知这个消息后，他立刻就意识到可以大规模地做空了。

我们还是回到原题吧。当小麦和棉花的头寸了结后，我便驾驶游艇去了南方。在佛罗里达水域我尽情地漫游，享受着美好的时光。钓鱼对我来说就是一种享受。此时，我感觉一切都是美好的，我什么都不需要，什么都与我无关。

有一天，我在棕榈滩靠了岸。我在这里遇到了很多华尔街的朋友以及别的朋友。人们都在议论着棉花投机客，这在当时是很有趣的事情。据来自纽约的消息，珀西·托马斯输惨了。人们议论的不是商业破产，而是传说中世上最有名的大作手在棉花市场上的又一次遭遇。

对托马斯我是仰慕已久的。第一次听到他的名字，还是在看到报纸上有关谢尔顿托马斯证交所会员公司破产的消息时，那时托马斯正在坐庄棉花，他的合伙人没有他的见识，就在即将成功时，他泄气了。当时在华尔街都在这样传言。最终，他们不仅没有赚到大钱，相反还遭遇了多年来罕见的惨败。具体损失是几百万已经不记得了，谢尔顿托马斯公司被迫倒闭，托马斯单飞了。他把注意力集中在棉花市场上，结果很快就东山再起了。他的债务，连本带利都还清了，从法律上讲，这算不上他的义务。不仅如此，他还有 100 万的剩余。托马斯在棉花市场的再次崛起和"祭司"怀特在一年之内通过股市还清了 100 万美元，都成了传奇故事。我非常敬佩托马斯的勇气和智慧。

在棕榈滩上出现了这样的景致，大家都在热议托马斯在 3 月份栽在棉花上的事。人们都知道流言是怎么形成、怎么传播的，大家听到的都被渲染和夸大，乃至成为讹传。在这里我还听到了有关我的流言，这个流言传播得邪了门，当经过各色人等的加工最后又回到那个最初的制作者时，他都搞不清楚这个流言就是由他开的头。

本来我在集中精力钓鱼，但珀西·托马斯的遭遇扰乱了我的心思，我无心垂钓，脑子里又是棉花市场。我找来了大量的交易报告。通过研究，我对大势有了把握。返回纽约后，我立刻把全部精力投入对市场的研究中。人们都在看空，大家都在卖7月棉花。人从来都是如此。在我看来，这就是大家相互影响的结果，大家一窝蜂地做某件事，那是因为人们都在那里做同样的事情。这是一种群体心理，它是分阶段的，并且有多种表现形式。不管怎么说，在千百个交易者看来，当前最明智的举措就是将7月棉花卖出，这是最稳妥的办法。这种举动并不是一种群体的鲁莽现象，这样讲很保守。交易者仅仅看到了市场的一面，仅仅感觉到利润很丰厚。很明显的是，大家都期待着价格崩盘。

这些我都看到了。我注意的是，那些卖空的交易者要想回补仓位，已经没有多少时间了。我对大势的研究越深入，这一点也就越发清晰地呈现出来。到最后我决定买进7月棉花。立刻行动，我买进了10万包。卖家很多，所以我的买单被轻松地消化掉了。我觉得自己完全有能力悬赏100万美元找出一位没有卖出7月棉花的交易者（不管他的死活），遗憾的是无人站出来应征。

这时正是5月的下半月，我马不停蹄地买，大家也在争相卖给我，到最后我吃进了所有浮动的合约，一共是12万包。当我买进最后一包棉花后的几天里，涨势便启动了，而且就此一路前行。这些都在预料之中，仅仅在一天内，价格便从40点涨到了50点。

在我操作大约10天后，那是个周六，价格便开始慢慢爬升起来。市场上是否还有7月棉花要出售，这还是不得而知的，但我自己要想办法搞清楚，于是我坚持等到了最后的10分钟。我清楚地知道，卖空者一般选择在这个时段动手，市场一旦以上涨收盘，这些人肯定会被套住的。于是我在同一时间拍出了四张不同的指令，每张指令都是以市价买进5 000包，此举让价格瞬间上扬30点，见此情景，空头们纷纷出逃。市场以最高价格收盘。记住，我只不过将最后的2万包买进罢了。

转天就是星期天，但在下周一，为配合纽约市场的涨势，利物浦棉花应该高开20点，但最后的结果却高开了50点，这说明利物浦的涨幅超出了纽约一倍。利物浦市场的上涨与我没有丝毫的关系，从这里可以看出，我推理的正确性。我是沿着最小阻力线做交易。同时，我清楚地知道自己手里还握有大量持仓需要脱手。市场有可能暴涨，也有可能逐渐上涨，但买量一旦达到一定程度，市场不一定能消化掉，

利物浦的电报消息传来后，纽约市场沸腾起来了。但据我的观察，随着价格的涨高，市场上就很难再找到7月棉花。我没有进行任何的减磅操作。对空头来讲，这个周一不是个令人振奋和欢呼的好日子。但我同时还看到，市场上，空头并没有表现出恐慌，也没有拼命回补仓位的场面。我手里握有14万包棉花，我决心为它们找到下家。

周二的早晨，我来到我的办公室，走进大楼时，遇到了一位朋友。

"今天的《世界报》上登了一条消息，爆炸性的。"他笑着对我说。

"那是什么消息？"我问。

"怎么？你没看到吗？"

"对不起，我从来不看《世界报》，"我说，"到底是什么消息？"

"哦，都是和你有关的。上面说你在坐庄7月棉花。"

"我没看到。"说完我就离开了。不知他是否相信我，也许在他眼里我这个人很不够朋友，都不敢承认这是事实。

走进办公室后，我派人去买了份报纸来，只见头版上用大字号标着：7月棉花被拉里·利文斯顿控盘。

看到这篇报道，我立刻意识到，它会导致市场的混乱。即便我曾经挖空心思地想将14万包棉花脱手，但也想不到竟有比这更好的时机。这样的时机实在是难得，此时出现的这个消息，会在美国各地报纸转载，被读者传阅，它还会通过电报线传到欧洲，看利物浦市场的价格走势，人们对此会深信不疑。市场陷入疯狂之中，是由这个消息造成的。

纽约市场会出现怎样的反响，对此我是有所预料的，我也知道应该怎样操作来应对。市场在 10 点开盘，而在 10 点 10 分时，我手上的棉花就没了，14 万包棉花都被买走了。大多数持仓都出在了当天的最高价。交易者们为我开辟了一个市场。说到家，我只不过是利用了老天赐给我的好时机才脱手的。既然是老天所赐，那就该接受，不然的话是要被责罚的，除此之外，我还有什么选择呢？

　　在我看来的难题，却被意外地轻松解决了。假如没有《世界报》的那篇文章，我不可能在没有任何付出的情况下将我的持仓脱手。既卖出了 14 万包 7 月棉花，价格又不下跌，这绝非我个人的能力所为，这都是《世界报》的那篇文章为我实现的。

　　要探讨《世界报》刊发那篇文章的目的，这我猜不出来。我什么都不知情。但要我分析，可能是作者听到了某个棉花市场朋友的小道消息，他会以为自己抢到了独家新闻。我并不认识文章的作者，与《世界报》也没有任何联系。我在 9 点多钟才知道报纸上的文章，如果不是朋友的提醒，我是根本不会知道此事。

　　如果没有这篇文章，就不会有足够大的市场让我脱手。这是大手笔做交易的一个大问题。想无声无息地平仓走人是不可能的。何时卖出不是由你来决定的，只有时机适合能够卖出时，也就是你找到了能吸收你所有仓位的市场时，才是你卖出的时机。如果把握不住这样的时机，你就有可能付出数百万美元的代价。所以，千万不要犹豫，犹豫就意味着输。但也不能耍小手腕，比如通过竞买将价格在空头市场上打上去，因为这样做的话就会削弱市场消化你的持仓的能力。我还想提醒你的是，发现机会来临可不是件容易的事情。你需要密切关注，机会一旦出现，就要迅速把握住。

　　当然，我这次的幸运并不是所有人都知道的。不仅在华尔街，在其他地方也一样。一个人意外地发了笔财，人们都会用不解的目光去看他。如果这次意外没有使你发财，那就称不上是一场意外，只能说明你的贪婪和自负遭到了报应。如果因为意外你获得了利润，那意外就成了打劫，在大家眼中你就成了一个不择手段的暴徒，大家会觉得是你把正直善良的人害苦了。

很多人认为是我有意安排了这一切，因此而指责我，这样的说法不仅出自那些阴险的空头，其他的人也这样认为，虽然事实上是他们的盲从才招致自己的惨败。

就在一两天后，全世界最大的棉花作手来找我："这一定是你设计的有史以来最狡猾的圈套，利文斯顿。你的持仓量很大，开始时我还觉得你得损失惨重呢。你清楚地知道市场是有限的，抛出五六万包将会引发崩盘。我很想知道你会使用什么手段将剩下的头寸脱手而不吐出所有的账面利润，但我实在没有想到你用了这一手，这样的手段真是空前绝后。"

"这件事和我没有任何关系！"我向他发誓，让他明白我说的都是实话。

但他还是喋喋不休地说："真是空前绝后啊，小子。你就别谦虚了！"

就在这次交易后，我在报纸上被称为"棉花之王"。但我觉得我还不配这个称号。不用我说你也明白，即使花上全美国所有的钱，也不可能收买纽约的《世界报》。这样有势力能让《世界报》刊发这样的文章的人也是找不到的。这件事使我的名声和实际一点儿也不相符。

我讲这个故事的用意，并不是要说明皇冠也许会戴在名不副实的交易者头上，也不是强调只要抓住机遇而不问缘由的重要性。我只想说明一下，7月棉花交易后，报纸就开始对我进行诬陷。如果不是通过这些报纸，我恐怕永远也不会认识珀西·托马斯这位超凡脱俗的人物。

第十二章

投机者的敌人来自内心

出人意料地取得了7月棉花交易的成功后，我收到了一封信，是珀西·托马斯寄来的，他要求与我面谈。我立即回复，欢迎他随时到访我的办公室。次日，他就来了。

我一直都很仰慕他。无论你是种棉花的还是卖棉花的，对珀西·托马斯这个名字都不会感到陌生。无论在欧洲还是在美国，人们说话时都喜欢引用珀西·托马斯的观点。我记得有一次，我在瑞士的一家度假村与来自开罗的一位银行家聊天，他与卡塞尔爵士联手在埃及种植棉花。他一听说我是从纽约来的，便立马向我打听珀西·托马斯。他长期订阅托马斯的市场报告，每一期都不错过。

我始终认为，托马斯做生意是非常讲究科学的。他是个真正的投机客，有着梦想家的远见和角斗士的勇气。对于棉花交易，他见多识广，精通一切理论和实践。他乐于倾听，也乐于发表自己的观点、理论和经验。与此同时，他还了解棉花市场的实操以及棉花交易者的心理，因为他在棉花交易方面有着丰富的经验，赚过大钱也赔过大钱。

在原先的经纪公司谢尔顿和托马斯公司倒闭后，他就开始单干了。不到两年，他便东山再起，创下奇迹。我从《太阳报》上得知，他在财务方面重整旗鼓之后，做的第一件事就是连本带利还清了全部债务。第二件事是雇了一位专家，帮他研究和策划怎样最好地利用他的100万美元做投资。

这位专家考查了他的财产，分析了数家公司的财务报告，然后建议他买进特拉华－哈德逊公司的股票。

就这样，托马斯因破产亏掉了几百万后，又在棉花市场赚回了更多的钱。然而，3 月棉花交易上的失利再一次让他赔得精光。他来到我的办公室后，开门见山地建议我们联手。无论他得到了什么消息，都会在公开之前第一时间转告给我，而我需要做的就是实际操盘。在他看来，我在这方面有着他所欠缺的特殊天赋。

这个建议吸引不了我，我可以列举出千万条理由拒绝他。我坦率地告诉他，我受不了合作带来的约束感，也没有兴趣学习适应合作关系。但他认定了我们将是最佳组合。最终，我只好直截了当地说，我不想给别人的交易带来影响。

我说道："如果是我自己犯傻，那我活该倒霉，我会立马认账。不会出现持续损失，也没有意外的烦恼。我向来单打独斗，这种交易方式最明智，成本也最低。我与其他交易者靠头脑公平竞争，这让我很有快感。我从来没有见过那些人，从来没有和他们说过话，从来没有给过他们意见和建议，也从来没有想过要去结识他们。如果我赚到钱了，那么就证明我的观点是正确的，这就是我的目的。如果以其他方式赚到钱，无论以哪种方式，我都会觉得这不算是赚钱。我没有兴趣与你合作，因为我对股票感兴趣的原因恰恰在于我能够以自己的方式为自己操盘。"

他对我的想法表示遗憾，试图说服我，让我相信拒绝他的计划是错误的做法。但我依然坚持己见。对于其他话题，我们交谈甚欢。我告诉他，我相信他一定会卷土重来，如果在财务方面需要帮助，尽管告诉我。但他表示不会接受我的借款。然后，他向我问起 7 月棉花交易的事情，我毫无保留地和盘托出，告诉他我是怎样入场的，买了多少棉花，价格是多少，诸如此类。我们又聊了一小会儿，然后他就告辞了。

我曾说过，投机客需要面对无数敌人，其中有很多来自自己内心。在说这句话时，我心中所想的是我曾经犯过的各种错误。我知道，一个人即使可以一辈子保持独立思考的习惯，但当他遇到一位说服力非凡的人物时，也难以抵御强大的诱惑。我很自信自己不会犯普通投机客常见的一些小毛病，例如贪婪、恐惧和希望。但我也是一个普通人，我也难免犯错。

我本来应该在当时的特殊情况中保持高度警惕，因为不久前我曾亲身经历一段遭遇，让我发现自己其实很容易受到诱惑，甚至做出违背自己判断和意愿的事情。事情发生在哈丁兄弟公司。我在那里拥有一间私人办公室，供我一人使用，在开盘时间，未经我的允许，任何人都不得来打扰我。我的警惕性非常高，因为我持有重仓，而且账户利润丰厚。

一天下午，市场刚刚收盘，我听到有人说："下午好，利文斯顿先生。"

我转过身，看到一个三十多岁的陌生人。我不知道他是怎么进来的，但他的确进来了。我想，大概是因为他要和我谈业务上的事情，所以才会被放进来吧，但我什么也没说，只是看着他。很快，他就开口说道："我来找你，是想和你聊聊瓦尔特·斯科特。"接着，他便开始滔滔不绝地说了起来。

他是个图书代理商，但言谈举止并不怎么样，外貌也很普通。但他是个有个性的人。他不停地说，我也的确听了，只是一点都听不懂，直到现在也不明白。他说完后，递过来一支钢笔，又递过来一张空白表格，我便签了字。那是一张合同，我竟然同意花500美元买下一套斯科特著作集。

签完字，我才回过神来，但他已经把合同放进自己包里了。我并不需要书，买来也没地方放。我从不读书，也没人可送。但事实是，我已经签字画押同意买下那套500美元的书。

对于亏钱，我已经习以为常了，甚至从不考虑亏钱本身。我考虑的是我的做法，以及亏钱的原因。首先，我希望弄清楚自己的局限性和思维习惯，其次，我不想被同一块石头绊倒两次。当我吸取了教训，并且重新获利后，我才能够原谅自己。

唉，我亏了500美元，却无法找到问题所在。于是，我盯着那个家伙，上下打量了一番，以此作为寻找错误根源的第一步。天啊，他居然在朝我微笑，那种微笑满含理解，似乎已经看穿了我的心思！我似乎明白自己无须再解释什么了，他全都一清二楚。所以，我没有解释，而是直截了当地问他："这 500 美元的订单，你能分到多少佣金？"

他立刻摇了摇头，说："抱歉，我不能这么做！"

"你能分到多少？"我又重复了一遍。

"三分之一，但我不能这么做！"他说。

"500 美元的三分之一是 166 美元 66 美分。如果你还回合同，我就给你 200 美元现金。"我从衣袋里拿出钱来，以此证明我没有骗他。

"我说了，我不能这么做。"他说。

"你遇到的客户都会这样建议吗？"我问。

"不。"他回答道。

"那你为什么确信我会守约呢？"

"你就是这种人，输得起的人，不会不认账，所以你也是个一流的商人。我很感激你，但我确实不能这么做。"

"那你告诉我，为什么不愿意赚比佣金更多的钱呢？"

"严格来讲，不是钱的问题，"他解释道，"我工作不只是为了赚钱。"

"那是为了什么？"

"为了赚钱，也为了销售记录。"他回答。

"什么记录？"

"我自己的记录。"

"记录有什么用？"

"你工作只是为了赚钱吗？"他反问我。

"是的。"我回答。

"不，"他摇了摇头，"你才不会这样，单纯的赚钱无法让你获得乐趣。你不可能只是为了增加银行存款才工作，也不可能仅仅因为在华尔街赚钱容易才来到这里，你肯定需要从其他方面获得乐趣。所以，我们是一样的。"

我没有辩解，只是继续问他："那么，你是怎样获得乐趣的呢？"

"唉，我们都有弱点。"他坦白道。

"什么弱点？"

"虚荣心！"他说道。

"好吧，你已经成功地说服了我，让我在合同上签了字。但现在我要取消这份合同，并且会为你这 10 分钟的工作支付 200 美元。难道这还不够满足你的虚荣心？"我对他说。

"不够，"他答道，"你看，其他销售员在华尔街工作了几个月，连饭钱都赚不到。他们把这归咎于书的问题、销售地点的问题。因此，总公司把我派过来，让我证明一下书和地点都没问题，有问题的仅仅是他们的销售能力。他们赚的是四分之一的佣金。我之前在克利夫兰时，两个星期就卖出了 82 套书。到了华尔街，我要卖出相当数量的书，不仅卖给那些曾经拒绝购买的客户，还要卖给那些他们甚至见都见不到的客户。也是由于这个原因，总公司才愿意支付给我三分之一的佣金。"

"我还是没弄懂，你究竟是怎样把书卖给我的。"

"别在意，"他安慰我说，"J.P. 摩根也买了一套呢。"

"不，这不可能。"我说。

他没有生气，而是淡淡地说道："我说的是实话！"

"J.P. 摩根买了一套瓦尔特·斯科特的著作集？要知道，他拥有的图书都是些精装珍藏版本，没准连斯科特的手稿都有呢！"

"看，这是他的亲笔签名。"他迅速拿出 J.P. 摩根签署的合同，在我眼前晃了晃。或许那个签名是伪造的，但当时我并没有起疑。他包里不是也有我签署的合同吗？我只是觉得非常好奇，于是问道："你是怎样通过秘书这一关的呢？"

"我没看到什么秘书，只见到他本人，就在他的办公室里。"

"这太离谱了！"我说。每个人都知道，不通过秘书就想走进摩根的办公室，比带着滴答作响的定时炸弹包裹走进白宫还要难。

但他坚称："我进去了。"

"但你是怎么进去的呢？"

"那你觉得，我是怎么进到你的办公室的呢？"他反问我。

"我不知道，你来告诉我。"我说道。

"其实，我进摩根办公室的方法和进你办公室的方法是一样的。我只是和看门的家伙聊了几句，尽管他本应把我拒之门外。我让摩根先生签字的方法也和让你签字的方法相同。你当时并没有意识到自己在签一份图书购买合同，你仅仅是接过我递过来的钢笔，并按照我的要求去做。摩根也是如此，和你一模一样。"

"那么，这真的是摩根的签名？"我疑惑了三分钟，才想起要问这个问题。

"当然！他从小就会写自己的名字。"

"真的这么简单？"

"没错，"他答道，"我清楚地知道自己在做什么。这就是所有的奥秘。非常感谢你，利文斯顿先生，祝你愉快！"他起身向门外走去。

"等等，"我说，"我一定要让你从我这里赚 200 美元。"说完，我递给他 35 美元。

他摇了摇头，说："不，我不可以这样做。但我可以这样做！"说完，他拿出我的合同，撕成两半，递给了我。

我数了 200 美元递给他，但他又摇了摇头。

"这难道不是你想要的吗？"我问道。

"不是。"

"那你为什么要撕毁合同呢？"

"因为你没有抱怨，而是接受了事实。换成我，我也会这样做。"

"可我是自愿付你 200 美元的。"我说。

"我知道，但钱并不是一切。"

他话语间的一些东西让我不由得说道："你说的没错，钱并不是一切。那你希望我为你做点什么呢？"

"你的反应速度可真快，不是吗？"他说道，"你真的愿意帮我？"

"是的，"我说，"我愿意，但还得看你具体想让我做什么。"

"带我去艾德·哈丁先生的办公室，我想和他聊三分钟，然后让我和他独处一会儿。"

我摇了摇头，说道："他是我的好朋友。"

"他已经50岁了，而且是一位股票经纪人。"他补充道。

这话没错，于是，我带他来到艾德的办公室。此后，我便与他失去了联系。几个星期后的一个晚上，我在出城途中，在第六大道的火车站遇到了他。他很有礼貌地向我脱帽致敬，我也点头回敬。他走到我面前，问道："利文斯顿先生，你好！哈丁先生还好吗？"

"他还不错，有什么事吗？"我觉得他话中有话。

"你带我去见他的那天，我卖给他2 000美元的图书。"

"他没跟我说过这件事。"我说道。

"是的，他这种人不会谈这个。"

"哪种人？"

"永远不会犯错的那种人，他们觉得如果犯了错，那么肯定是事情本身有问题。他们一直很清楚自己想要什么，没有人可以左右他们的想法。也正是这种人，让我的孩子上得起学，让我的妻子心情愉悦。利文斯顿先生，你可帮了大忙，当你急着给我200美元的时候，我就已经在盘算这件事了。"

"那如果哈丁先生不签合同呢？"

"我知道他会签的。我早就清楚他是哪种人，搞定他非常简单。"

"是的，但是，如果他就是不签呢？"我坚持问道。

"那我会再回来找你，并且卖给你点什么。祝你愉快，利文斯顿先生。我要去见市长了。"当火车在公园站停下来时，他起身向我告别。

"预祝你卖给他10套！"我说。我知道，市长是个坦慕尼派。

"我也是共和党人。"说完，他不慌不忙地向外走去，似乎确信火车一定会等着他一样。而火车也的确等了。

我之所以如此详细地叙述这个故事，是因为它涉及一个非同寻常的人，他说服我买了自己并不想买的东西。我从来没有遇到过这种事，按理说，我也绝对不应该再次遇到这种事了。但事实证明，这种事还是再次发生了。你永远不能指望世界上只有一个了不起的销售员，也永远不能指望自己可以完全抵御他人强大的人格魅力带来的影响。

我委婉又坚定地拒绝了珀西·托马斯的合伙提议。当时，我对天发誓，我们的生意永远都不会有交合点，我甚至不知道将来还有没有机会再见到他。然而，就在次日，他又写信来感谢我的好意，并邀请我去拜访他。我回信说我会去的。他又回了一封，于是我就去了。

后来，我们经常见面。听他说话总能让我心情愉快，他懂得很多，而且谈吐风趣。我认为，他的人格魅力已经深深地吸引我了。

我们无话不谈，因为他博览群书，对很多问题都有独到的见解，而且言语间充满了才华和幽默感，以及让人难以抗拒的智慧。此外，他还有着无人能及的口才。我曾听到很多人在很多事情上指责他，包括说他虚伪等。但有时我会想，他能够拥有如此惊人的说服力，是不是因为他必须先彻底说服自己，然后才能彻底说服别人。

当然，我们也针对市场上的一些事情进行过深入探讨。我并不看好棉花，而他却相反。我完全看不到多头的迹象，但他能够看到。他列举了大量事实和数据，足够说服我了，但我并没有被说服。我无法否认这些事实和数据的真实性，但我更相信自己对市场的解读。但他依然滔滔不绝地向我灌输他的观点，直到后来，我开始怀疑起自己从交易报告以及日报中收集到的信息。这意味着我无法通过自己的眼睛来观察市场了。一个人不会站到自己信念的对立面，但他可能被言语迷惑，从而变得犹豫不决、半信半疑。这种情况更糟糕，因为他已经无法自信而安然地做交易了。

我并非完全迷失了方向，但我已经失去了原有的冷静，准确地讲，我失去了独立思考的能力。我说不清楚自己是如何一步步地陷入这个状态的，但我确实为此付出了昂贵的代价。在我看来，这是因为他信誓旦旦地说自己的数据完全正确，这些数据完全出自他本人；而他又断定我的数据不可靠，我的数据并非完全出自我本人，而是来源于公开数据。他一再强调他的数据来源于他派驻南方的1万多名信息员，是百分百可靠的。最终，我解读市场的方式变得和他一样，因为我们就像是在阅读同一本书的同一页，而且他还把书举在我面前。他的思路非常清晰，一旦我认同了他说的话，那么无疑就会得出和他完全相同的结论。

起初，当他开始和我大谈棉花行情时，我不仅看空，而且做空了整个市场。后来，随着我逐渐接受了他的理论和数据，我开始怀疑自己的仓位有可能建立在错误信息的基础上。当然，有了这种感觉后，我不可能置之不理，于是，我开始轧平头寸。既然托马斯让我觉得自己做错了，那么正确的做法就是反手买进。这就是我的思维方式。要知道，我这辈子除了交易股票和期货，其他什么都没做过。我自然认为，如果做空是错误的，那么做多必定就是正确的，因此，我必须赶紧买进。这就如同佩特·赫尔恩的那句口头禅："不做就永远不知道结果！"我必须证明自己对市场的解读是否正确，而证据只能从经纪行每月月底提供的报表中获得。

我开始动手买进棉花，很快就达到了我一贯的仓位量，大约6万包。这是我职业生涯中最愚蠢的一次操作。我没有按照我自己的观察和推理去做交易，而是完全充当了别人的傀儡。当然，这还不是结束，我不仅在毫无看多理由的时候买进，而且还不断加码，这完全违背了我多年来的经验。我的交易方式错了，只是完全听从于别人，结果亏损了。

市场并没有按照我希望的那样发展。当我对自己的仓位有把握时，我从来不会感到害怕或不耐烦。然而，如果托马斯是正确的，那么市场就不应该是这样的走势。我不仅一步错，而且步步错，结果完全乱了章法。即便如此，我不仅没有收手，反而持仓死扛。这种做法与我的一贯风格截然相反，也与我的交易原则及理论背道而驰。当我还是个混迹于投机商行的小屁孩时，我都比现在理智得多。然而，此时此刻，我失去了自我，变成了另一个人——托马斯的化身。

当时，我不仅持有棉花，还重仓做多了小麦。小麦的表现很不错，账面利润非常可观。我愚蠢地试图撑起棉花市场，因此加仓到大约15万包。可以说，到了这个时候，我已经感觉不太对劲了。我这么说绝对不是想给自己的错误找借口，而仅仅是在陈述实际情况。我记得我前往贝肖尔休息了一段时间。

在贝肖尔期间，我进行了一番仔细思索。我觉得我的仓位已经过大了。一般来讲，我不会感到害怕，但此时我却忧心忡忡，于是，我做出了减仓的决定——要么出清棉花，要么出清小麦。

如今看来简直难以置信，虽然我对这一行相当了解，虽然我在股票和商品交易方面有长达12～14年的经验，但我竟然做出一个完全错误的决定。我保留了给我造成亏损的棉花，却卖掉了给我带来利润的小麦。这个决定简直愚蠢透顶。为了减轻我的罪过，我唯一能够找到的借口就是，这笔交易并不属于我，而是属于托马斯。在投机者酿成的所有错误里，没有什么能比试图向下摊低成本更严重的了。没过多久，我的棉花交易就最大限度地证明了这一点。卖出亏损的持货，保留盈利的仓位，显然，这才是最明智的做法，我原本深知这个道理，但却反其道而行之，直到现在我都想不通自己为什么会这么做。

就这样，我卖掉了小麦，"故意"切断了这笔头寸的利润空间。就在我退出后，小麦价格一路上涨，每蒲式耳涨了20美分。如果我没有退出，那么应该可以赚到大约800万美元的利润。而事实是，我决定继续持有亏损的仓位，每天都加码买进了更多的棉花！

我难以忘记当时的情形。如果你问我为什么还要买进，我的回答是：当然为了维持价格不下跌！如果这都不算愚蠢做法，那么还有什么才算呢？就这样，我扔进去大笔大笔的资金，最终全都打了水漂。我的经纪人和好朋友们都难以理解我的做法，直到如今也不理解。当然，如果最终结果是另外一个样子，那我就真的成仙了。不止一次有人警告我，不要过分相信珀西·托马斯的忽悠。但我一意孤行，继续加码买进棉花，以免市场下跌，我甚至还跑到利物浦去买进棉花。当我终于头脑清醒，意识到自己在做什么时，我已经总共买进了44万包棉花，后悔已经来不及了。于是，我只好清仓。

我几乎赔光了我在股票和商品等其他交易上赚到的全部利润。虽然并没有倾家荡产，但剩下的钱也只有区区几十万美元了。而在遇到那位才华横溢的珀西·托马斯之前，我的身家足有好几百万美元。我背弃了自己在追求成功的道路上学习到的全部法则，这已经不是愚蠢一词可以完全概括的了。

不管怎样，现实给我上了极具价值的一课：一个人可以毫无理由地做出愚蠢的行为。此外，我还用数百万美元买到了一个教训：对交易者来说，另一个危险的敌人就是聪明人的花言巧语和人格魅力。我曾一直以为，这样的教训花上 100 万美元就能买到。可惜命运女神不会让你自己决定学费的金额。她只会先狠狠地教训你一顿，然后奉上她的账单，因为她知道，无论金额有多大，你都必须付钱。当我明白了自己可以愚蠢到什么地步时，我断然结束了这次意外，把珀西·托马斯彻底从我的生活中驱逐出去。

就这样，我亏掉了 90% 的本金。就像吉姆·菲斯克说的那样，灰飞烟灭。我成为百万富翁还不足一年的时间。我靠头脑和一点点运气赚到了几百万美元，然后反其道而行之，又赔光了这些钱。我不得不卖掉自己的两艘游艇，开始收敛奢侈的生活。

然而，祸不单行，我的霉运开始了。我先是大病了一场，接着又必须紧急支付 20 万美元的现金。放在几个月以前，这笔小钱根本算不了什么，但是现在，20 万美元几乎相当于我的全部身家了。我必须拿出这笔钱，但问题是，我上哪儿去弄来这么多钱？我不想从我的经纪行账户中提，因为这么做会让我失去足够的交易保证金。要知道，如果我打算尽快赚回那几百万美元，那么此时比以往任何时候都需要交易本金。我的唯一出路，就是从股票市场中把这笔钱赚出来。

如果你了解经纪行的普通客户，那么你一定会同意我的想法：在华尔街，抱着让股市替你支付账单的想法去做交易，恰恰是最常见的亏损原因。并且，如果你始终不放弃这个想法，那么你最终会输个精光。

有一年冬天，哈丁兄弟公司来了一群野心勃勃的年轻人，想赚三四万美元去买一件大衣，但最终没有一个人穿上这件大衣。这件事的始作俑者是一位出色的场内交易员（他后来还兼任政府职务，闻名世界），他穿着一件獭皮大衣来到交易大厅。那时候，皮草的价格还没有涨到天上，他的大衣也就值个 1 万美元左右。那几个年轻人中，有一个名叫鲍勃·基文的，也决定买一件皮草大衣，他看中了一件俄罗斯紫貂皮里子的大衣，打听了价格，差不多也是 1 万美元。

"这也太贵了吧！"一个朋友反对道。

"还可以吧。"鲍勃·基文淡然地说道，"也就是一个星期的薪水罢了，除非你们愿意把它当作礼物送给我，以表示你们对我的认可。有人想这么做吗？没有？那好吧，我还是让股市来替我支付账单吧！"

"你为什么想要紫貂大衣？"艾德·哈丁问道。

"我的身材穿紫貂大衣超级好看。"鲍勃一边说，一边挺直了腰板。

"你刚才说你打算怎么付账来着？"吉姆·墨菲问道。他是交易大厅里最擅长打探小道消息的人。

"做一笔明智的快线投资，詹姆斯，就是这样。"鲍勃回答。他知道墨菲只是想打听消息。

吉姆果然接着问道："你打算买哪只股票？"

"你又错了，哥们儿。现在可不能买进，我打算做空 5 000 股钢铁。它至少会下跌 10 个点。我只要拿到 2 个半点的利润就够了。这很保守吧？"

"你听说什么内幕了吗？"墨菲急切地问道。他瘦高的个子，黑头发，面黄肌瘦，因为他从不吃午饭，生怕错过报价带上的信息。

"有人对我说，那件大衣是最适合我的一件，"鲍勃转身对哈丁说道，"艾德，按照市价卖出 5 000 股美国钢铁普通股。就是现在，亲爱的！"

鲍勃是个赌徒，而且总是喜欢开玩笑。他以这种张扬的方式向全世界宣布自己的坚定信念。他做空了 5 000 股美国钢铁后，股价却瞬间开始上涨。鲍勃嘴上说不在乎，其实心里早就蔫了，因此在赔了 1.5 个点之后就及时止损了，并且向大家解释说是因为纽约的天气不适合穿大衣，而且皮草穿着不健康，又太招摇等等。大家把他嘲笑了一番。然而，没过多久，另一个年轻人也想买那件大衣，于是买进了"联合太平洋"，结果赔了 1.8 万美元。事后，他宣称紫貂只适合做女士披肩，不适合给温文尔雅的绅士做大衣内衬。

从那以后，一个又一个的年轻人想从股市中赚钱买下那件紫貂大衣。有一天，我说我还是把那件大衣买下来吧，免得公司亏损到破产。但所有人都嚷嚷说这不公平，如果我想买，就必须让股市替我买单，只有艾德·哈丁强烈支持我的决定。当天下午，当我来到服装店，打算买下那件大衣时，却发现一个芝加哥人早在上个星期就已经把它买走了。

这只是一个例子。在华尔街，有不少人想让股市替他们付账买下汽车、首饰、摩托艇或艺术品，但他们最终都赔钱了。股市吝啬得很，从来不会替我的生日礼物买单。否则，这些钱累积起来，都足以建一家大型医院了。事实上，华尔街上有很多灾星，其中最多且最挥之不去的，就是企图使股市变成好心神仙的那种妄想。

这并非迷信，而是经过反复验证，因此是有其道理的。如果一个人想让股市替他一时兴起的需求买单，那么他会怎么做？唉，他只能期盼和赌博。因此，他所承担的风险将远远大于理智时的投机。如果足够理智，那么他会冷静研究市场的基本情况，得出合理的信念和想法，即使出错也不会酿成大错。而赌徒们急于获得回报，不愿意耐心等待，渴望市场能够立刻眷顾他。他自我安慰说，这仅仅是一场输赢对半的赌博罢了。因为他早已做好了准备，打算快进快出，例如，亏2个点就止损，或者赚2个点就收手。事实上，他已经陷入了误区，以为这是均等的机会。我认识的很多人都曾在这样的交易中亏损成千上万美元，尤其是在牛市中，以高位买进，之后遇到小幅回撤的情况。这种交易方式肯定行不通。

是的，我在穷途末路中犯了这个错误，赔光了棉花交易后仅剩的那点钱。更糟糕的是，我还在继续交易，继续赔钱。我固执地以为，股市终将替我买单，但唯一的结局就是我赔得倾家荡产了。我欠了一屁股债，不仅欠几个主要经纪商的钱，还欠那些允许我赊账的几家经纪行的钱。我从此债台高筑，而且再也没有摆脱债务。

第十三章

要想学习经验，
就必须付出学费

就是因为这个原因，我再次破产了。这虽然很糟糕，可另一个更惨的消息也在等着我，那就是我在交易股票时错得很离谱。这一些突然到来的事情让我焦虑、心力交瘁，无法集中精力思考问题，这也就意味着我陷入了一种无助的境地，如同投机客那样在交易中陷入一种思维的怪圈，无法自拔。似乎所有的事情都和我过不去。实际上，我已经察觉到了自己的思维出现了缺陷而无法自我修复的问题。我过去的那套种重仓出击——10万股以上的股票——的习惯，在此刻已成了我的障碍，因为我害怕自己小打小闹收不回成本，因此再也不能做出精确的判断。要知道当你总共仅能交易100股时，你能否做出正确判断是不值得费心思的。而我已经养成了下重注、赢大钱的习惯，所以我不知道自己是否还可以判断在什么时候下轻注、赢点菜钱了。现在我真的很难向你描绘我当时是多么的无助。

　　我的再次破产是不可能阻止我的新一轮攻势的！我债台高筑还错误不断！在自己经历了那么多年的连连失败后，换句话说，就是在我为更大的成功铺设道路后，我此刻的情况几乎连一个投机商行里的初学者都不如了。虽然我已经学会了许多和股票投机游戏有关的技巧，可对于人性中的弱点还是知之甚少。你不可能找到机械一样的思维模式做依靠，因此不可能有所懈怠。而现在我明白了，我是不能指望自己永远不受到他人的影响和灾难的困扰了。

我不会因为金钱的损失而不安的。可我在其他的问题上会，并且这确实让我忧心忡忡。我仔细研究过自己遭遇失败的经过，并且很快就能找出我哪一步棋犯了错误、精确的犯错时间和地点。在投机市场的交易中，一个人要是想脱颖而出的话，那么他就要对自己有个彻底的了解。要想从自己犯过的错误里找出原因也是一个漫长的过程。我有时认为，作为一个投机客，不管他付出多大代价去学会最大程度地避免自大都不算过分。要知道在股市里的许多聪明人之所以遭受失败，其原因就是他们过于自信——这样的代价太高昂，可这就是我们在所有事情上难免要犯的错误，特别是当我们作为投机客身在华尔街的时候。

这感觉让我如芒在背。我感觉不好，因此我不再想做股票交易。我决定离开纽约到其他的地方再给自己筹集一笔翻本的资金。我还想给自己换个环境再把过去的自己找回来。所以我带着股票投资的累累伤痕离开了纽约。我那时真的比破产还惨，因为我欠了很多经纪商的钱，共计10万美元。

我离开纽约，来到了芝加哥并在那里筹集到了一笔本金，虽然数目不大，可至少能让我看到翻本赢回以前的钱的希望，也许花费的时间要长一些。但有一家曾和我有过合作的经纪商对我的股票交易才能还很有信心，为此他们允许我在他们的营业厅做一些数额少的股票交易。

重操旧业一开始我显得很保守。因为我不知道过一会儿股票又会发生什么变化，可我运气不错，我遇到了我职业生涯里最让我难忘的经历，也是因为这个缘故，我在芝加哥逗留的时间变短了。这是很难让人信服的事件。

那一天，一封来自卢修斯·塔克的电报送到了我的手里。给我发电报的人曾经是一家证券交易所会员公司的营业厅经理，我们以前就认识，我还在他所在的公司做过几笔生意，可现在我已经和他很多年没有联系了。他给我的电文如下：

速来纽约，有事相商。L. 塔克。

我很清楚，他一定是从我们共同的朋友那里得到我不好的情况的。我能肯定，他的电文话里有话。但我已经没有闲钱去纽约了，所以我当时没有按照他的要求去做，而只是给他打了一个长途电话。

"你的电报我收到了，"我在电话里说，"你的意思我还不太明白。"

"啊。我只是想告诉你，纽约的某个大银行家，他想见见你。"他说。

"哪个银行的？"我问道。因为我实在想不起这位想见我的是哪位。

"你到纽约来，我会告诉你的。否则现在说什么都白搭。"

"你是说对方很想和我单独谈谈？"

"是的。"

"他找我干什么？"

"要是你来纽约的话，他会亲自告诉你的。"卢修斯说。

"不能用书面的方式告诉我什么事情吗？"

"不。"

"那你先简单地介绍下情况。"我说。

"不能。"

"你给我听好，卢修斯，"我说，"我只想让你告诉我，这是不是陷阱？"

"肯定不是陷阱。他让你来是为了你好。"

"作为朋友你就不能向我透点风声？"

"我不能，"他说，"因为这对他不公平。另外，我自己也不清楚，对方到底有多想帮你。但你最好听我的，赶快来纽约。"

"你就这么确定他想见我？"

"是的，就是你，不会是其他人。我和你说你最好快点过来。来时给我发个电报，告诉我你乘坐的是哪趟列车，我好过去接你。"

"好吧。"我一边说一边把电话挂上。

这事情神秘得让我感到不舒服，但我知道卢修斯是个好人，他这么和我讲这事一定会有他的理由的。再说在芝加哥我也过得并不如意还不到舍不得离开的那种地步。按现在股市的交易情况看，在芝加哥我得花很长的时间才可以为自己积累起足够的资金去做以前那样的大买卖。

出于这种原因，我再次回到纽约，可我不清楚在那里会有什么事情发生。实际上在回纽约的旅途上，我就已经为自己的命运担心了好几次了，我担心会白白浪费时间和车钱。

我和卢修斯是在火车站见面的，他看到我就说，他是受了丹·威廉姆森的委托才来找我的。威廉姆森是纽交所会员公司非常有名的威廉姆森—布朗公司的经理，他和卢修斯说，他有一个计划我会肯定同意，理由是这会给我带来很多的好处。而卢修斯向我发誓他对此项计划毫不知情。但威廉姆森会用他们公司的名誉担保不会要求我去做不正当的勾当。

丹·威廉姆森所在的公司是由埃格伯特·威廉姆森在19世纪70年代创立的，现在他是该公司的资深合伙人。但该公司并不存在一个叫布朗的合伙人，很多年以来也没有一个公司员工叫这个名字的。这家公司是在丹父亲的手里名声大噪的，后来丹从自己父亲那里获得了一笔巨额遗产。可他不是个太追求公司以外的生意的人。他们公司有一个抵得上100个普通客户的客户。这个人就是埃尔文·马昆德，威廉姆森的姐夫，此人除了担任十多家银行和信托公司的董事，还是大西洋铁路系统的总裁，堪称铁路行业里的第二号传奇人物，仅次于詹姆斯·希尔；并且，他还是具有强大实力的银行集团福特·道森帮的主要成员兼发言人。身家估计为5 000万到5亿美元（这是因为不同人估计的数字不同的缘故）。他死后，人们才最终确定他的财产是2.5亿美元，这些钱都是在华尔街赚来的。现在你该清楚这是个什么样的人了吧。

卢修斯和我讲，威廉姆森—布朗公司刚为他专门设置了一个职位。卢修斯的本职工作就是为公司招揽普通的流通业务。而威廉姆森—布朗公司现在也正在开展这一项业务，因此，卢修斯说服威廉姆森新开两家；一家在市中心的一家大酒店里，另一家开在芝加哥。从他的介绍中我推测，他们大概想要我去芝加哥任职，很有可能是当营业厅的经理。如果只是这个职位我想我是不会接受的，我没有责怪他，因为我想等他们向我提出这一要求时再拒绝为好。

接着，卢修斯把我带到了威廉姆森的私人办公室，在把我介绍给自己的老板后就匆忙离开了，似乎努力地避免成为我们相识的目击证人。但我已经做好了先听他的老板说什么再拒绝邀请的准备了。

威廉姆森是个很有绅士风度、举止优雅、总是带着和善的微笑的好人。

我能看出他很善于交际，而且能将友谊长久地维持。他身体健康，神情愉悦。他很有钱，所以没有人会怀疑他做事情的动机。除了以上的因素外，他还受过良好的教育，其修养让他给人以轻松自然、彬彬有礼的感觉，甚至和蔼可亲还乐于助人。

现在我什么也没说。因为我确实没什么可说的，而且我的习惯是在自己说话前，我总会让对方先把话说完。我记得有人告诉过我，已故的前国民城市银行主席詹姆斯·斯蒂尔曼——这里说明一下，他是威廉姆森的好友——对所有向他提建议的人都会面无表情地聆听。当建议者把建议说完后，他还会继续看着提建议者，似乎这个提建议的人还有话没说完一样。一般在这个时候向他提建议的人会有一种压迫感，觉得自己真的还有什么没说完，因此继续讲他的建议。就是凭借着这一种聆听和盯着人看不说话的本事，斯蒂尔曼就让很多提建议的人说出了在他们对话前并不想给的有利条件。

我不是为了让对方开出最优惠的条件才缄口不语的，我这样做是因为自己想弄清楚整个事情的来龙去脉，让对方把话讲透彻，只有如此，我才能当即做出适当的决定，而且这是节约时间的最佳方法。因为这样能避免争论与没有意思的扯皮。对那些几乎全部呈现在我眼前要我加入的商业计划，我都只用"是"或者"不"这么简洁的字眼来做出判断。

现在就是这种情形，我在听，而丹·威廉姆森在说。他说他对我在股市中的操作手法已耳熟能详，并对我放弃自己的长处转战棉花遭遇失败表示遗憾。可他很感谢我的时运不佳，因为这让他有了和我好好谈一谈的机遇。他还说，我的特长就是股市，我是股市上的天才，是不该这么离开股市的。

"利文斯顿先生，这就是我们的理由，"他示好地说，"我们之所以要与您一起做生意的理由。"

"做生意？怎么做？"我问道。

"你做经纪人，"他说，"我们公司很乐意在股市上和你有所合作。"

"可我做不到，"我说，"虽然我很乐意和你们做生意。"

"为什么？"他问。

"我一点钱都没有，怎么做经纪人？"我回答道。

"啊。这个你不要担心，"他笑着说，"资金由我来提供给你。"说着他就拿出一本支票簿，写了一张 25 000 美元的支票，并在上面填上我的名字，再交到了我的手上。

"我想我没明白你的意思。"我说。

"这笔钱现在是你的，你把它存进你的银行账户去吧，以后你就可以签发支票了。我希望你能在我们公司的营业厅做交易。我们不在乎你的输赢。要是这笔钱用完了，我们还会再给你一张个人支票，所以你大可不必把这张支票当个事。这下你懂了吧？"

我很清楚威廉姆森的公司当时富得流油，是不需要和人做生意的，更不用说送钱给客户做保证金这种赔本的买卖了。可他此时向我提供这一切的时候又是那么充满善意！要知道你给我的是真金白银，而不是空有噱头的经纪商的信用，并且他给我的这笔钱只有我和他本人知道！可他对我唯一的要求就是让我在他们公司的营业厅做股票交易。除此之外，他还向我承诺即使我赔光了钱，他还会继续给我另一笔钱！不管怎么样吧，他下如此血本肯定是有他的道理的。

"你们到底想让我怎么和你们合作？"我问。

"其实很简单的，我们只不过想找一个客户在我们公司做股票交易而已，可前提是这个人必须得是个著名的活跃的大作手。整个纽约的人都知道，你是做空仓位最厉害的角色，这就是我们特别看重你的理由。朋友，你该知道你是个闻名天下的赌客。"

"可我还是不太明白你的意思。"我说。

"利文斯顿先生，那我就和你直说吧。我们公司有两三个非常富有的客户，他们在买卖股票时都是大手笔。我不想他们每次卖出一两万股，华尔街就怀疑他们正在卖出做多的股票。倘若华尔街知道你在我们公司做交易，他们就会不知道，到底是你在卖空，还是其他客户在减持多仓。明白了吗？"

我立刻就明白了他的意思。他是想利用我的赌客名声来掩护他姐夫对股票的操作！的确，在一年半前，我通过做空，干出了我职业生涯中最漂

151

亮的一仗。毋庸置疑，华尔街的流言贩子们已有了这一习惯，那就是，只要价格出现下跌，那就说明一定是利文斯顿在搞鬼。

现在好像并不需要我多考虑什么。因为我一眼就能看出丹·威廉姆森，他在给我快速东山再起的机会。于是我接过他的支票，并存进银行自己的账号里。接着，我跑到他的公司开了个户头，和他们开始做起股票交易来。那时股票交易市场很不错，非常活跃，这就给别出心裁的一两只个股的操作手提供了广阔的施展身手的平台。之前我就说过了，我已开始不安，认为自己已失去了正确出击的动力。可事实表明，我并没有丧失东山再起的机会。到纽约三周后，我不仅已能还清丹·威廉姆森借给我的 25 000 美元了，而且在炒股中还赚到了 12 万美元。

于是，我跑去找丹·威廉姆森，对他说："今天我是来还你借给我的那 25 000 美元的。"

"别，别呀！"他一边摇手一边对我说，"把它留着当你的炒股的本钱吧。你还钱，现在还不用这么急。你现在才赚多少啊？"

在我的华尔街职业生涯中，这是我犯下的最大失误，再无之一了。这是因为这个失误让我在后来付出了漫长而惨痛的代价。说实话，我当时如果坚持还他那笔钱，我就不会有后来的结果。那时，正是我东山再起的时机，我能够积累起比我以后所输掉的更多的财富，且进账神速。我到纽约这三周以来，每周我炒股平均盈利率就高达 150%。这之后，我的股票交易也进入了稳步增长的阶段。可我傻到没有坚决地把欠威廉姆森的债务还清，我太轻信他的话了，要是我坚决果断地还清那 25 000 美元，我的结果就不会那么糟糕。当然正是因为他没要我还回去 25 000 美元，我自己也没好意思取出我的利润。相反，当时我对他满怀感激之情，虽然这是我个性使然，我并非是一个喜欢欠他人情和钱的人。我知道，金钱是可以用钱偿还的，但是人情和善意就得用同样的方式偿还。这种道义上的义务常常会让我们为此付出惨痛的代价。另外，道义上的义务到底可以达到何种程度，这个世界也没有法律明文规定和说明。

我把本来要还威廉姆森的这笔钱放在一旁，再也没去动它，随后就继续做股票交易。股票交易进行得非常顺利。我开始一点点找回了过去的沉着和自信，我相信自己，用不了多久的时间，很快就能回到 1907 年我在股市中战无不胜的状态。之后，只要股市能够维持一段时间，我就能全面收复失地。现在，赚不赚钱我都已经很不在乎了，最让我高兴的是此时的我正在摆脱过去不停犯错、失去自我的老毛病。几个月下来，我的这一老毛病又几乎让我深陷于万劫不复之中，可我及时吸取了失败的教训。

就在这个时候，我开始看空并卖空数只铁路股，里面就包括切萨皮克和大西洋铁路的股票。我记得，在这只股票上我大概卖空了 8 000 股。

一天我很早就来到了股市交易中心。在开盘前，丹·威廉姆森让人把我叫到他的私人办公室里，他对我说："拉里，你现在还不能卖空切萨皮克和大西洋铁路的股票，哪怕一毛钱的。你卖空铁路 8 000 股，这绝非好主意啊。我替你做主，今天早上，我已经替你在伦敦回补并做多了。"

对于切萨皮克和大西洋铁路将下跌，我是非常有把握的，所有的报价带都明白无误地向我昭示了这一点。另外就是我对整个市场看空，虽我没有极端与不顾一切，可这也足以让我能安心地构筑些许空头仓位。因此，我对威廉姆森说："你怎么不和我商量就这么做？我看空整个市场，我看空的所有股票都会下跌的。你明白吗？"

可他摇着头和我说："我之所以这么做，是因为我恰好知道点儿有关切萨皮克和大西洋铁路的你不了解的事情。因此，我给你的建议是，千万别卖空这只股票，除非我告诉你这样做。"

对此我能又能怎么做？这可不是毫无根据的小道消息啊。这是该股份董事长小舅子的建议。我知道丹不但是埃尔文·马昆德的密友，而且他对我也很好和慷慨。何况他已拿出了他对我的信任以及对我所说的话的信心来了。我除了对他心怀感激，我又能做啥？我的判断再一次被自己的情感击倒，我选择了退缩而不是坚持自己的判断。这也成了毁灭我炒股之路的开端，因为我的判断听从了他的愿望。对有恩于自己的人怀有感激之情是正派人士无法摆脱的事情，可作为一个炒股人，我们就必须避免被这种感觉所困扰。后来我所知晓的第一件事就是，我不但输掉了我之前的全部利润，我还倒欠他们公司 115 000 美元。对此我感到沮丧，可丹对我说，兄弟，你别担心。

"我一定会帮你渡过这个难关的，"他对我许诺道，"我肯定会的。但你一定要配合我，必须停止你的独立股市交易。你总不能让我在那里为你累死累活，然后因为你的个人行动让我们前功尽弃吧？现在，你最好别管市场了，给我一个机会，让我替你赚点钱。你觉得怎么样，拉里？"

听他如此说，我不由得问自己一句，我又能如何？我很感激他的善意，决定不去做任何会被他认为是忘恩负义的事情。我逐渐喜欢上他的为人和蔼可亲又与人为善。现在我还记得，我从他那里听到的都是对我的鼓励，他总是对我保证说，一切都会好起来的。约半年后的一天，他一脸愉快的笑容跑来找我，并为我带来一张信用证。

"我说过我会帮你渡过难关的，"他对我说，"现在，我做到了。"接着我发现，他不仅仅免去了我的全部债务，还在账上给我留了一小笔信用余额。

我见此情形以为自己就此能很轻松地东山再起了，因为那时的市场走势正对我的路子。可他接着对我说："我替你买了 1 万股南大西洋的股票。"那也是他姐夫埃尔文·马昆德所控的另一条铁路的股票，所以，我的这只股票的命运又一次掌握在他手中了。

他对我不可谓不厚道了，想想，当一个人这样对你时，你除了说"谢谢"外，还能说什么呢？无论你对市场的看法怎样客观，也许你还笃定你是对的，可正如佩特·赫尔恩所说："绝知此事须躬行！"而现在，丹·威廉姆森就在替我躬行——用他的钱，我能说什么。

从此之后，南大西洋股票一路狂跌。因此，我的 1 万股也出现亏损了。后来，丹帮我把它卖掉了。我又欠了他前所未有的债务。可在这个世上再也找不出比他更好的债主了，他对于我的欠款从来不说一个字。反而一个劲儿地鼓励我，并安慰我让我对所欠的债务不必担心。最后，他再次用慷慨且神秘的手法帮助我结清了所有亏损。

所有发生过的事情，他从不和我说个中细节，我股票的所有盈亏无非只是他账户上的一些数字。他仅仅对我说："我们是用其他交易上的盈利，来帮你搞定了'南大西洋'上的亏损的。"当然，他也告诉我一些他是怎样卖掉了 7 500 股其他公司的股票，并从中获得了巨大利润的经过。我能老实和你说，我从来就不知道天下还有这么好的事，直到威廉姆森告诉我，他是通过这种交易为我抹掉了债务的。

像这样的一幕一再地发生，诱发了我的反思，并从各种角度来审视自己在股市所遭遇的情况。结果很明显，丹·威廉姆森一直在利用我。一想到这点，我就怒不可遏，可最让我生气的还是我自己在这种反常的情况下，居然一直都没有醒悟。在看清楚整个事情后，我马上找到丹·威廉姆森，并郑重地告诉他，我不干了。然后，我扭头就走。期间我并没有呵斥他以及和他合伙欺骗我的人。我想骂他们对我现在的处境毫无帮助。可我必须承认，我非常生气，不仅仅是对威廉姆森和他的公司，也是对我自己生气。

炒股亏钱，我从来就没把这当个事。不管什么时候，在股市上亏钱，我都会认为自己能从中吸取到经验。虽然损失了金钱，可我得到了炒股的经验，所以，可以这样说，金钱不过是我炒股要付出的学费罢了。人要想学习经验，就必须为此付出学费。但是我在丹·威廉姆森办公室的经历，对我的伤害实在是太大了，那就是丧失了一次绝好的机会。丢点钱对我个人来说算不了什么，亏掉了的以后我还能赚回来，但像我那时所面临的机会，可不是说有就有的。

看看我当时的情况，当时的市场是非常适合做投机交易的，事实也证明我的判断是对的。我的意思是说，我正确地解读了市场。那时的市场我是有着赚取百万美元的机会的，可我却让感恩这一东西干扰了我的操作，这就等于我在自缚手脚。我是说当时我不得不做丹·威廉姆森用他的好意给我安排做的事。简言之，这像是和亲戚在做生意那样让我不愉快。这太糟糕了！

这还不是最糟糕的。我是说，这件事后，我在市场上就再也找不到翻身的机会了。因为市场自那时开始就半死不活地盘整，情况一天不如一天。因此，我不但输掉了自己的全部家当，还又一次欠下了一屁股债，比以前任何时候还要多的债务。从 1911 年到 1914 年，我度过了最漫长而艰难的岁月，因为我赚不到任何钱，股票市场上根本没有我投机的机会，当然我的处境也是每况愈下。

在股市上亏点钱没什么不愉快的，只要这不是在你已看准了股市前景的情况下亏掉的。这也就是为什么我一直对那段经历耿耿于怀的原因所在，毫无疑问，那种不快的情绪一直在困扰着我。现在我已很明白投机客容易犯错的种种原因。作为一个正常人，我在丹·威廉姆森办公室里所做的事是可以理解的，可作为一个股市投机客，我那么做既不合适，也不明智。我怎么可以被与自己判断相悖的任何一种情绪所影响呢？贵族自有贵族的样子，可在股票市场不会那么讲究，因为报价带可不是什么骑士，它更不会因为你的高尚人品或忠诚而褒奖你。我认识到，在炒股当中我不能按其他的处事方式来做事。我不可以只是因为想在股市中交易，就迷失掉自己对于股市行情的判断。做生意就是做生意，作为一个投机客，我的生意就只能是支持我自己的判断。

这种经验真是有趣，我得好好和你分享下我的感受。和丹·威廉姆森初次见面的时候，他表现得真是非常的真诚。只要他的公司在某只股票上买进卖出几千股，整个华尔街都会认为是埃尔文·马昆德在买卖。毫无疑问，埃尔文·马昆德是该公司里的大作手，只同这家公司做生意。与此同时，埃尔文·马昆德也是华尔街有史以来最大、最好的作手。至于我，完全是他们用来当烟幕弹、迷惑对手的，而且特别是在马昆德卖出的时候，给他做掩护。

我和丹合作不久，埃尔文·马昆德就病了。他早就被诊断为绝症了，当然这一点，丹·威廉姆森早就知道。这就是丹为什么要轧平我的切萨皮克和大西洋铁路空仓的真正原因。因为那时候，他已经开始清除他姐夫在该股和其他几只股票上的投机仓位了，他稳住我，不过是为了他好清仓。

当然，这也包括马昆德死后的遗产清算，也必须将丹自己的投机和半投机的资产清盘。可那正是我们进入熊市的时期。因此，他设计把我束缚住，因为这样做对他继承遗产大有好处。他夸我是个惯于做股票大交易的大作手，看来毫不夸张，从我对当时的股市判断就可以知道。我也明白，他肯定记得我在 1907 年熊市中的成功操作，因此在他看来，要让我放手干的话，他的风险就太大了，大到他无法承受的地步。他很清楚如果他让我按照当时的势头发展下去，那么等到他需要把埃尔文·马昆德的部分遗产清盘时，我手里就会有很大一笔钱，足够交易数十万股的了。对他而言，我不过是个活跃的空头，他很难保证我不会给马昆德遗产造成数百万美元的损失，因为马昆德留下的遗产总共也就那几亿美元而已。

所以，他想出了让我深陷债务，然后帮我偿还的很廉价的一招，要知道，这要比让我在其他公司活跃于空头市场好得多。他明白，在股市上大举放空就是我该做的事。话说回来，从感情上来说，我是不该拒绝丹·威廉姆森的"好意"的。我指的是他出钱让我与他合作的事。

这段经历一直被我当成是我股票作手生涯里最有趣也是最不幸的一段。为了补这一课，我付出了极为惨重的代价。这段经历让我的东山再起足足推迟了好些年。但当时我还很年轻，我是等得起的，古语说，千金散尽还复来，就是这个意思。可这经历对一个穷困潦倒的人来说，这五年的时间可真是无比漫长的。一个人的落魄的滋味不好受啊，无论你年轻还是年老。游艇没了，没什么大不了的，可没了能让我东山再起的市场，这就太让我难熬了。曾有一个我一生难遇的机会摆在我面前，但我没能珍惜，直到这个机会失去后，我才明白它的弥足珍贵。看来丹·威廉姆森真的是个非常厉害的人物，他为人圆滑、有远见，还很精明，做事情也果敢。他长于思考，极具想象力，能洞悉所有人的弱点，并可以毫无同情心地加以利用。看到我准备把铁路股票清仓的时候，经过一番审时度势，他就很快想出了怎么对付我的方案，并及时地让我对市场不再有任何负面的影响力。从表面上看，他没有从我那里赚到钱。相反，他还对我表现出慷慨。他深爱着他的姐姐——马昆德夫人，而且在需要他站出来保护她时，他真的做到了。

第十四章

投机生涯中最
危险的时候

离开威廉姆森－布朗公司后，我始终忧心忡忡，担心股市的最佳赚钱时机已经一去不复返了。整整四个年头，人们没钱可赚，市场死气沉沉，没有一丁点儿机会。就像比利·安立奎说的那样："这市场，连黄鼠狼放屁都熏不出味道。"

看来，这是命中注定的，上帝似乎早就打算磨炼一下我了，但其实我并没有自负到需要被上帝惩罚一下才能清醒过来的地步。在处于亏损状态的交易者们经常犯的错误中，我没有犯其中任何一项，也没有做出任何菜鸟操作。我所做的，或者不如说是我绝对回避的那些事，若是放在第 42 大街以北，将会受到表扬而不是惩罚。然而，在华尔街，这么做却变得荒唐可笑，代价惨重。至此，这件事所带来的最糟糕的结果是，它让人不得不认定，投机游戏容不得半点人性。

离开威廉姆森公司后，我尝试在其他公司做交易，但无论在哪儿，我都会赔钱。我真是活该，因为我总想强迫市场履行它根本无须履行的义务——向我提供赚钱的机会。对我来说，在经纪行赊账并非难事，因为熟悉我的人都相信我的人品。当我停止赊账交易时，我已经欠下了 100 多万美元的债务，可见他们对我的信任程度。

问题不在于我是否丧失了把握市场的能力，而在于这不幸的四年中，市场上根本没有一点赚钱的机会。但我仍然不停地交易，试图赚回一笔本金，结果反而徒增债务。后来，我实在无法承担更多的债务了，于是，我不再独立操盘，而是开始靠替别人操盘维持生计——很多人认为我精通股票交易，即使市场再萧条，我也能应付自如。我从客户的利润中抽取一部分提成作为回报，当然，如果有利润的话。这就是我的营生，或者说，我就是这样苟延残喘地活着。

当然，我也并非始终赔钱，但所获利润从未多到可以切实有效地减轻负债的地步。随着情况越来越糟，最终，我平生第一次有了一种沮丧感。

似乎一切都在和我对着干。我失去了几百万美元，失去了两艘游艇，如今只能俭朴度日。我不喜欢这样的现状，但也没有怨天尤人。我不打算坐以待毙，也不指望上帝会救我。我开始思考自己的问题。显然，只有赚钱才能让我摆脱困境。而要想赚钱，唯一的途径就是做成功的交易。我曾经成功过，因此我知道成功的方法。在过去，我曾不止一次凭借小笔本金斩获巨额利润。我知道，市场迟早会给我这个机会。

我很清楚，一切都是我自己的错，市场没有任何问题。但是，我错在哪里？我扪心自问，就像研究自己在各阶段的交易问题时一样认真。经过冷静的思考，我得出了结论：我的主要问题在于我始终担心债务，这种精神上的不安始终包围着我。我必须解释一下，问题绝不仅仅是我担心债务。做生意的人免不了在日常业务中负债，我的绝大部分债务其实无非就是些普通商业债务。商人们也会遇到市场不景气的情况，时间长了自然会负债。我的情况也差不多，仅仅因为市场环境对我不利造成的。

时间一天天流逝，而我的债务始终无法还清，我变得越来越不冷静。我欠了100多万美元，这些全都是在股市上的损失。绝大多数债主非常通情达理，从不因此打扰我。但有两个人却经常纠缠我，他们时时刻刻盯着我。我一赚到钱，他们就会出现，逼迫我马上还钱。我欠了其中一个人800美元，他威胁说要起诉我，查封我的资产。我不知道他为什么会觉得我在隐瞒资产，难道是因为我看起来不像是个走投无路的流浪汉吗？

对问题进行了深入研究后，我终于清楚了问题的重点。这并非关系到我能否准确研读报价带，而是关系到我能否准确研读自己。我相当冷静地得出结论：如果我继续忧心忡忡，那么就很难改变现状；而我同样清楚的是，只要我还有债务，我就难免忧心忡忡。我的意思是说，只要债主有权困扰我，或者逼着我赚多少还多少，那么我就永远都无法积累起足够做交易的本金，永远都无法东山再起。这真是再清楚不过了，于是，我告诉自己："我必须宣布破产。"除此之外，我没有任何办法得到解脱。

这听起来既简单又合理，不是吗？但我告诉你，这其实是一件痛苦的事情。我讨厌破产，讨厌遭到误会或轻视。我并不在乎钱，从来都不在乎，更不觉得为钱撒谎是件值得的事情，但我知道，并非每个人都会这样想。我也知道，只要我能东山再起，就能还清全部债务，赖账不是我的风格。但除非我能像过去一样做交易，否则我将永远都无法偿还那 100 万美元。

我鼓起勇气去见债主们。对我而言，这个决定太艰难，因为他们绝大部分都是我的老朋友或老熟人。

我坦诚地向他们解释了情况。我说："我之所以要这样决定，并不是因为我不想还钱，而是为了我们共同的利益，我必须把自己的状态调整到赚钱模式上。在过去两年中，我始终在考虑这个解决方案，但我一直无法鼓起勇气向你们坦白。如果我早一点这样做，那么事情就不会像现在这么糟糕。总之，只要还有债务的困扰，我就无法像原来那样安心地做交易，无法找回往日的自己。现在，我决定做这件早在一年前就应该做的事。我已经说明了理由，没有其他解释。"

第一个出来表态的人说出了在场每一位债主的意思。他代表自己的公司发言。

他说："利文斯顿，我们都理解你，体谅你的处境和想法。我们会给你时间和空间，让你得到解脱。你只需让你的律师准备好符合你要求的文件，我们都会签字。"我所有的大债主都表示赞同。这体现了华尔街务实的一面，它并不仅仅出于热心慷慨的骑士精神，同时也出于精打细算后的精明判断。我既感谢他们的善意，也欣赏他们的商业气魄。

这些债主为我免除了 100 多万美元的债务，除了两个小债主始终不肯在律师文件上签字，其中一位就是我之前提到的那个"800 美元"。此外，我还欠了一家已破产的经纪行 6 万美元，这家经纪行的破产受益人不熟悉我，整天跟在我屁股后面讨债。就算他们愿意学习大债主们的做法，恐怕也没有签字的法律资格。不管怎样，虽然我的总债务高达 100 多万美元，但我的破产清单上只有 10 万美元。

报纸报道了我破产的消息，这令我十分难堪。我一贯欠债还钱，毫不含糊，这一次的新体验让我感到无比羞愧。我知道，只要我活着，总有一天会还清全部债务，但并非所有读过这则消息的人都能理解这一点。看到这则消息后，我都没脸出门了。然而这种感觉并没有持续多久，因为我知道再也不会有人来骚扰我了，我如释重负，这种解脱感无法用语言来形容。那些人之所以骚扰我，是因为他们根本不明白，一个人必须全身心地投入，才能在股票投机中取得成功。

没有了债务的困扰，我的身心获得了解放，可以重新投入交易中，为成功而战了。接下来，我需要筹到一笔本金。从 1914 年 7 月 31 日到 1914 年 12 月中旬，证交所始终停市，华尔街一片萧条。那段时间里，我什么交易都做不了。我还欠着朋友们的债，无法心安理得地再去向他们借钱，因为他们已经足够宽容我了，那段时间谁的日子都不太好过。

对我来说，找资金是一项极为艰巨的任务。由于证交所停市，我无法要求经纪行给我提供任何帮助。我也到好几个地方尝试了一下，但最终一无所获。

1915 年 2 月，我再一次找到丹·威廉姆森。我告诉他，我已经从债务梦魇中解脱出来，准备像以前那样做交易了。或许你还记得，当初他需要我的帮助时，曾经主动提供给我 2.5 万美元。

如今，我需要他的帮助，他对我说："如果你看好哪只股票，想买它 500 股的时候，那就买吧，没问题的。"

我对他道了谢，然后就离开了。他曾经妨碍我赚取巨利，他的公司还从我手里赚走了大笔的手续费。我承认，每当想到威廉姆森－布朗公司不肯为我提供足够的本金，我就感到非常不满。我打算从保守交易开始，其实，如果本金再多一些，那么我的财务复兴会来得更简单、更迅速，但现在我只能从 500 股开始。不过，即便如此，我也已经意识到，我东山再起的机会来了。

离开丹·威廉姆森的办公室后，我对整体市场形势进行了全面研究，并且重点剖析了我自己的问题。当时是牛市，数以万计的交易者们都能清楚地看到这一点。可是，我的本金只够买 500 股，也就是说，我受到了严重的限制，根本无力回旋，哪怕最轻微的回撤也会让我难以承受。我必须从一开始就为自己积累本金，第一笔 500 股买单必须实现利益，获得实实在在的美元。我知道，除非本金充足，否则我无法发挥自己的判断力。如果没有足够的本金，那么我就不可能沉着冷静地做交易。要想有良好的心态，就必须承受得起几次小损失，就像我每次下重注之前，都会先试探一下市场，此时出现一些小损失是再平常不过的事情。

如今回忆起来，当时我正处于整个投机生涯中最危险的时候。如果这一次也失败了，那么我真的不知道自己是否还有机会筹集本金卷土重来。显然，我只能耐心等待，并且准确无误地把握住最佳时机。

我没有再走进威廉姆森－布朗公司。我的意思是，我刻意没有去他们公司，而是花了六个星期的时间专心研究报价带。我担心自己一旦去了那里，知道有 500 股可以买，就会经不起诱惑，在错误的时间交易错误的股票。作为一名作手，必须研究市场形势，牢记市场演变走势，考虑公众心理，了解经纪人的局限性，并且认识自己，防范自己的弱点。你无须为自己身为人类而感到懊恼。在我看来，解读自己和解读报价带同样重要。我认真分析研究了自己，知道活跃的市场会给我带来无法抗拒的诱惑。我保持客观和冷静，就像考察农作物形势或分析利润报告一样严谨。

就这样，日复一日，我虽然身无分文，并且迫切地需要重新进场，但我依然坐在另一家经纪行交易大厅的报价板前研究市场，在这里，我一股交易都做不了，因此不必担心自己会受到诱惑。我从不错过报价带上的任何一笔操作，等待最佳时机向我敲响全速前进的钟声。

在 1915 年初的那段关键时期，由于众所周知的原因，我最看好伯利恒钢铁的股票。我坚信它一定会上涨，但为了确保开门红，我决定等它超越面值时再出手。

我曾说过，按照我的经验，当一只股票首次突破100、200或300美元时，它几乎必定会继续再涨30 ~ 50点，而且，在突破300美元后，其上涨速度会比之前更猛烈。我的首次大捷发生在安纳康达身上，我在它突破200美元时买进，并在次日以260美元的价格平仓。其实，我很早就开始使用这种在价格超越面值时再买进的方法，甚至可以追溯到早期我在投机商行里的交易生涯。

可以想象，我是多么渴望尽快恢复以前那种大规模交易。我恨不得马上开始，以至于顾不上其他事情了，但我并没有迷失自己，还是克制住了冲动。正如我所料，伯利恒钢铁持续上涨，一天比一天高，我真想立刻奔赴威廉姆森－布朗公司买进500股，但我抵抗住了诱惑。我知道，首笔交易我必须稳操胜券，即使达到最大限度的稳妥都不为过。

这只股票每上涨1个点，就意味着我又少赚了500美元。它的第一个10点涨幅意味着我本可以加码了，如果是那样的话，我手中所持有的将不仅仅是500股，而很有可能是1 000股了。这样一来，每涨1个点，我就可以赚到1 000美元了。但我依然没有理会欲望和信念的喧嚣，坚持稳坐在原地，只听从经验和常识发出的理智忠告。只要有充足的本钱，我就可以放手一搏，并且承担代价。但如果本钱不足，我就不能奢望任何机会，不能去冒任何风险，即使是极其微小的机会或风险。就这样，我经历了六个星期的耐心等待，理智最终战胜了贪婪和欲望！

当伯利恒涨到90美元时，我的内心已经强烈地动摇了。想想吧，我对市场是如此看好，这意味着我错过了多少利润啊！当它突破98美元时，我告诉自己："伯利恒快要突破100美元了，一旦突破这个数字，必定一飞冲天！"报价带已经清楚地显示出这一点。事实上，它正在用高音喇叭向我大声呐喊。告诉你吧，当报价带还显示98美元的时候，我就已经能够看到100美元的数字了。而且，我知道这并不是我的一厢情愿，而是我通过研读报价带产生的直觉。因此，我对自己说："不能再等了，我必须立刻动手。它现在已经和突破100美元没什么区别了。"

我跑进威廉姆森－布朗公司，下单买进 500 股伯利恒钢铁。此时市价为 98 美元。我在 98 ~ 99 美元之间成交了所有买单。然后，价格开始一路飙升，我记得当天下午收盘时，价格是在 114 ~ 115 美元。于是，我用账面利润又买进了 500 股。

第二天，伯利恒钢铁以 145 美元开盘，我的本金有着落了。这是我应得的。那漫长的六个星期是我一生当中最紧张、最疲惫的日子，但功夫不负有心人。现在，我的本金已经足够进行大规模交易了。仅凭 500 股是成不了大事的。

好的开始是成功的一半，无论做什么事情都是如此。在伯利恒交易之后，我的操作始终很出色，甚至令人难以相信这是同一个人的操作。事实上，我的确变了，不再是以前那个疲惫焦躁、错误百出的我了，现在，我放松自在、准确无误。没有了债主的骚扰，也没有了资金缺乏的干扰，我终于可以认真倾听真理和经验的声音，冷静地进行思考，从而保持最佳战绩。

就在我向光明的前程迈进时，突然发生了"露西塔尼亚"号事件，股市遭受重创。人啊，总会时不时地遭受点打击，那感觉就像心脏突然被刺了一刀似的，或许只有这样，你才能注意到一个悲哀的事实——没有谁能够在市场上永远正确，能够对突发的亏损事件完全免疫。我曾听人议论说，"露西塔尼亚"号事件肯定不会给职业交易者带来重大影响，他们还说，他们早在消息传到华尔街之前就已经知道了这件事。看来，我没有那么聪明，消息也不灵通，因此来不及避开跌势。我只能告诉你，"露西塔尼亚"号事件和其他一两次行情转折给我带来了惨重的损失。所以，1915 年年底，我的经纪行账户上只剩下 14 万美元的余额。虽然这一年的大部分时间里我对市场的判断都是正确的，但我实际赚到的钱只有那么多。

第二年，我的表现好多了。我非常幸运，在疯狂的牛市里极力做多。一切都对我有利，除了一心赚钱，我没有做任何其他事情。这让我想起了标准石油公司已故的罗杰斯的一句名言：机会来了，你想不要钱都挡不住，就像雨天出门不打伞肯定会被淋湿一样。如此明显的牛市简直前所未有。所有人都可以清楚地看到，协约国正在大肆采购美国供应的一切物品，这使得美国一跃成为全世界最繁荣的国家。我们卖的东西其他国家都没有，全世界的金钱都如洪水般涌入美国。当然，通货膨胀是难免的，这意味着一切东西都会涨价。

从一开始，这一切就是如此明显，所以根本无须人为操作制造牛市。这正是此次牛市的准备工作相比其他牛市少得如此之多的原因。战时繁荣不仅发展得比其他时期的繁荣更顺利，而且给广大股民创造了前所未有的赢利机会。也就是说，1915年从股市中赚大钱的人数要远远超出华尔街历史上任何一次牛市。当然，股民们没有将账面利润转化为实实在在的现金，或者没能保住已经取得的利润成果，这种现象纯属历史重演。在华尔街，历史重演是如此平常的事情，每一次都是一模一样，在这方面，大概没有什么地方能与华尔街相提并论了。如果你阅读一下当代关于股市兴衰的记录，你一定会惊讶地发现，无论是现在还是以前，股票投机行为和股票投机者们几乎都没有什么区别。无论是投机游戏，还是人性，都不曾发生改变。

1916年，我追随市场形势继续做多，和所有人一样看好。与此同时，我也在时刻保持警惕。每个人都知道，涨势总有尽头，因此，我随时留意尽头来临的信号。我并没有兴趣猜测哪个角落会传来怎样的内部消息，所以，我也不会紧盯着一点不放。我从来不会把自己和市场的某一边拴在一起，这一次也是如此。无论牛市给我带来多少财富，熊市对我有多大方，一旦市场发出退场的信号，我都不会死守着多头或空头不放。你不能永远支持多头或空头，你需要支持的只有正确。

还有一点你必须记住：市场不会光芒万丈地冲向顶点，也不会突如其来地急转直下。市场很可能也经常在股价普遍开始下跌之前很久，就已经达到了牛市的尽头。我在第一时间注意到我期待已久信号，几个月以来，曾经的领头股们首次一个接一个地从顶点回撤好几个点，而且再也没有涨回到原位。这些股票的涨势显然已经结束，所以我必须调整交易战术了。

就这么简单。在牛市中，整体价格必然是上升趋势，绝对不会犹豫或徘徊。因此，如果一只股票开始背离整体趋势，你有理由认为是这只股票的个别问题。但有经验的交易者足以发现其中不对劲的地方，他从不指望报价带会清清楚楚地把问题讲明白，他的工作是认真聆听报价带，一旦报价带说"离场"，他就毫不迟疑地离场，而并非等它下达白纸黑字的法律文件才采取行动。

就像前面说的，我注意到曾经的领头股们都停止了上涨，并且下跌了六七个点，然后再也没有涨回去。与此同时，其他股票随着新领头股的涨势继续上涨。原先的领头股出现的问题并不在于公司本身，所以必须要从其他地方寻找原因。几个月以来，这些股票始终都在顺势上涨，因此，当它们停止上涨时，虽然牛市依然强劲，但这几只个股的牛市已经结束了。而对于其他股票来说，市场走势依然确定无疑地向上。

你无须为此感到困惑，并且不知所措，因为潮流还未出现转向。此时，我并没有转而看空市场，因为报价带并没有给我这个信息。牛市的终点尚未到来，虽然已经越来越近了。在终点到来之前，做多还是有钱可赚的。因此，我仅仅做空了已经停止上涨的股票。其他股票依然有动力继续上涨，所以我既有买进，也有卖出。

我卖出已经停止上涨的昔日领头股，并且每一只都做空了 5 000 股。然后，我又做多了新领头股。我做空的股票表现平平，但做多的股票持续上涨。当这些股票也停止上涨的时候，我就卖掉它们，每只反手做空 5 000 股。此时，我已经倾向于看空而非看多了，因为下一笔大利润显然将出现在跌势中。当我感到熊市已经悄然降临，而牛市尚未正式终结时，我知道，现在还不到通盘做空的时候。我没有必要着急，何况时机尚未出现。我只需要按照报价带的指示，做好迎接熊市大军的准备就可以了。

我继续既买进又卖出，一个月后，我总共做空了 6 万股，其中包括 12 只不同的股票，每只 5000 股。在当年的早些时候，这些股票曾是股民们的宠儿、大牛市的领头羊。我的空头仓位并不算太重，不过别忘了，熊市还没有完全到来呢。

有一天，整体市场显得极其疲软，所有股票开始一起下跌。我做空的 12 只股票每只都有了 4 个多点的利润，我知道，这次我是正确的。报价带告诉我，现在应该全力做空了，因此，我立刻增加了一倍的空头。

我建好了仓位。现在，熊市已经很明显了，我持有空头，根本无须打压市场，因为市场肯定逃不出我的预测，明确了这一点后，我就能够安心等待了。在为仓位加码后，我有很长一段时间都没有再做任何交易。大约在我全力做空的七个星期后，著名的"泄密事件"突然曝出，股市惨烈崩盘。据说有人提前从华盛顿听到风声，说威尔逊总统即将发表声明，让欧洲迅速恢复和平。当然，世界大战赐予了美国战时繁荣，因此，和平带来的显然是利空消息。当时，有一位极其精明的场内交易员被指利用提前得到的消息获利。他简单地反驳说，他之所以卖出股票，并非因为任何消息，而是因为他认为牛市已经走到尽头。而我早在七个星期以前就已经把空头仓位加码了一倍。

泄密消息一出，股市应声暴跌，我自然利用这个机会平了仓。这是当时我唯一可以做的事情。当意外发生时，如果这是天赐良机，那么你理所当然不应错过。一方面，如此严重的崩盘将会带给你一个庞大的市场，你可以借机轻而易举地回旋其中，把账面利润转化为真金白银。即便在熊市中，也很少有机会可以平掉 12 万股的空头仓位而不因此抬高股价。因此，你必须等待机会的出现，让你可以在不损失账面利润的前提下，买进如此大量的股票。

我要说明一下，我从来没有指望股市会在这一时刻出于这一原因而出现如此程度的崩盘。但正如我之前说过的，凭我 30 年的股市经验，这种意外事件往往是顺应最小阻力线方向的，而我恰恰是根据最小阻力线方向来建仓的。除此以外，还要牢记一点：永远不要妄图卖到最高价。这是愚蠢的做法。要在回撤之后，价格不再上涨的时候，再卖出。

1916 年，我先是在牛市中尽情做多，然后在熊市中反手做空，最终净赚了大约 300 万美元。就像我说的，你不能死守着多头或空头不放。

那年冬天，我和往年一样去南方的棕榈滩度假，因为我很喜欢在海上钓鱼。我做空了股票和小麦，两边都利润颇丰。我没有任何烦心事，尽情享受着快乐时光。当然，除非去欧洲度假，否则我是不会与股票或商品市场断绝联系的。例如，我在阿迪朗达克山区的家中就安装了直通经纪行办公室的电报线。

在棕榈滩，我会定期到我的经纪行的分部去。我发现，我没有持仓的棉花势头强劲，价格正在上涨。当时，也就是1917年，我听说了很多关于威尔逊总统正在力求恢复欧洲和平的传闻，这些传闻有的来自新闻报道，有的来自棕榈滩朋友们的小道消息。终于有一天，我发现市场的众多走势都体现出了对威尔逊获胜的信心。人们认为欧洲和平已经近在咫尺，因此，股票和小麦都会下跌，而棉花则应该上涨。我已经部署好了股票和小麦的仓位，但在棉花上已经很久都没有动手了。

当天下午2点20分，我还尚未持有一包棉花。而五分钟以后，我怀着欧洲和平近在眼前的信念，买进了1.5万包棉花作为交易的开始。我打算按照以往的方法进行交易，也就是逐步加码买进的方式，直到满仓为止。

那天下午收盘后，我们得知德国宣布实行"无限制战争"手段。我什么都做不了，只能坐等次日股市开盘。我记得，当天晚上，美国最大的一位工业巨头在格莱德利俱乐部宣布，愿意以低于当天收盘价5个点的价格卖出他持有的美国钢铁，要多少有多少。在场的有好几位匹兹堡百万富翁，但没有一个人愿意接盘。他们知道，次日一开盘，股市必然暴跌。

果然，次日早上一开盘，股市和商品市场一片混乱。有的股票的开盘价甚至低于前一天的收盘价8个点。对我来说，这是天赐良机，我刚好可以平掉所有空头，将利润收入囊中。就像我说过的，在熊市中，把握突如其来的骚乱时机回补空头，是最明智的做法。如果你的仓位很大，那么这是你迅速地将账面利润一分不差地转换为真金白银的唯一方法。例如，仅在美国钢铁上，我就卖空了5万股。当然，我同时还卖空了其他股票。当我发现市场形势允许我买进平仓时，我便立刻照办了。我获得的总利润大约有150万美元。这样的机会是不容错过的。

然而，前一天开市期间的最后半小时，我做多的那1.5万包棉花，当天价格下跌了500点，真是令人震惊的暴跌。这意味着我一夜之间就损失了37.5万美元。显然，在股市和小麦市场，借崩盘机会买进平仓是唯一明智的做法，但棉花市场就没有那么简单了，需要考虑的因素太多了。通常来讲，我一旦发现自己犯了错，就会立刻认赔止损，但当天早上，我却不愿就此认赔。然后我想到，我来南方是为了度假的，不是为了让自己陷于棉花市场的沼泽中。况且，我在小麦和股票上已经赚到了大笔利润，因此，我决定接受棉花上的亏损，就当自己的利润只有100万美元出头，而不是150多万美元。不过，这仅仅是账面问题——当你向股票推销员提出一大堆问题时，他们就会用"账面问题"来敷衍你。

如果前一天收盘前我没有买进棉花的话，就可以省下这40多万美元了。这充分表明，即使是很小的仓位，也有可能让你迅速赔掉一大笔钱。我的主要仓位是绝对正确的，而且在这次意外事件中受益匪浅，虽然这次意外的性质与我对股票和小麦建仓的考量是截然相反的。请注意，这再次证明最小阻力线对交易者的重要价值。虽然德国人的宣言带来了出人意料的市场因素，但价格依然按照我所预料的方向运动。如果事情没有发生任何意外，那么我的三个仓位将百分之百正确，由于和平的刺激，股票和小麦都会下跌，而棉花则会明显上涨。我就会在三个仓位上大获全胜。无论是战争还是和平，我在股市和小麦上的仓位都是正确的，恰恰由于这个原因，我才会说意外事件成了我的助力。在棉花上，我的操作以某种可能发生在市场之外的因素为依据，也就是说，我是在赌威尔逊能否取得和平谈判的胜利。结果，是德国方面的决定导致了我在棉花上的损失。

1917年初，我回到纽约，还清了总共100多万美元的债务，这让我感到心情愉悦。我本来应该提前几个月就还清的，之所以没有这样做，唯一的原因就是：我的交易不仅活跃而且成功，所以我需要这些钱作为本金。出于对自己和对债主们负责，我必须把握住1915年到1916年的繁荣市场。我知道我肯定会大赚一笔，所以我并不担心让债主们多等几个月，因为他们原本就没指望我会还钱。我不想零散地还债，也不想一次只还一个人，而是打算一次性还清全部欠款。因此，只要市场条件对我有利，我便会动用手上的全部资源，进行能力范围内最大规模的交易。

我想给债主们支付利息，但所有在免债合同上签过字的债主都坚决拒绝。最后一个得到还款的是那位"800美元"，他曾一度给我的生活带来负担，不停地骚扰我，让我无法正常做交易。我没有理睬他，直到他听说别的债主已经拿到了还款，自己找上门来，我才把钱还给他。我要让他得到点教训，学会体谅别人，尤其是他才借了区区几百块钱而已。

就这样，我东山再起了。

在还清全部债务后，我拿出一大笔钱作为年金。我决定再也不让自己陷入穷困潦倒的境地，以至于连交易的本金都拿不出来。当然，结婚以后，我还在我妻子名下存了一笔钱。儿子出生后，我也为他存了一笔钱。

我这样做，不仅仅是担心股市可能会把这些钱夺走，还因为我明白一个人会把所有钱都花光才罢休。我把一部分钱存到妻子和儿子名下，这样一来，无论我的交易结果如何，他们都不会受到影响了。

在我认识的人当中，有好几个都采取了同样的措施，但当他们需要钱的时候，全都哄骗自己的妻子签字拿出这笔钱，然后全部赔光。但我把这笔钱做了"固定存入"，无论我和妻子想做什么，都没法动用这笔钱。我们的任何行为都不会对它造成干扰，即使我在股市中急需这笔钱，即使我的妻子心甘情愿放弃这笔钱，都不可能达到目的。我绝对不冒任何风险！

第十五章

投机操作时，
一切无法预料

在股票投机的风险中，预料之外的事——其实我更愿意称其为不可预料的事——在排名上是最高的。即便是最保守的人，他也应该冒着风险去尝试，否则就是懦夫了。实际上，正常的商业风险并不会比我们出门上街或坐火车旅行的风险大多少。假设我亏钱是因为一些我无法预料的情况，我就会当作是遇到了不期而遇的暴风雨。从出生到死亡，我们的人生不过是一场赌博而已，我们又不可能未卜先知，事先做好防御。因此，即便是遇到了某些情况，我也不会觉得懊恼。在我的投机生涯中，有时我做得完全正确，操作也非常恰当；尽管如此，我仍然会遭到某些卑鄙对手，他们用肮脏伎俩骗走了利润。

为了应付商业中的恶人、懦夫，以及那些乌合之众的下流行径，作为一个生意人，他必须心思敏捷、远见卓识，唯有如此，他才有可能保护好自己。在商业中，我几乎没有遇到过赤裸裸的欺诈，除了以前的一两家投机商号。因为即使是在它们的地盘，诚实也是最佳策略。赚钱应该光明正大，而不是靠偷鸡摸狗。一直以来我都这样认为，假如你每时每刻都在警惕对手，以免对方利用空子作弊，那么这种游戏根本不值去玩。但是，面对那些胡说八道满嘴跑火车的骗子，作为绅士真的是无法应对。以前，我就因为相信誓言的神圣性以及绅士之间约定的不可违背性，而吃过大亏。如果让我举例，我能举出一打。可我不能那样去做，因为这样做也丝毫不会使结果有所改变。

　　牧师、女人和小说家都喜欢指责证交所交易大厅里充斥着受贿者，而华尔街的日常业务只能是商人间的钩心斗角。这话听起来很给力，但却和事实相差太远。我并不认为我的工作就是与他人争吵、竞争，而且我从不钩心斗角，无论是针对个人还是投机团伙。因为，在对股市基本大势的解读上，我和他们道不同不相为谋。在编剧笔下，商战并不是人和人之间的斗争，而是商业观点的交锋罢了。我试图坚持只以事实为基准，作为我行动的指导思想。这正是投机大师伯纳德·巴鲁克财源滚滚的诀窍。有时，我没能认清或很早地认清真相，没有按逻辑来推理。每当这个时候，我就会出现亏钱的情况。因为我的判断出现了错误，而每次判断出错都会以亏钱作为代价。

　　理智的人都会客观面对自己为错误付出代价的这个事实。因为在犯错这个方面，既不存在优先债权人，也不存在例外，更没有豁免的存在，可我不想在自己判断正确时亏钱。之所以这样说，并非是指那些因某个交易所交易规则的突然改变，而让我亏钱的交易。我只会想到在投机活动中的某些风险，这些风险会时刻提醒我，利润在存进银行户头以前，都是不安全的。

　　欧洲爆发世界大战后，所有商品的价格开始上涨，这一点可以预料，和预测战时通货膨胀一样容易。当然，随着战争的延长，股市普涨的情况也会继续。也许你还记得，1915年我正忙着东山再起。那一年股市异常繁荣，而我的职责就是要好好利用这次机会。在我的交易生涯中，最安全、最轻松、最迅速的盈利就发生在这样的股市里。当然，我也非常走运。

　　一直到1917年7月份，我才还清全部债务，而且还有一大笔盈余。我现在有的是时间和金钱，也有心情来考虑股市，而且还能同时交易商品和股票。多年以来，我一直在研究所有市场，这也是我的日常功课。当时，商品的价格大概在战前的水平上上涨了一倍以上。唯一例外的商品就是咖啡。没把咖啡考虑进来，当然是有原因的。战争在欧洲爆发，意味着市场会被关闭，那么大量的咖啡就会涌入美国本土市场。毕竟，美国是仅存的一个大咖啡消费市场。如此一来，美国本土咖啡市场供给大于需求，价格就会被拉低。当我准备考虑对咖啡进行投机时，咖啡的价格已跌到战前水平之下。如果咖啡跌价的原因算得上明显，那么下面这种情况就更明显了。德国和奥地利的潜艇大肆攻击商船，会导致运送咖啡的商船数量大量减少，影响咖啡的进口量。随着咖啡进货量的减少，而咖啡消费量不变，咖啡的库存也将会被消耗掉。一旦市场到了这一步，咖啡的价格就会像其他商品一样上涨。

你不用学福尔摩斯推理，也能一眼看穿这点。但我不明白人们为什么不买进咖啡。在我决定买咖啡时，并不是好时机，可我愿意把这看成是一次稳赚不赔的投资。我知道，要从这笔交易里获取利润需要时间，但我更明白，这是一笔能够带来巨额利润的交易。因此，对这笔交易的操作我很保守，没有冒险。这是一个银行家富有远见的金融行为，而不是一个赌徒的游戏。

1917 年，我开始大量买入咖啡。可市场表现还是平淡无奇，继续保持着横盘，价格也没有上扬的走势。于是，我毫无作为地持有了九个月的咖啡仓位，直到合约到期。我不得不卖掉持有的期权。这笔交易给我带来了一大笔损失，但我还是相信自己对咖啡市场的判断是正确的，只不过是时间没有算准罢了。我仍旧相信，咖啡一定会像其他商品那样上涨。平仓后，我又马上开始买进咖啡，数量是上一次买进的三倍以上。当然，这一次我买进的是延迟期权，我知道延迟得越久，越对我有好处。

我这一次赌对了。在我买进咖啡后，咖啡价格开始上扬。大家似乎一下子明白了咖啡市场的必然走势。看起来，我对咖啡的投资就要产生巨额回报了。

我所持有的合约，卖方都是咖啡烘焙商，而且多数都是德国公司或者其附属机构。之前，他们信心满满地从巴西买入咖啡，想运到美国，却发现没有运输的船只，处境很是尴尬：一边是来自巴西的咖啡不断到货；一边是巴西咖啡价格在美国市场上无止境下滑，因此他们只能大量做空，把咖啡卖给我了。

需要注意的是，在咖啡价格平稳时我就看涨了，持仓后我又被套牢了九个月的时间，而且遭受了巨大的损失。在市场中，判断失误就是亏损，判断对了就是盈利，就这么简单。我的判断无疑是对的，而且我手里还持有大笔的期权，所以我有把握这一次能来一记绝杀。咖啡价格不用涨太多，我就能收获满意的利润，因为我持有几十万包咖啡。我不喜欢暴露自己的交易量，因为有时的交易数字说出来太吓人，别人会觉得我在吹牛。而事实上是，我喜欢根据自己的财力交易，而且我总是留有足够安全的空间给自己。在这次交易中，我已经足够谨慎了。我之所以毫无保留地买进期权，是因为我看不到输掉的可能性，大的股市环境对我非常有利。我已足足等待了一年的时间，现在到了该对我的耐心和判断正确进行奖励的时候了。我能看到利润朝我滚滚而来。这不是因为我精明，只是我不瞎罢了。

　　果然，几百万的利润稳稳当当地快速到手。然而，却没有流到我手里，真的没有。是的，这并非是股市环境突然改变而造成的意外。市场并没有逆转，咖啡没有涌进国内。那到底发生了什么呢？无法预料的事情！这是件所有人都没经历过的事情，因此连我也猝不及防。在我要牢记的股市风险里，又增加了一项全新的条目。其实事情本身很简单，那些卖给我咖啡期权的家伙知道自己将遭遇什么，他们给自己设了圈套后，现在又想努力摆脱。因此，他们想出了一个新的方法来逃避责任。他们都逃到了华盛顿去寻求帮助，并得逞了。

　　那个时候，政府制定了很多的规定，以防止人们从生活必需品里获取暴利。而且，这些规定大多是非常严厉的。这些咖啡空头们一下子就成了慈善家，他们跑到战时工业部的价格管理部门（我不太记得这个部门的全称了）那里，提出一项爱国请求：要保护美国人吃早餐的权利。他们在这个部门告了我的状，说什么有一个叫劳伦斯·利文斯顿的家伙是专业投机倒把分子，已经或即将垄断咖啡市场。假如不加以捣毁他的企图，那么他就会利用战争环境充分投机，美国人就不得不每天喝昂贵的咖啡了。那些因为找不到船舶运输才把大量咖啡卖给我的"爱国者"宣称，他们无法想象一亿美国人都得向毫无道德良知的投机分子进贡的情景。他们标榜自己是在代表咖啡行业，而不是在咖啡上下了注的赌徒，并愿意协助政府控制牟取暴利的行径或者倾向。

我非常厌恶那些告状的人，我不是在向大家暗示价格管理委员会在打击暴利和浪费的行动中有所渎职，可我想说出我对这件事的看法——委员会基本就没有对咖啡市场的实际情况进行调研，就给出了咖啡价格最高的限制和终止现存咖啡合约的期限。这一决定迫使咖啡交易市场停市，而我唯一可以做的就是卖出手中的所有合约。我只能如此了。

无论从政府的政策，还是从权宜之计的角度来看，这么早就强迫关闭咖啡交易市场绝对是个错误的行为。假如咖啡价格平稳，价格委员会是不会插手的，那么咖啡价格不容置疑地会因为我刚才阐述的原因而上扬，这和股票操纵毫无关系。而且，咖啡价格的上涨是不会高到离谱的程度的，它只会刺激市场的供给。这时，我已经听到伯纳德·巴鲁克宣布，战时产业委员会已在考虑这个因素（保证供给）在稳定价格中的作用。所以，对一些商品限价太高的抱怨是不公的。随后，咖啡交易市场重新开放，咖啡价格也自然地涨到了20美分。美国人之所以要支付如此高额的咖啡价格，那是因为咖啡供给太少的缘故；而咖啡供给之所以那么少，也是因为咖啡价格被定得太低；而给咖啡低定价的正是那些"爱国者"们，其目的无外乎是以此补偿高昂的海运价格来确保他们咖啡的进口。

一直以来，我认为这次咖啡交易是我所有商品交易中最合理的一笔。在我看来，这次交易是我的一次投资，而非投机。我将咖啡期权持仓超过一年。假如硬说这桩交易有什么赌博因素，那就是这些有着德国名字的公司或祖籍德国的咖啡烘焙商，他们从巴西弄来咖啡后，在纽约将期权卖给了我。可奇怪的是，价格管理委员会限定了市场里唯一一种没涨价的商品的价格。他们在垄断行为发生前保护了公众利益，却没在随后的价格上涨时出手制止。因此，最终获利的也只能是咖啡烘焙商了。不仅如此，虽然生咖啡的价格一直在每磅9美分上下徘徊，可烘焙咖啡的价格和其他商品一样在不停地上涨。假如生咖啡的价格每磅上涨2到3美分，那么我也能斩获到几百万美元的利润，而普通的消费者也不用付出高昂的代价。

股市投资里的"事后诸葛亮"，纯属浪费自己时间，根本不会给自己带来任何好处。但是这一次的咖啡交易，对于我来说还是很有教育意义的。这笔交易我做得非常漂亮，不亚于我在其他投资获得丰厚利润的任何一次出手。咖啡价格的上涨已经是板上钉钉的事了，我对咖啡市场的判断完全正确。原本我认为，自己想不赚钱都难，但到最后，我还真的没这福分。

除了这件事，还有两次让我蒙受损失，都是由于股票交易所在没有提前警告的情况下改变了交易规则。那两次交易，虽然我的头寸在技术上无懈可击，但就其交易本身而言，并没有咖啡交易这样确定。在股市交易里，会存在任何可能的变数，一切都不可确定。正是出于这样的一种体会，我在股市投资风险名单里又添加了一个名字：无法预料的意外。

咖啡风波过去不久，我在其他商品投资股票空头上的发展非常顺利，一时间有关我的各种传闻蜂拥而至。只要是交易市场上的商品价格出现了波动，华尔街上的职业股票作手和金融记者就会出来指责我在背后搞鬼。我猜想他们之所以这样去夸大我的操作规模和对股票市场的影响，就是为了满足大众的欲望，找到一个股市价格波动的理由。

这就像我反复强调的那样，没有哪个人的操作可以将股价压低并保持在低位。其实其中没什么奥妙，所有人稍微想一下就能找出原委来。如果一个操盘手去打压一只股票，将它的价格压低到实际价值以下，必然会发生什么事情？是的，他一定会面临内线的疯狂买进。因为内线知道股票的实际价值，如果真的便宜，这些人就会疯狂吃进的。假如内线不买进，那就说明发行这只股票的公司出现问题了。当人们一说起打压股票，潜台词就是不正当的行为，甚至暗指犯罪。但是，把股票价格压低到实际价值以下是很危险的操作。最好你记住这点：一只压下去爬不起来的股票，本身就是只问题股，因为内线不会买进撑盘。只要有不正当的卖空出现，内线在正常情况下都会买进，因为其价格不可能持续走低。我是说，所谓的打压，实际情况是99%都是在合力的作用下下跌的，只不过有时候某个专业操盘手的操作加速了跌势的出现，可无论他的交易量是多大，都不可能是股票下跌的最基本原因。

在多数情况下，股票价格突然暴跌的时候，人们的第一反应就是认为这是空头在操作，可这种理论完全是编造出来去满足股市里的盲目的赌徒的。因为这种解释很容易为他们找到原因，而他们又不喜欢思考，因此很容易就会相信这种解释。证券商人和编造金融谣言的人，会经常告诉他们的股民，因为操盘手在打压股价，因此他们才倒了血霉亏本。然而，这种解释实际上非常的恶毒，只不过是为了误导股民。有良心的做法是：明确地告诉股民这是熊股，让他们卖空。股票暴跌的时候，最正确的反应就是卖空。即便是原因不明确，也一定是有充足的理由的，因此你就该清仓离场；可倘若你被告知是操盘手在打压股票，你就不会退出。你认为一旦操盘手停止打压，股价就会出现反弹。这就是不怀好意的建议！

第十六章

内幕！内幕！

人们对内幕是多么的着迷啊！人们不但乐于打探内幕，而且不遗余力地传播内幕。这其中既包含着贪婪的成分，也包含着虚荣的成分。有时候，看着那些聪明人费尽心思地打探内幕，实在让人感到可笑。传播内幕的人从不担心内幕的可信度，因为打探内幕的人只想得到内幕，而并不在意其真伪。如果内幕是真的，那自然再好不过；如果是假的，那就等下一次的好运降临吧。此刻，我脑海里浮现出普通经纪行中最常见的客户。一开始，总会有一位发起者，通常是内幕的倡导者或操纵者，他们始终坚信内幕，没有丝毫怀疑。对他们来说，保证内幕的流通是一种高级宣传工作，是世界上最有效的营销手段。因为打探内幕者和传播内幕者都会永不停歇地传递内幕，所以内幕传播就成了一种无休止的连锁广告。内幕发起者有这样一种错觉：只要传播得当，没有哪个大活人能够抵御内幕的诱惑。因此，他们总是不辞辛苦地研究传播内幕的技艺。

　　每一天，我都能从各种各样的人那里得到无数内幕。我来讲一讲关于婆罗洲锡业的故事吧。你还记得这只股票是什么时候上市的吧？当时正值股市巅峰期。股票发行集团听从了一个聪明绝顶的银行家的建议，决定立刻公开发行，而不去浪费时间请承销商慢慢销售再上市。这个建议非常好，但错就错在发行集团缺乏经验：他们不知道股市在巅峰期会有怎样的极端表现，而且他们的头脑也不够聪明。他们一致认为，有必要抬高价格以便更好地推销股票，但他们定的价格实在太高了，以至于交易者和投机客们在购买时犹豫不决，迟迟不敢下手。

按理说，在这种情况下，发行集团会骑虎难下。然而，当时的市场已经失去了理智，他们的贪婪最终竟然被视为稳健保守的做法。只要内幕传播工作到位，股民们愿意买进任何股票。人们已经顾不上投资，只想轻松稳妥地赚大钱。由于各国都在大量采购战争物资，因此黄金正在不断涌入美国。我听说，在婆罗洲锡业公司制订股票上市计划时，曾经三次上调开盘价格，然后才做成了第一笔正式交易，股民们才可以开始买卖。

有人曾经邀请我加入发行集团。我慎重地考虑了一番，最终还是拒绝了。因为如果有任何市场运作机会的话，我宁愿自己单干。我根据自己获取的信息，遵循自己的方法进行交易。当婆罗洲锡业股票上市时，我清楚地知道发行集团手上的资源以及下一步计划，也知道股民们在牛市中的作用。因此，我在上市首日的第一个小时就买进了1万股。婆罗洲锡业股票的首日发行非常成功。事实上，发行集团的人发现，股民们的购买欲望竟然如此强烈，因此断定不能太快脱手太多的股票。而且，当我买进1万股的时候，他们察觉到这一点，并且意识到，即使价格再提高25～30点，也很有可能卖得一张不剩。他们由此得出结论：我那1万股买单的利润实在太大了，而且像银行存款股笃定无疑，这些利润本来应该收入他们囊中的。因此，他们停止了拉高价格的操作，试图把我震荡出场。但我持仓不动，以不变应万变。最终，他们还是放弃了，毕竟只对付我一个人，很容易让他们失去对市场的掌控。于是，他们重新开始抬价操作，并且尽量控制放股速度。

后来，他们看到其他股票涨到了疯狂的地步，数十亿美元的进账似乎已经近在咫尺了。当婆罗洲锡业涨到了120美元的时候，我把那1万股全部丢回给他们。这一下子打断了上涨的形势，发行集团也暂时放缓了抬价速度。在下一轮大反弹中，他们再次努力打造活跃市场，处理掉一小批股票。但事实证明，这次的价格定得太高了。最终，他们把股价推到了150美元的高度。但此时牛市的巅峰期已经过去了，发行集团被迫在市场下跌过程中尽量卖出，卖给那些喜欢在大回档后买进股票的人。这些人错误地认为，如果一只股票曾经达到 150 美元的高点，那么当它回落到 130 美元时，必定已经是相当便宜了，如果到了 120 美元的话，那就无异于大甩卖了。与此同时，发行集团先把内幕散布给场内交易员——这些人经常能够做出一波短线的行情，再把内幕扩散到各家经纪行。即便如此，发行集团可谓用尽了招数，但收效依然不理想。其主要问题在于，做多股票的最佳时机已经过去了，而愚蠢的股民们已经落入了其他陷阱。婆罗洲锡业的那帮家伙没有看到这一点，或是根本不想去看这一点。

当时，我和妻子正在棕榈滩度假。有一天，我在格里德利俱乐部赚了点小钱。回家以后，我从中拿出一张 500 美元的票子给了妻子。巧合的是，当天晚上，她参加晚宴时，遇到了婆罗洲锡业公司的主席维森斯坦先生，当时他正担任发行集团的管理人。后来我们才得知，当天晚上，他是费了一番心思，特意把自己安排在我妻子邻座的。

晚宴上，维森斯坦先生对我妻子大献殷勤，竭尽全力讨好她。晚宴结束后，他神秘兮兮地对她说：“利文斯顿夫人，我要做一件从未做过的事情。我很乐意这么做，因为你很清楚这意味着什么。”他停了下来，热切地看着我妻子，以确保她不仅头脑聪明，而且小心谨慎。他的潜台词已经明显地挂在脸上，我妻子一眼就看出了他的意思，但她只是淡淡地说道：“是啊。”

“好的，利文斯顿夫人，很荣幸能认识您和您先生。我真心希望能与你们成为朋友，所以我想证明一下我的一片诚心。我相信，不用我强调，您也一定明白我接下来要告诉您的是多么机密的消息。”然后，他贴在我妻子耳朵旁边，低声说道：“买进婆罗洲锡业，肯定大赚。”

“你确定？”她问道。

他说：“刚才，我一离开酒店就收到了几封电报，上面的消息至少还要过几天才会对外公布。我自己也打算全力收购这只股票。如果明天一开盘您就能买到一些的话，那我们就是同时、同价买进了。我可以保证，婆罗洲锡业肯定会涨。这个内幕我只告诉您，绝无他人。”

我妻子谢过他，然后对他说，自己对股票投机一窍不通。但是他强调说，她只要知道这个内幕就可以了，其他什么都不用懂。为了确保她没有理解错，他又重复了一遍自己的建议：

"您只要尽可能多地买进婆罗洲锡业就可以了。我可以保证，只要您买进，就绝对不会赔一分钱。说实话，我这辈子从来没有建议过别人买进任何东西。不过，这一次我是相当确信它的价格不可能低于 200 美元，所以，我希望您也可以从中获点利，毕竟我自己一个人不可能买光所有股票。除了我以外，如果还有其他人能够从中获利，那我宁愿这个人是您，而不是其他的陌生人。我之所以私下告诉您这个内幕，是因为我知道您肯定不会说出去。相信我，利文斯顿夫人，买进婆罗洲锡业！"

他说这番话的时候，语气非常诚恳，我妻子果然被他打动了，于是开始琢磨着把下午我给她的那 500 美元派上用场。这些钱来得非常容易，对她而言也算是意外之财。也就是说，即使她运气不好，把这笔钱赔得一干二净，也没什么大不了的。更何况他都说了，她肯定能大赚。如果她能靠自己的力量赚到钱，那岂不是很有成就感。这些都是她后来才告诉我的。

于是，次日开盘之前，她就来到哈丁兄弟公司，对经理说："哈利先生，我想买一些股票，但我不想用常用账户来买，因为在赚到钱之前，我不希望我先生知道这件事。你能帮我安排一下吗？"

哈利经理回答说："好的，当然没问题。我们可以帮你开一个特别账户。那么，你想买哪一只股票，买多少股呢？"

她把 500 美元递给他，说道："请听好了。我最多把这些都亏掉，不能再多了。即使真的出现了那种情况，我也不想欠你任何东西。而且，你一定要记住，无论出现什么情况，都不要让利文斯顿先生知道。你把这笔钱拿去，在开盘的时候，尽可能多地买进婆罗洲锡业。"

哈利接过钱，向她保证绝对不会把这件事告诉任何人，然后在开盘时帮她买进了 100 股婆罗洲锡业。我想，她应该是在 108 美元的价位买进的。那天，这只股票非常活跃，收盘的时候上涨了 3 个点。我妻子为此感到欣喜若狂，好不容易才忍住没把事情告诉我。

碰巧的是，当时我对整体市场越来越不看好。我注意到了婆罗洲锡业的异常走势。在我看来，到了这个时候，无论哪只股票都不应该再上涨了，更何况是上涨了那么多。就在当天，我决定开始卖空的操作，第一笔单子就卖空了1万股婆罗洲锡业。我觉得，如果我没有卖出这只股票，那么它当天的涨幅应该在5～6个点，而非仅仅是3个点。

第二天，开盘时，我又卖空了2 000股，收盘前又卖空了2 000股，当天，这只股票跌到了102美元。

第三天早上，哈利经理正在等待我妻子的到访。她通常会在上午11点的时候顺道过来看看市场行情，顺便看看我在忙些什么。

那天，我妻子一走进交易大厅，哈利就把她叫到一旁，说道："利文斯顿夫人，如果你还想继续持有那100股婆罗洲锡业，你就得再多交一些保证金了。"

"可是我已经没有余钱了。"她说。

"我可以帮你转到常用账户上。"他建议。

"不行，那样的话，我先生就会知道了。"她反对道。

"可是这个特别账户已经出现亏损了……"他开始劝说她。

"当时我已经明确地告诉过你，我最多把那500美元都亏掉，不能再多了，我甚至连那500美元都不想亏掉。"她说。

"我知道，利文斯顿夫人，但是我不可以不经你同意就卖出。现在，除非你授权我继续持有，否则我就要立刻卖出了。"

"可是，我买的那天，它的表现不是挺好的吗，"她说，"我怎么都想不到它会跌得那么快，你能想到吗？"

"不，"哈利回答，"我也想不到。"经纪行的人必须掌握一些外交辞令。

"这只股票究竟出什么事了，哈利先生？"

哈利当然知道实情，但他不能说出真相，否则就会把我也供出来。而按照规定，客户的交易情况是绝对不可以泄露出去的。因此，他只能回答道："我没听说这只股票发生了什么特殊事情，反正它就是跌了，我也感到很意外。你看，它还在跌呢，已经跌到这一轮的底了。"他一边说，一边指向报价板。

我妻子呆呆地看着这只股票的报价，突然哭喊起来："天啊，哈利先生！

我不想亏掉我的 500 美元！我该怎么办啊？”

"我不知道，利文斯顿夫人，不过，如果换作是我，我肯定会去问一问利文斯顿先生。"

"那可不行！他说过，他不想让我自己做股票投机。如果我想买，他一定会帮我买。但我从来都没有瞒着他买过股票，我不敢让他知道。"

"没关系的，"哈利安慰她说，"利文斯顿先生是个股票高手，他知道应该怎样解决问题。"看到她不停地摇着头，他语气一转，严肃地说道："否则，你就得追加一两千美元来保住你的婆罗洲了。"

这句话终于让她下定了决心。她在交易大厅里又徘徊了一会儿。但随着行情越来越弱，她只好来到我面前，忐忑不安地说想和我谈谈。我们走进我的私人办公室，她把事情的整个经过告诉了我。听完后，我对她说："傻姑娘，交给我吧，你就别管了。"

她保证不会再插手了。于是，我又给了她 500 美元，她开心地离开了。此时，婆罗洲锡业已经跌到面值的 100 美元了。

我很清楚发生了什么。维森斯坦是个非常有心计的人。他以为我妻子会把他说的内幕都告诉我，然后我就会研究这只股票。他知道市场活动总会引起我的注意，而我向来以大手笔操作而闻名。我猜，他肯定以为我会一下子买进一两万股。

在我听说过的所有内幕中，这是安排得最精心、传达得最巧妙的一个，但它失败了，必败无疑。首先，我妻子当天刚好获得了 500 美元的意外之财，这给她的冒险精神提供了物质保障；其次，她希望靠自己的能力赚点钱，女人的天性促使她无法抗拒这种诱惑。她了解我对外行人从事股票交易的一贯看法，所以不敢告诉我这件事。维森斯坦并没有摸清她的心思。

而且，他完全猜错了我的交易风格。我从不听信内幕，而当时我正看空整体市场。他以为让这只股票活跃起来并上涨 3 个点，真的可以诱导我买进婆罗洲锡业。然而，恰恰出于这个原因，我才选择从婆罗洲锡业开始做空整个市场。

听了我妻子说的话，我更加迫切地渴望卖空婆罗洲锡业了。我在每天开盘后和收盘前，都会有规律地卖出一部分，直到不错的平仓机会出现，我就可以收获丰厚的利润了。

我始终认为，靠内幕来做交易可谓愚蠢至极。因此，我从来都不屑于打探内幕。有时候，我甚至觉得那些打探内幕的人就像酒鬼一样。他们无法抵御诱惑，总是渴望大醉一场，因为在他们看来，幸福就是醉生梦死。竖起耳朵，听信内幕，这是多么简单的事情。当你完全实现了心中的愿望，你就感受到了真正的幸福；而仅次于这种幸福的，就是别人明确地告诉你获得这种幸福的方法，你只需接受并且遵循。与其说是贪婪蒙蔽了你的双眼，不如说是惰性捆住了你的手脚。

不只是外行大众钟情于内幕，纽交所里的很多专业交易员也对内幕情有独钟。我知道，他们中的很多人都对我有意见，因为我从不传播内幕。如果我对一个普通人说："赶快卖掉5 000股美国钢铁！"他会立马照办。但如果我告诉他，我看空整个市场，并且把具体原因解释给他听，他肯定会很不耐烦。当我说完以后，他或许会瞪着我，觉得我浪费了他的时间，仅仅对总体形势大谈特谈，而没有像华尔街上的那些好心人一样干脆利落地给出具体建议——那些好心人总是喜欢往朋友、熟人甚至陌生人的口袋里塞进上百万美元。

每个人都过于依赖希望，坚信奇迹一定会发生。有些人每隔一段时间就会陷入对希望的强烈信念中。而我们都知道，被标榜为乐观主义的楷模的，恰恰是长期沉醉于希望的那些人，他们都是内幕的追捧者们。

我有一个熟人是纽交所的会员，他和很多人一样，把我视为自私、冷漠的畜生，因为我从不传播内幕，也不会劝朋友相信什么内幕。很多年前的一天，他正在和一位报界记者聊天，后者不经意间提起他得到了一个可靠的内幕，说GOH股票将要上涨。我的朋友立刻买进了1 000股GOH，但随后就看到这只股票一路迅速下跌，以至于当他卖出止损的时候，他已经赔掉了3 500美元。一两天后，他又遇到了那位报界记者，此时，他的怒气还没有消。

"你给我的是什么破消息！"他抱怨道。

"什么消息？"记者问，他已经完全不记得了。

"关于 GOH 的内幕啊，你说过这消息很可靠。"

"我确实说过。那是 GOH 公司的一位董事告诉我的，他也是公司财务委员会的成员。"

"到底是哪一位呢？"我朋友紧追不舍地问道。

"如果你非要知道，"记者回答说，"那么就告诉你吧。是韦斯特莱克先生，也就是你的老丈人。"

"天啊，你怎么不早说是他！"我朋友吼道，"你让我亏了整整 3 500美元！"他从不相信家人提供的内幕。在他看来，内幕来源越远才越可信。

老韦斯特莱克是一位成功的银行家兼股票承销商，非常有钱。有一天，他遇到了约翰·W. 盖茨。盖茨向他打探内幕。"如果你打算按照内幕操作，我就告诉你，否则我可不想白费口舌。"老韦斯特莱克没好气地回答道。

"当然，我肯定按照内幕操作。"盖茨连忙保证道。

"卖空雷丁！至少会有 25 点的利润，没准更多，但 25 点是肯定跑不了的。"老韦斯特莱克信誓旦旦地说。

"太感谢你了！"盖茨带着豪赌一把的劲头，热情地与老韦斯特莱克握手道别，然后朝着自己的经纪行办公室走去。

韦斯特莱克专炒雷丁公司的股票。他对这家公司了如指掌，经常和它的内线打交道，所以这只股票的行情对他来说简直毫无秘密可言。所有人都知道他有这个本事。现在，他建议这位西部赌客卖空这只股票。

然而，雷丁继续不断上涨，不到几个星期就涨了 100 点左右。此后的一天，老韦斯特莱克又在街上遇到了约翰·W. 盖茨，但他装作没看见，继续往前走。约翰·W. 盖茨追了过去，笑容满面地伸出手来，老韦斯特莱克则一头雾水地和他握了握手。

"我要感谢你给了我有关雷丁的内幕。"盖茨说道。

"我可没给过你什么内幕。"老韦斯特莱克眉头紧锁地说道。

"你当然给过，而且，那个内幕棒极了！我赚了整整 6 万美元。"

"6 万美元？"

"是的！你忘了吗？你让我卖空雷丁，所以我就买进了！我知道，只要逆着你的内幕来操作，就永远稳赚不赔。"约翰·W.盖茨兴奋地说道。

老韦斯特莱克盯着盖茨的脸，过了一会儿才羡慕地说道："盖茨，如果我像你一样聪明，那么我早就发大财了！"

有一天，我遇到了著名漫画家 W.A.罗杰斯先生，他所绘制的有关股市的漫画颇受交易商们的喜爱。多年来，《纽约通讯报》的卡通专栏每天都会刊登他的漫画，千千万万的读者从中得到了快乐。交谈中，他给我讲了一个故事：美国和西班牙开战前夕的一个晚上，他正和一个经纪人朋友一起吃饭聊天。离别前，经纪人朋友从衣帽架上拿起自己的圆顶礼帽，至少当时他觉得那是自己的礼帽，因为款式相同，而且戴起来也很合适。

那阵子，华尔街的人们都在思考和谈论美西战争的问题。究竟会不会真的打起来？如果真的打起来了，股市就会下跌，不光美国人会卖出，连持有美国股票的欧洲人也会带来更多的卖出压力。如果没打起来，那么显然应该买进股票，因为随着媒体对事实的夸张渲染，股价已经下跌很大幅度了。罗杰斯先生给我讲的故事大致如下：

"那天晚上，我和那位经纪人朋友一起吃饭聊天，次日早上，他神情焦虑地站在交易大厅里，满脑子都是激烈的斗争，他不知道市场到底会怎样发展，不知道应该做多还是做空。他把两方面都权衡了一番，但实在分辨不出哪些是谣言，哪些是事实。他没有可靠的信息依据，时而觉得战争在所难免，时而又觉得和平并非完全不可能。他焦虑得浑身冒汗，于是摘下礼帽，擦了擦额头上的汗水。他不知道究竟应该买进还是卖出。

"他碰巧往帽子里面看了一眼，发现衬里上出现了几个由金线绣成的字母——WAR（战争）。他灵光一闪：'难道这是上帝给我的内幕？'于是，他卖空了一大堆股票，此后，美西之间果然宣战了。他在大跌中回补空头，狠狠地赚了一笔。"说到这里，W.A.罗吉斯添了一句，"当然，我那顶帽子肯定是拿不回来了！"

在我听说过的所有与内幕有关的故事中，最有意思的是关于 J.T.胡德的故事，他是纽交所最著名的一位会员。有一天，另一个场内交易员伯特·沃克对胡德说，由于自己给大西洋－南方铁路公司一个位高权重的董事帮了个大忙，这个董事为了报答他，于是指导他全力买进大西洋－南方铁路的股票。据这个董事说，董事会计划将股价抬高至少 25 点。虽然并非全体董事都参与了此事，但大部分董事都会保证投赞成票。

伯特·沃克预测公司会提高分红利率，因此把这个消息分享给了胡德，然后他们二人各自买进了几千股的大西洋－南方铁路。这只股票始终疲软，无论在他们买进之前还是买进之后都是如此。但胡德认为，这显然是为了方便公司内线低价吸进股票，而该内线集团的首领恰恰就是报答伯特的那个董事。

下一个星期四收盘后，大西洋－南方铁路公司董事会召开会议，通过了分红方案。周五早上开盘后仅 6 分钟，该公司的股票就下跌了 6 个点。

伯特·沃克非常愤怒，他来到那个董事的办公室，后者表示悔恨不已，一再道歉。他解释说他不记得自己曾经建议伯特买进这只股票，所以才忘了通知他董事会改变了计划。为了弥补自己的过失，这个董事给了伯特另一个内幕。他充满诚意地说，他的一些同事想低价买进股票，因此不顾他的劝阻，耍了一些下作的手段。为了赢得他们的投票，他不得不做出让步。然而现在，他们都已经拿到了满仓的筹码，再也没有什么可以妨碍股价上涨了。现在买进大西洋－南方铁路，就是有双倍保障、十拿九稳的事情了。

伯特不但原谅了他，还激动地握住了他的手。当然，他立刻找到了他的患难兄弟胡德，和他分享这个好消息。他们很快就要大赚一笔了。之前，内幕说股价要上涨，于是他们买进了。现在股价又跌了 15 个点，买起来就更容易了。因此，他们在两人的联合账户上一共买进了 5 000 股。

他们的买进操作就如同吹响了冲锋的号角，这只股票开始剧烈地下跌，这显然是内幕人士正在卖出。伯特和胡德很快就证实了他们的猜测，然后立刻卖出了他们共同持有的 5 000 股。事后，伯特火冒三丈地骂道："要不是那个浑蛋前天就逃到佛罗里达去了，我非把他的皮扒下来不可。没错，我一定会的。你跟我来。"

"去哪儿？"胡德问。

"电报局。我要给那个浑蛋发一封电报，让他一辈子都忘不了。走！"

伯特带着胡德来到电报局。那5 000股让他们吃了大亏，所以，他们写了一封酣畅淋漓的声讨电报，把心中的愤怒全都发泄出来。写完后，伯特给胡德念了一遍，最后说道："这样就差不多了，他肯定能清楚他在我心目中是个什么玩意了。"

伯特正打算把电报稿递给正在一旁等候的电报员，胡德却突然说道："等一等，伯特！"

"怎么了？"

"咱们还是别发这封电报了。"胡德恳切地建议道。

"为什么？"伯特诧异地喊了出来。

"他看了会生气的。"

"这不就是我们的目的吗？"伯特疑惑地看着胡德。

然而胡德摇了摇头，严肃地说道："如果他生气了，就再也不会告诉我们任何内幕了。"

一个职业交易者竟然说出这种话，那我们还有什么理由指责菜鸟们听信内幕呢？人们愿意听信内幕，并非因为他们太傻，而是因为他们沉迷于我之前所说的希望。老罗斯柴尔德公爵获取财富的秘诀尤其适用于投机事业。有人曾经请教他：炒股赚钱是否非常困难？他回答，恰恰相反，他觉得非常轻松。

"你这么说是因为你很有钱。"问话的人反驳道。

"并非如此。我只不过是找到了一条捷径，并且坚持这条路，因此我才能不停地赚钱。如果你想知道，我可以告诉你，这个捷径就是：不要在价格最低点买进，而且要见好就收。"

投资者有很多种类型，但他们中的大部分人极为看重存货、利润数字以及各种其他数据，似乎这些数据就代表着确凿无疑的事实。人们往往会忽略人的因素，很少有人会因为某个人物的出现而做多某只股票。在我认识的所有投资者中，最聪明的一位是出生于宾夕法尼亚州的德裔人士，他栖身于华尔街，与罗素·赛奇交往甚密。

他善于做调查，永远不知疲惫。他是个怀疑主义者，坚持用自己的眼睛去观察，并且提出自己的问题，从不依赖别人。这是多年前的事情了。他似乎持有很多艾奇逊公司的股票。后来，他听到了一些有关这家公司内部矛盾的消息。有人告诉他，该公司的主席莱因哈特先生并不是人们所说的奇才，而其实是一个挥霍无度的人，他行事鲁莽，把公司搞得一团糟，公司内部一片混乱，早晚有一天会摊上大事。

对于这位德裔投资者来说，这种消息无异于晴天霹雳。他立刻赶到波士顿，拜访了莱因哈特先生，并向他咨询了几个问题。他先是一一列举了传闻中的内容，然后向莱因哈特求证真假。

莱因哈特先生不但否认了全部谣言，而且还表示要用数据来反击那些别有用心的造谣者。这位德裔投资者希望得到更确切的信息，于是莱因哈特把公司的运营情况和财务情况全部和盘托出。

德裔投资者向莱因哈特道过谢，回到了纽约，立即卖空了所持有的全部艾奇逊股票。大约一个星期后，他用手中的闲钱买进了大量的特拉华－拉克万纳－西部铁路的股票。

多年以后，当我们谈到换手换运气的话题时，他说起了这段经历，并解释了自己迅速出手艾奇逊的原因。

"你看，我注意到，当莱因哈特写下数据时，他从红木写字台的抽屉里抽出了几张信纸。那种信纸是用上等的重磅布纹纸制成的，上面还印着双色的精美抬头。这种纸不仅昂贵，而且毫无意义。他在纸上写下一组数字，代表了公司各个部门的具体收入情况，以及公司是怎样节约开支、降低运营成本的。说完这些之后，他就把那张昂贵的信纸揉成一团扔进了废纸篓。不一会儿，他又拿出一张同样的信纸，写下一组新的数字，向我讲解公司正在推行的财务制度，然后，又把它扔进了废纸篓。这些钱，他想都不想就浪费掉了。我觉得，如果连这家公司的主席都这么浪费，那么节约的规定及其奖惩制度根本就行不通。于是，我决定相信之前听到的传闻，而拒绝接受莱因哈特的说法。因此，我把自己持有的全部艾奇逊股票都卖掉了。

"碰巧的是，几天后我刚好有机会去特拉华－拉克万纳－西部铁路公司。当时是老萨姆·斯隆担任主席。他的办公室最靠近大门口，而且经常开着办公室的门。无论谁走进公司，都能一眼看到主席坐在办公室里。如果你需要谈业务，可以随时进去面见主席。我听金融界的很多记者说过，与老萨姆·斯隆交谈根本不用绕圈子，只要直截了当地提出问题，对方就会干脆利落地给出答案，无论其他董事在股市中的情形有多么危急，他都始终不改这种行事风格。

"当我走进他的办公室时，他正在忙着工作。一开始，我以为他正在拆阅信件，但当我走到他面前时，才看清楚他在做什么。后来，我了解到，这么做是他的日常习惯。他每天拆阅完信件后，并没有扔掉空信封，而是把它们收集起来带回办公室，然后利用空闲时间，把信封沿四周剪开，形成两张单面空白的纸。他把这些纸放在案头，当便笺纸用，在上面写草稿，就像莱因哈特用那些昂贵的纸做的事情一样。他合理利用了一切，既没有浪费空信封，也没有浪费空闲时间。

"我由此想到，既然特拉西的主席能够如此节约，那么整个公司肯定也能保持节约的作风，因为主席非常重视这一点。当然，我也了解到，这家公司会定期派发红利，资产总额也非常可观。于是，我满仓买进了特拉西的股票。此后，我的股本连续两次翻一番。我年分红总数已经和原始本金一样多了。一直到现在，我依然持有特拉西。而艾奇逊则在我目睹其主席大肆浪费纸张之后的几个月内，就遭遇了破产清算，落入了一位收购者手中。"

这个故事的绝妙之处在于：首先，它是真实的；其次，这位德裔投资者买的其他任何一只股票，都不曾给他带来如特拉西那般丰厚的利润。

第十七章

经验是把双刃剑

我有位好友，他喜欢讲些有关灵感的故事。他常说自己有一种莫名的冲动。据他说，自己的行为就是追随一些神秘力量，选择适当时机从股市中逃出。在吃早餐时，他常会讲一段离奇的段子，关于一只黑猫的。他说，那只黑猫让我卖掉我手里所有的股票，听到黑猫的建议后，我就变得焦虑起来，整天坐卧不宁，一直到我把所有的持仓都卖掉，这才放下心来。在这波涨势的最高点，我脱手成功。对朋友关于灵感的信仰来说，这无疑是一种强化。

　　事情是这样的。我去华盛顿，目的是想说服几位国会议员，向他们说明对我们征税是愚蠢的，那时股市还没有引起我的注意。我卖掉持仓的决定是突然做出的，这样也就成了朋友的段子。

　　在这里我得承认，我确实曾经冲动过，想在市场中有一番大作为。这与我在做多还是做空股票没有关系。我必须要出场，不然的话就觉得浑身都不舒服。我自己琢磨，这是因为我通过所发生的事情发现了很多警示信号。可能单一信号还有不足之处，就是它还不能为我提供明确的理由促使我去做必要的事情，也许他们所说的行情本能就是这样的。前辈作手说到詹姆斯·R.基恩以及他的几位前辈时，称他们都具备这样高强的本领。我必须承认，一般来说这种警示信号不仅是真实的，还能精确到分钟。但听朋友的故事，却没有感到这种灵感的存在。黑猫和我在操作上没有任何关系。

他到处散布说那天一早我刚起床就发脾气，在我看来这是事出有因的，假如我真的脾气暴躁，那就说明我很失望。我清楚地知道自己没有说服国会议员，委员会对于向华尔街征税这个问题的看法和我是截然相反的。我还没有呼吁停止对股票交易征税的妄想，只不过以我多年的经验向他们建议，希望他们秉持一种公正的征税方法。谁会希望山姆大叔做宰杀"下金蛋的鹅"这样的傻事，如果我们秉持公道的话，这只鹅就会为大家下出很多很多的金蛋。可能在这件事情上的失利激怒了我，让我对税收的不公的局面感到失望。想知道事情的内幕吗？那就听我慢慢告诉你。

还是在牛市初期时，对于钢铁贸易和铜市场，我觉得还是前景可观的；对于这两方面的股票，我也非常乐观，觉得应该买入。开始，我买了 5 000 股犹他铜业，但发现这只股票有点不对劲儿，于是我就停了下来，没有做后续的操作。我的想法是，犹他铜业的行为还没有表现出来，这让我感到买入它应该是一种明智的选择。记得当时的价格在 114 美元上下徘徊。我还同时买入了美国钢铁，价格同样徘徊在 114 美元上下。我在第一天就买入了 2 万股，美国钢铁还是表现对头的。我按照前面讲过的方法建仓。

对美国钢铁的表现我一直非常看好，这样我就一路加仓，直到满仓，这时我已经持有 7.2 万股。但犹他铜业在我首次买入后，仓位却没有什么变化，持仓一直未过 5 000 股。犹他铜业的现状使我没有选择加仓。

谁都知道后面将要发生的事情。一次大牛市出现了。我清楚市场在上涨，从整体大势上看是对我是有利的。即使股票已经开始大幅上扬，我的账面利润也在随之爬高，报价带却还不停地提示着："还在涨！还在涨！"我到华盛顿时，报价带还在向我发出这样的提示。当然，牛市已经延续了很长时间，虽然我还在看多，但我也没有增加头寸的兴致了。这时的市场，还在依照我认为理想的方向发展，这样我就不用紧盯着报价板，不用这样期待出场信号。当撤退的信号出现之前，当然这并不包括没有预料到的崩盘，市场出现犹疑不前或别的反应都是正常的，这些都让我做好了应对投机方向转变的准备。正因为这样，我没有任何心理负担，才能从容地到华盛顿去会见国会议员。

价格始终都在涨，这说明牛市渐进尾声。对于确切的结束日期我并不怎么期待，这是超出我能力的事情。但不用我说你也会看到，我在密切注意着警示信号。这是我一贯的作风，不会改变的，这已经成了我的职业习惯。

眼看着价格节节攀升，我意识到我的持仓给我带来了丰厚的利润，接着想到自己苦口婆心地劝说立法者公正地对待华尔街，这真是白费口舌，一无所获。也就是在那种情况下，我萌生了清仓的念头。就在那个夜晚，这种意识一直在蔓延着。到了早晨，我又开始琢磨市场，对当天的走势完全没有底。我来到营业厅，映入眼帘的不再是持续上涨的价格和让人欢喜的利润，而是一个巨大的消化能力极强的市场。我的任何数量的股票都可以在这里卖出。而当你满仓持股时，你一定要密切关注能把账面利润转换为真金白银的时机。在出货时，你一定要争取避免利润不被损失。经验告诉我，你总有办法将利润套现，这样的时机一般出现在价格运动的末期。这些都与报价带研读术或灵感没有丝毫的关系。

就在那天早晨，我发现我能轻易地脱手全部股票。意识到这一点，我马上行动。你一旦做出脱手的决定，50 股与 5 000 股相比并没有什么更精明和勇敢之处，但要卖出 50 股，即使在一片沉寂的市场也是可以完成的，绝不会引发价格崩盘，而在单只股票上卖出 5 000 股就不一样了。我持有 7.2 万股美国钢铁，头寸规模不算巨大，但既然可以出货，账面利润又不会因此受损，这样的时机也不是总会出现的。你的账面利润看着很丰厚，但眼看着它们缩水，就像发现存款被盗走了一样。

我的总利润大约有 150 万美元，趁着市场有能力消化，我把它们套现了，但这并不说明我的卖出行为因此而恰到好处。事实上，只有股市与我的看法一致我才会有满足感。事情是这样的：我卖出所有 7.2 万股头寸非常成功，平均成交价与当天最高价（也就是这次行情的最高点）相比，只低了 1 个点，这意味着我的卖出选择是非常正确的，可谓分秒不差。但与此同时，我还卖出了 5 000 股犹他铜业，此举使该股价格瞬间跌掉了 5 个点。需要注意的是，开始我买入这两只股票是同时进行的，我非常明智地将美国钢铁的仓位从 2 万股提升到 7.2 万股，但对最初的 5 000 股犹他铜业，我却没有加仓哪怕是 1 股。如果问我为什么不提前将犹他铜业卖掉，我会告诉你我对铜贸易抱有希望，况且股市正处于牛市阶段，基于这样的理念，我觉得即使犹他铜业不能给我带来丰厚的利润，也不会严重伤害到我。这些也与灵感没有任何关系。

股票作手的训练就像医生的训练一样。一个医生学习解剖学、病理学、药理学以及其他相关学科，要花上好几年的时间。除了理论学习，还要用一生的时间去实践。对各种病理现象终生都要做观察和归类。他要学会诊断。通过正确的观察，才能做出正确的诊断，才能对病情的发展有所预知。他还需要记住人类是难免出错的，加上某些不可预知的因素，这就意味着作为一个医生，他不可能做到百分之百的正确诊断。经过不断的实践和经验的积累，他要做到不仅诊断正确，还要迅速。在许多人看来这是出于一种本能，实际上并非如此，而是基于一个医生多年的临床实践。做出诊断后，他也是根据多年的经验拿出适合的治疗方案。知识是能够传授的，就是那些被分门别类的特定的专门知识，但是经验却无法传授。如果不立刻采取行动，那么即使你明知如何去做却还是亏损，这是很有可能成为现实的。

一个成功的交易者需要掌握很多技能，比如观察、经验、记忆和数学等。一个交易者既要有正确的观察力，还要牢记所观察到的东西。对不合理或意料外的事情他不能下注，无论他对人类的不理性的认识有多强烈，也不管他对意料外频繁发生的事情多么肯定，他一定要根据概率下注。换句话说，就是要对事物的发展做出预测。在多年的投机实践中，在频繁出现的意料之外的情况中，交易者掌握了当机立断的处置能力。

你已经具备高超的数学能力和观察能力，但你仍有可能在投机活动中被击败。当然，如果你的经验丰富或许还能避免失利的发生。物理学家时刻都在关注科学的发展，明智的交易者也是这样，对整体大势的研究他时刻也不能放松，对各种可能影响市场走势的发展态势，他都要密切追踪。在投机界经过多年的打拼后，他自然就会养成随时把握信息的习惯。他的行动可以说是下意识的。他要拥有宝贵的职业态度，这是在投机游戏中决胜的保证。职业选手和业余或玩票交易者的区别就在这里，这些条件怎说都不为过。华尔街赚钱的基础就是数学，就是说华尔街是通过处理事实和数字赚钱的。

在我看来，一个交易者一定要密切掌握信息，同时对所有市场和一切行情抱有一种纯粹的职业态度。我之所以这样讲，是想再次强调灵感和神秘的行情本能，它们与成功没有什么关系。当然，你也会发现，那些经验丰富的交易者的反应灵敏，看上去不像是经过深入思考再做决定的。实际上，他们这样做是有着充分的根据的，他们的做法来自深厚的基础，那就是长期积累的经验。在他们看来，什么事物都只是像进入他们磨坊的粮食。我想解释一下职业态度的内涵。

对商品市场我一直都在调研中，这已经是长期形成的习惯了。你已经看出来了，根据政府报告的显示，冬小麦的收成和去年持平，而春小麦的收成相比 1921 年会有所增加。形势很好，我们很可能会迎来一个丰收年。我看到了有关小麦形势的数字统计，依据这些数字我预测了小麦的收成，数学就是这样的。另外，煤矿工人和铁路工人的罢工情况也要予以关注。这些情况完全是自发的，因为我要密切关注可能对市场发生影响的各方面的因素。我意识到罢工对各地的货运已经发生影响，小麦的价格也会因此受到不利的影响。我的想法是这样的，冬小麦运抵市场的时间肯定会被推迟，这是因为罢工造成了运输设施的瘫痪，一旦罢工停止，春小麦也将开始起运。这就是说，当铁路线可以运输大量小麦时，被积压的冬小麦和春小麦都将同时被起运，这就意味着小麦会大量涌入市场。在这样的形势下，这就是明显的概率。和我一样了解并研究了情况后，那些交易者在这段时间里是不会买入小麦的。他们会等待时机，一旦价格下跌到使买入小麦成为一项很好的投资时，他们才会决定买入。市场上是没有买盘的，因此价格的下跌是肯定的。经过这样的考虑，我要检查一下我的想法是否正确。就像老佩特·赫尔恩说的那样："绝知此事要躬行。"在看空和做空之间花费时间是没必要的。

根据我的经验，市场行为是很好的作手操盘指南。对市场行为的观察就像是给病人量体温、测脉搏、观察瞳孔颜色，或者是看看舌苔。

照眼下的形势，你一般可以选择在 0.25 美分的波动内买入或卖出 100 万蒲式耳小麦。就在那天，为了测试市场时机，我卖出了 25 万蒲式耳，结果价格下跌了 0.25 美分。因为这样的反应还不能使我确切地获得预想的信息，于是又将 25 万蒲式耳卖出。我发现，我的卖单是逐渐被消化掉的，换句话说，就是被好几笔 1 万或 1.5 万蒲式耳的小买单消化掉的，往常都是三五个单子就行了。除了买盘不理想外，这次的卖出价格下跌了 1.25 美分。现在，不必多考虑就能看出，市场吸收我的卖盘的方式以及我的卖盘引发的反常的下跌现象，这些都表明市场的买入力量很弱。认识到这一点后你就可以大量买入了。经验的作用是双向的，一切照经验办事可能会被愚弄，不照经验做，又可能就没有好结果。为此我卖出了 200 万蒲式耳小麦，此后价格便再次下跌。几天过去了，观察市场的走势，我不得已又追加卖出了 200 万蒲式耳，价格也再次下跌。又过了几天，小麦开始大跌，每蒲式耳瞬间下跌 6 美分。接下来一直不断下跌，中间只有几次瞬间的反弹。

我没有选择灵感，同样也没有谁给我信息。利润来自我对商品市场的习惯性或者说职业态度，这种态度是我常年在投机事业中形成的。我努力钻研，因为交易就是我谋生的手段。只要报价带提示我选择正确的一边，我的职业选择就是加仓。于是我如此这般地做了，这很简单吧。

据我的观察，在投机游戏中，分红的稳定生产机就是经验，而最好的信息发生器就是观察。不管在什么时候，个股的行为就是你所要的全部。你观察股票的运行，以往的经验会提示你怎样从反常的走势中获利，也就是从概率的角度获利。比如我们都清楚，尽管不同的股票的走势各不相同，但一个板块中的所有股票却会在牛市中并肩上涨，也会在熊市中同时下跌。这在投机中是很平常的事。这是很平常的可以通过自己来发现的信息，佣金行业非常清楚这些，并将这些信息传给那些不善于动脑筋的客户。我想说的是，让他们买入那些落后于板块领导股的别的股票。这样说来，如果美国钢铁上涨了，按照常理，坩埚公司、共和钢铁或伯利恒钢铁都会随着一起上涨，这是迟早的事。同一板块中的所有股票，它们的交易环境和前景应该是相同的，所以也该是一损俱损、一荣俱荣。无数的经验证明，所有的股票都有辉煌的时候。因此，大家会买入 AB 钢铁公司，因为它在 CD 钢铁公司和 XY 钢铁公司大涨的时候没有上涨。

　　但是，假如一只股票没有照常理出现什么动静，这时我是不会去买的，即使是牛市我也这样。我有几次在看好的牛市中买入一只股票，却发现在同一板块中的别的股票走势并不牛，我就将手中的持仓卖掉了。我为什么要这样做呢？根据我自己的经验，和我所谓的显性板块趋势作对是非常愚蠢的。我们不能仅仅考虑确定性。从概率的角度去思考并对概率加以预测，这是非常重要的。有位老经纪人曾对我说："假设我在沿着铁轨散步，这时一列火车正以 60 英里（译者注：1 英里等于 1.6093 千米）的时速朝我迎面驶来。面对此情此景，你说我还会继续沿着铁轨散步吗？我肯定要立刻闪开。我甚至觉得这样的选择一点也算不上有多明智。"

　　还在去年，当整体牛市行情全部展开后，我发现有个板块中的一只股票没有上涨，而其他股票都在上涨，除了这个例外，别的股票都在跟着大盘上扬。我在布莱伍德汽车持有一个很大的多头头寸。大家都知道，布莱伍德公司的生意规模很大，它的价格每天都要上涨 1 ~ 3 个点，可大家依然蜂拥而至。布莱伍德汽车已经成了汽车板块的关注焦点，这是毋庸置疑的了，别的汽车股也紧随其后上涨起来。但我注意到有一只股票却被甩在后面，它就是切斯特汽车公司。它的涨势与同板块的别的股票相差很大，于是，它很快就成了大家议论的对象。切斯特低价并被冷落，而布莱伍德及其他汽车股却强势且被追捧，两相对照，对比强烈，于是流言开始蔓延。大家也都听说了，一些自以为聪明的人开始买入切斯特，他们认为切斯特肯定能赶上同一板块中的别的股票。

　　但切斯特并未如人们所预料的那样，它在公众的小买潮中并没有上涨，相反还下跌了。当时在牛市中要拉升这样的一只股票是很容易办到的，因为布莱伍德同处汽车板块，它是这轮整体上涨中的领导股，非常耀眼。我们所看到的，是汽车行业需求和产量都在高速增长的信息。

　　很明显，切斯特的内幕人士通常会在牛市中所做的事情，这次没有做。如此违反常规，可能事出有因。我分析大概有两方面的因素，其一，是想在拉升价格前有更多的筹码，但按照我们对切斯特成交量和成交特点的研究，这样做明显是不可能的，那就是第二种可能，就是内幕人士对拉升价格将使他们被迫吃进更多的股票的担忧。

原来计划得到股票的人如今改主意了，这时我还要它做什么呢？在我看来，其他汽车公司的前景再辉煌，卖空切斯特也没有什么错。根据我的经验，对于拒绝追随板块领导股上涨的股票，在买入时一定要格外小心。

很快我就掌握了真实的情况：内幕人士不仅没有买入，恰恰相反，他们是在卖出。有很多提示，警示人们不要买入切斯特，但我仅仅根据违背市场行为这一点就能得出结论。这一次又是我的报价带给我做了提示。我就是依据报价带的提示才决定将切斯特卖空的。不久，有一天刚刚开盘，切斯特就出现大跌。很快我通过官方消息了解到，内幕人士一直都在卖出，因为对切斯特的情况大家都心照不宣，切斯特的状况已经很糟糕了。像通常所做的那样，大跌出现后才将原因公布出来。但在大跌前就已经出现了警示信号。我的目的不是寻找大跌，而是寻找警示信号。切斯特究竟遭遇了什么麻烦，对此我是不得而知的，也没有什么灵感在引导我。我只是凭直觉认为事情不妙。

两天前，报纸有消息称圭亚那金业走势惊人。在场外交易价格上涨到50美元（也可能接近50美元）后，圭亚那金业在证交所挂牌。第一天就跌到35美元，之后又是连续下跌，直至跌破20美元。

但在我看来这次下跌还算不上令人震惊，因为这都在预料之中。你有什么疑问，可以研究一下这个公司的历史。人们都了解这件事，我听到的版本是这样讲的。一个辛迪加组建起来了，它的成员包括六位很有名气的资本家，还有一家响当当的银行。有一位成员是美丽岛勘探公司的老板。这家公司在圭亚那金业上投入1000万美元的现金，作为回报，他们获得了圭亚那金矿公司的大笔债券以及25万股股票（圭亚那总股本为100万股），于是给了银行家25万股股票的看涨期权，让银行家设法将这批股票加上他们手里的另一批股票一起脱手。他们找来一位职业作手操盘，报酬是每股价格超过36美元以上部分的三分之一。据我的了解，委托协议都准备好了，但银行家却在签字之前反悔了，改变主意由他们自己来操盘，将这笔费用省下。他们组织了一个内幕资金集团。美丽岛持有的25万股股票的看涨期权为银行家所有，行权价为36美元。但银行家将这批股票转给内幕资金集团的价格为41美元，换句话说，就是银行家同伙从一开始，就从内幕资金集团得到5个点的利润。对这些不知道他们清楚不清楚。

从银行家的角度看，这次操盘称得上是非常稳妥的。我们已经进入大牛市，况且圭亚那金业所在的板块正是市场领导板块，公司实力强，能够按时分红，所有这一切，加上发起人具有崇高的声望，这就让圭亚那几乎成了一只投资股。据说在圭亚那连续上涨到47美元的过程中，有40万股被倒给了公众。

黄金板块开始表现得很强势，但很快圭亚那就显出了颓势，下跌了10个点。这是很正常的，因为资金集团正在出货。但风声很快就传到华尔街，人们传言事情有些不妙，认为这只股票的期望值不像承销者所宣称的那样高。当然，没有多久，下跌的原因逐渐浮出水面。就在原因被披露之前，我已经得到了警示，并开始对圭亚那的市场反应做测试。它的反应和切斯特汽车非常相似。我将圭亚那卖出，只见价格连续下滑。我加仓卖出，价格依然继续下滑。这只股票的表现和切斯特以及别的几只我印象中的股票很类似。我从报价带上很清楚地看出是有问题出现了，因为内幕人士没有买入，他们很清楚为什么不在牛市买入自己的股票。与此同时，还有一些人，他们不知内情，是他们还在买入，因为曾经涨到过45美元以上高位的股票在不到35美元的低位上，这样看上去是很便宜的。分红还是按时支付，这只股票看上去真是个很大的便宜。

消息很快就被披露了。但在公众了解之前，我早就清楚了，对于重大的市场新闻总是这样。但确认圭亚那公司发现的是一个废矿而非富矿的消息，也就是内幕人士及早卖出的原因。而我卖出却不是根据这个消息。我之所以卖出，依据的是股票的行为。我是一名交易者，对于哲学上的事情我是不关心的，在我看来只有一件事值得关注，那就是内幕买入信号。任何内幕买入信号我都看不到，内幕人士是出于什么考虑才不愿在跌势中买入自己的股票，对于这一点我也不需要。从他们的出货计划就能很明白地看出，他们无意于未来操盘抬升股价，仅此一点就够了。基于这种情况，你只有卖空这只股票，此外，没有更好的出路。公众那里已经接手了大约50万股圭亚那金业，唯一能对所有权结构的方式加以改变的也就是那些有意卖出止损的外部人士，他们是不明真相的，但他们又将手中的股票卖给了另一拨人，这些同样不明真相的人还指望着买入赚钱呢。

公众买入圭亚那而亏损，我卖出圭亚那而盈利，讲这些并不是为了说教，只是要提醒大家注意研究板块的重要意义，还有就是那些手法不高明的交易者，他们应该从中接受教训。报价带的警示信号还不仅限于股市，在商品市场，报价带都能为我们提供警示。

在棉花市场上我曾有过一段很有趣的经历。我看空股票，还建立了大小适中的空头仓位。同时，我还将5万包棉花卖空。我的股票交易利润非常丰厚，这使我对棉花交易有所忽视了。等我开始关注棉花时，我的5万包空头仓位已经产生了25万美元的亏损。就像我说的那样，我的股票交易很有趣，是成功的，我因此沉浸其中。只要一想到棉花，我就会叮嘱自己："有回撤，就平仓。"价格的确有了回撤，但每次都在我决定接受损失平仓前重拾涨势并创新高。就是因为这个缘故，我打算再等一等，将注意力转回股票。最终我平掉了股票仓位，获利很多，接着就到热泉度假去了。

只有在这时，我才第一次将注意力集中，专心于我正在亏损的棉花交易。这笔交易对我来说很不利。我已经数次准备退出了。我发现，只要出现大卖单，棉花就会走出较大的回撤，但是价格却会立刻反弹，并且出现这轮涨势的新高。

我来到热泉区几天后，我的亏损终于达到了100万美元，棉花的价格还处于涨势。对于自己所做和未做的一切，我认真地加以反思，我对自己说："是我错了。"对我来讲，认识到自己错了和决定认赔，这都是一回事。这样我就平了仓，亏损100万美元离场。

转天早晨，我只想去打高尔夫球。棉花操作结束了。我出错了，并为此付出了代价，我口袋里就装着收据单子。另外，此时我也不再关注棉花。

中午，在回饭店吃午饭的路上，我顺便到经纪商营业厅看看报价板。我发现棉花的价格下跌了 50 点。这没什么了不起，还有个情况引起我的注意，就是棉花并没有像几周来形成的惯性那样，遇到卖压有所减轻就马上反弹。这个惯性说明几周以来最小阻力线的方向是朝上的，仅仅因为对这一点的忽视，我就损失了 100 万美元。

但过去让我以巨额亏损平仓的理由如今也不再成为理由了，因为如今的市场再不会出现过去那样的迅猛反弹。我卖出了 1 万包用以观察变化。市场很快就下挫了 50 点。再等一会儿，反弹没有出现。这时我已是饥肠辘辘，便到餐厅买了一份午餐。没等侍者送来午餐，我就跑到营业厅。我发现还是没有反弹，于是便加仓卖出了 1 万包。稍等一会，我心满意足地看到价格又下跌了 40 点。这说明我的交易是对的。我回到餐厅，吃了午饭，接着又回到营业厅。一天下来，也没见棉花反弹。到了晚上，我便离开了热泉区。

打高尔夫球使我神清气爽，但在之前的棉花交易中，我的卖出和平仓操作都出现了失误。我必须重新开始，到能使我安心交易的地方去做。市场以消化我的第一个 1 万包卖单的方式让我卖出了第二个 1 万包，而市场消化我的第二个 1 万包卖单的方式让我发现了棉花走势的反转，所不同的就是市场行为不同。

我到了华盛顿，走进我的经纪行营业厅，现在的老板塔克是我的老朋友了。在营业厅期间，市场又跌了一点，这使我更加信心坚定，相信自己所做是正确的，比起过去我认为自己出错时更为笃定，于是我又卖出了 4 万包，市场又下跌了 75 点。很明显，市场上不存在任何支撑。就在那天晚上，市场在接连的下跌后收了盘。当初的收盘显然已经没有什么力度。这样的买盘将在什么价位上会再度出现，对此我也是不得而知，但是，我充满信心，这次建仓行为是很明智的。转天早晨，我离开华盛顿去纽约。现在，我也不必着急了。

到了费城，我驾车到经纪行营业厅看看，发现棉花市场遭到魔鬼的洗劫，价格出现了大崩盘，小型恐慌在市场上弥漫着。等不及到达纽约，我便通过长途电话告诉我的经纪人，让他平掉我的空头头寸。成交报告拿到后我发现，前次交易的损失已被我补上了。接着我就驾车回到了纽约，中途也不再去看报价。

曾经和我一起在热泉区度假的朋友们，至今还总描述当时我的样子，我从午餐餐桌上跳起，跑去卖出第二个1万包棉花。很明显，这与灵感没有丝毫的关系。当时的情况是，无论我之前的交易所出的错多么出人意料，但我相信卖出棉花的时机到了。在这种自信的驱使下，我立刻下达了卖单。这个时机我一定要牢牢把握住，因为这将是我取胜的好时机。在华盛顿所做的卖出决策是通过我的观察做出的。凭借多年的交易经验，我认为最小阻力线的方向已经发生变化，从向上转为向下了。

棉花市场让我亏损了100万美元，我并没有因此怨恨什么，对自己所犯下的大错，我也没有责备自己。同样，对在费城决定平仓挽救损失，我也没什么可自夸的。我的交易头脑会自觉地考虑交易问题。在我看来，如果说我是凭借经验和记忆对开始的损失做出补救，这也不算夸张。

第十八章

最好的同盟军就是市场大环境

在华尔街，历史总是一次又一次地重复着。不知你是否还记得，我在斯特拉顿操纵玉米市场的情况下回补空头的故事。噢，这种手段我在股市中也用过一次。那只股票是热带贸易股票。我既做多过，也做空过，而且都赚了钱。这只股票属于活跃股，深受喜欢冒险的交易者们的青睐。媒体总是指责这只股票受到内线集团的操纵，一味波动股价，而不支持长期投资。有一天，我所认识的最有才干的经纪人之一对我说，马利根总裁一伙对热带贸易股票的操纵简直堪称完美，即便是伊利铁路的丹尼尔·德鲁，以及糖业公司的哈弗梅耶，都无法与之相提并论。有好几次，他们引诱空头们卖空热带贸易，然后再迅速彻底地把空头轧死，他们对待空头们的态度，就如同液压机一般残暴无情。

　　当然，经常有人提起热带贸易公司在以往的交易中做过的一些见不得光的事情。但我敢说，这些批评者肯定都被该公司压榨过。然而，既然这些场内交易员如此频繁地遭受内线集团的折磨，那么他们为什么还要继续玩下去呢？一方面，他们喜欢活跃的股票，而热带贸易刚好对他们胃口。这只股票从未有过长期沉闷的表现，不必问为什么，也不用解释原因。对于这只股票，交易者们无须浪费时间，也无须烦躁不安，只要耐心等待内幕消息引起的价格波动，这就是行情的开始。市场上总有充足的股票在流通，除非空头太多，值得内线集团动手轧空，否则这只股票时时刻刻都有机会涅槃重生。

事情发生在不久前，当时，我正像往年一样在佛罗里达享受寒假。我每天出海钓鱼，完全不考虑股市行情，只有在报纸送来时才会稍微瞟一眼。一天早上，我收到了定期送来的报纸，我浏览了一下股票报价，发现热带贸易的价格已经涨到了 155 美元。记得上一次我阅读报价的时候，它的价格还是 140 美元。当时我认为，新一轮的熊市将至，因此正在耐心等待放空的时机，我用不着着急，所以才会跑到佛罗里达，一边钓鱼一边等待报价机的指示。我知道，只要时机成熟，我就会立马赶回去。在此之前，无论我做或不做什么，都不会加快市场形势的发展。

根据那天早上的报纸来看，热带贸易的表现脱离整体形势，可谓特立独行。这似乎将我对整体向熊的预期具体化了，因为在我看来，整体市场已经如此疲软，而内线集团还试图强行拉抬，这种做法实在愚不可及。有时候，榨取利润也需要有张有弛。在交易者预估形势的时候，反常因素往往并不具有积极意义，而在我看来，此时拉抬该股价格简直错得离谱。任何人犯了如此严重的错误都会受到惩罚，在股市中尤为如此。

浏览完报纸，我就继续钓鱼去了，但我始终在思考热带贸易的内线集团究竟在搞些什么名堂。他们肯定会失败，这就如同不带降落伞跳下 20 层楼一样，注定会摔得粉身碎骨。我一直在思考这件事，以至于已经顾不上钓鱼了，我给经纪人发了一封电报，让他帮我以市价卖空 2 000 股热带贸易。完成此事后，我才终于放下心来，继续专注于钓鱼，并且收获颇丰。

当天下午，我收到了这笔交易的成交报告，上面显示，我的 2 000 股热带贸易的成交价格为 153 美元。至此，一切都很顺利。我是在下跌的市场中放空，这是理所应当的事情。然而，我再也无法安心钓鱼了，我开始思考热带贸易没有随市场形势下跌，而是受内线操作上涨的原因。我意识到自己离报价板太远了，于是离开了垂钓营地，回到了棕榈滩——更确切地说，是回到了与纽约直连的电报前。

回到棕榈滩后，我发现误入歧途的内线集团仍然没有罢手，于是，我又卖出了 2 000 股热带贸易。收到成交报告后，我再一次卖出 2 000 股。

市场走势相当完美，也就是说，我的卖单成功地压低了股价。我感到很满意，于是走出交易大厅兜儿风。可我并不开心，怎么都开心不起来——我明明应该再多卖一些的。于是，我又回到交易大厅，再一次卖出了2 000股。

只有在卖出的时候，我才会感到开心。不一会儿，我的空头总额就已经达到了1万股。我决定返回纽约，开始我的工作，钓鱼的事情可以以后再说。

回到纽约后，我特意对热带贸易公司的业务做了一番调查，对其现状进行研究，对其未来进行预估。我的研究结果让我更加相信自己的结论：内线集团在此时抬高热带贸易股价实属愚蠢之举。这种涨势不仅违背了整体市场的基调，而且无法得到盈利支持。

然而，这种涨势虽然不合逻辑也不合时宜，却依然吸引了不少股民跟风买进。这无疑再次刺激了内线集团继续硬撑到底。于是，我卖出了更多的股票。内线集团最终停止了愚蠢行径。我按照自己的方法多次试探市场，最终建立了3万股的热带贸易空头仓位。此时的报价为133美元。

曾经有人警告我说，热带贸易的内线集团知道每一张股票的确切下落，也知道每一位空头的具体身份和持仓规模，以及其他一些具有战术意义的情况。他们手段高明，实力出众，与他们作对恐怕没有好下场。然而，事实就是事实，对交易者来说，最强大的同盟军就是整体市场环境。

当然，在股价从153美元一路跌到133美元的过程中，空头持仓量始终持续上涨。而在低位买进的股民们依然保持原先的态度：这只股票在大于153美元时颇受追捧，如今价位跌了20点，那么必然更划算。无论是股票、分红、管理人员，还是业务等，都与之前完全相同，133美元真的算是物美价廉！

股民们的买进行为减少了可流通的股票数量，而内线集团知道，很多场内交易员都在做空，于是他们认为轧空的时机到了。他们很快就把股价哄抬到150美元。我相信，很多人肯定立刻回补空头，但我依然继续持仓。为什么不呢？或许内线集团知道有一笔3万股的空头没有回补，但我也没什么好怕的。促使我从153美元开始卖空并一直持有到133美元的理由依然有效，并且比当初更加强烈。内线集团试图逼我平仓，但他们没有给出有效理由。市场基本形势对我有利，我没有必要恐惧，更要保持耐心，这不难做到。投机客必须相信自己和自己的判断。已故的纽约棉花交易所前主席、《投机艺术》一书的作者迪克逊·G.沃茨曾经说过：投机客的勇气就是自信到足以根据头脑中的决策采取行动。我从不担心犯错，因为我从不觉得自己会犯错，除非事实证明我的确犯了错。其实，我必须把自己的经验转化为利润，否则我就无法安心。在某个特定的时间段内，市场的走势并不能决定我的正确与否，只有涨势或跌势所表现出来的特征才能决定我的仓位是否正确。我只能依靠自己的知识和经验取胜。而如果我失败了，那必定是我自己出了错。

从 133 美元到 150 美元的涨势中，没有任何特征足以令我感到害怕，令我回补空头。正如我所料，这只股票再次下跌了。内线集团还没来得及提供支撑，它就已经跌破了 140 美元，在他们买进的同时，大量有关这只股票的看涨传闻也一起涌出。我们听说，这家公司赚取了巨额利润，这意味着固定股息率将有所提高。此外，据说市场上的空头持仓量也很巨大，该公司准备策动一场"世纪大轧空"来教训广大空头，尤其是某位空头仓位膨胀得相当过分的作手。这样的传闻数不胜数，结果他们把价格抬高了 10 个点。

这种操纵行为并没有给我带来威胁。但当价格触及 149 美元的时候，我觉得，不能再任凭华尔街把所有利多传闻都当作事实了。当然，我和其他任何外部人士根本无法说服那些惊慌失措的空头和听信内幕的经纪行客户，只有报价带印出来的数据才能给出有力的反驳。人们宁愿相信报价带，也不愿相信任何活人的誓言，更何况是一个做空了 3 万股的家伙所说的话。因此，我采取了当初斯特拉顿操纵玉米市场时我所使用的手段，即放空燕麦从而引导交易者们做空玉米。这又是经验和记忆在发挥作用。

当内线集团企图通过哄抬股价以达到威胁空头的目的时，我并没有用卖出该股的方式来阻止其价格上涨。我已经做空了 3 万股，这在流通股数中已经占了较大比例，再加仓就有些不明智了。我并不想纵身跃进他们为我精心打造的陷阱中——第二次上涨已经算得上是热切的邀请了。当热带贸易触及149美元时，我的对策是卖空1万股赤道商业公司。这家公司持有大量的热带贸易股份。

赤道商业不像热带贸易那么活跃，正如我所料，当我卖出时，它应声大跌，当然，我达到了自己的目的。那些交易者以及信奉内幕的经纪行客户们看到，在热带贸易上涨的同时，赤道商业却因为大笔的卖压而一路暴跌，他们自然而然地得出结论：热带贸易的上涨也仅仅是人为操纵的假象，目的显然是为了出手赤道商业的股票，因为赤道商业是热带贸易的最大股东。他们认为，如此大手笔的卖单肯定是赤道商业内部人士的操作，因为普通交易者不可能在热带贸易如此强势的时候放空如此大量的赤道商业。于是，大家开始纷纷卖出热带贸易以阻止其涨势。内线集团根本不愿吃进如此多的抛盘，所以，支撑一旦停止，股价就会下跌。现在，场内交易员和一流经纪行都开始放空赤道商业，而我则回补了空头仓位，赢得一笔小利。我放空赤道商业不是为了赚钱，而是为了阻止热带贸易的上涨。

热带贸易的内线集团和他们勤劳的公关人员一次又一次地在华尔街上散布各种利多内幕，企图再次抬升股价。但每当他们这样做时，我就会放空赤道商业，然后在热带贸易回落并带动赤道商业一起下跌时平仓。这样一来，内线集团终于方寸大乱。最终，热带贸易的价格跌到了125美元，空头规模也急速扩张，以至于内线集团能够把价格拉抬20～25点。这一次，由于空头仓位实在太大，所以行情向上也是合理的。而我虽然预测到会有反弹，但并没有提前回补空头，因为我不想丢掉自己的仓位。在赤道商业还没来得及跟随热带贸易一起上涨时，我就放空了一大笔赤道商业，并且取得了与以往相同的结果。这一下子就揭穿了随最近的涨势而横行于市的有关热带贸易利多的谎言。

当时，整体市场已经相当疲软了。我之前说过，当初在佛罗里达，我恰恰是由于确信熊市已经到来，才会结束钓鱼之旅，开始放空热带贸易的。我还放空了其他很多只股票，但热带贸易是我最倾心的。最终，整体形势方面的压力实在太大，内线集团不堪重负，热带贸易开始急速下跌，先是多年来首次跌破了 120 美元，然后又跌破了 110 美元，再然后跌破了面值，但我依然没有回补。有一天，整体市场极度萧条，而热带贸易跌破了 90 美元。在一片混乱中，我买进平仓了。我的理由依然是老一套：当市场足够大、足够疲软、空头远远超过多头时，就意味着我的机会来了。也许你会觉得我在自我炫耀，但我还是要告诉你，我那 3 万股热带贸易几乎都是在最低价平仓的。其实我并没有想过要抄底，我只是想把账面利润尽可能完好无损地转换为现金。

我之所以能够在整个过程中保持按兵不动，是因为我知道自己的仓位很正确。我没有与整体形势作对，而是顺应整体形势，所以我才会确信不自量力的内线集团必败无疑。他们所做的事情早就有人做过了，而且从没有人成功过。我和所有人一样，知道那些频繁的反弹是不可避免的，但我根本不会害怕。我知道，只要我能坚持不动，而非试图先回补再在高价放空，我就能够获得更多的利润。我坚持持有自己看准的仓位，因此赚到了 100 多万美元。这无关灵感、报价带研读技巧以及盲目的勇气，也并非源于我的小聪明或虚荣心，而是我对自己判断的信念带给我的好处。知识就是力量，而这力量无须惧怕谎言——即使是报价带印出来的谎言也不用畏惧，因为真相很快就会揭晓。

一年后，热带贸易再度被抬升到 150 美元，并且在这个价位徘徊了好几个星期。但整体市场由于持续上涨已经到了应该出现大回档的时候了，此时已经进入了空头市场。我之所以知道，是因为我已经对市场进行了测试。此时，热带贸易的经营状况非常糟糕，即使整体市场即将上涨，我也看不出有任何因素能够抬升它的价格，更何况整体市场并不乐观。因此，我开始放空热带贸易，并且打算卖掉 1 万股。我的卖单促成了价格下跌，我看不出市场对这只股票有任何支撑力量。然后，突然之间，市场的买进性质发生了改变。

我敢保证，无论支撑什么时候到来，我都可以在第一时间立刻察觉到。我这么说，并非是装神弄鬼。我只是突然意识到，如果内线集团从不认为自己有道德义务维持价格的话，那么他们在大盘下跌的情况下买进这只股票在必有其原因。他们不是傻瓜，也不是慈善家，更不是急于抬高价格以便推销更多股票的银行家。我和所有人都在放空，但股价并没有下跌，反而上涨了。我在153美元的价位上回补了1万股空头仓位，然后在156美元的价位上反手做多，因为此时我从报价带上发现，最小阻力线的方向是向上的。我依然对整体市场看空，但这一只个股有其独特的交易状况，而不能仅仅遵循普遍的投机理论。热带贸易的价格一路飙升到200多美元，在当年可谓轰动一时。媒体说我被轧空了八九百万美元，我真是备感荣幸。其实，我不仅没有做空，反而随着涨势一路做多。而且，由于我的持仓时间稍微长了一些，所以一部分账面利润被放跑了。你想知道这是为什么吗？因为我站在热带贸易内线集团的立场上思考了一下应该怎么做。但我其实没必要替他们操心，因为我的正业是做交易，也就是说，遵循事实行事，而非猜想别人的做法。

第十九章

每个大作手都
有一个梦想

我确实不清楚从什么时候开始，那些人一上手就把证券交易所大批量卖出股票的行为和压低一词联系到一起的，我来告诉你，实际上那不过是他们正常地推销自己股票的方法而已。所谓操控就是设法控制市场，以低价买入股票增加自己的筹码。可这二者还有不同之处。你不一定自甘堕落地采取违法的手段，可他人不免会觉得你的行为不妥当。你在牛市里，假设你购买了一大笔股票，要如何做才能避免因为这个推高股价呢？这绝对是个问题。要解决这个问题的方式很多，因此要给出一个完整的方案都是奢望，除非通过一个熟练的操盘手来解决。好吧，那就给我们举几个例子呗。嗯，这些要看情况而定了。这就是我所能给你的最为详细的答案。

　　我是真的做到了干到老学到老，不仅是从自己的亲身经历中总结经验，也很乐于从别的人身上吸取他们的成功经验。可现在想要在证券交易所下午收盘之后的和他人闲聊里，学习怎么操盘已经很困难了。因为过去的股票操作手段、技巧以及窍门要么已经过时，要么是因为违法不能使用。还有就是现在的证券交易所的行规和股市情况已经和过去完全是两码事了。75年前的丹尼尔·德鲁、雅各布·利特尔和杰伊·古尔德的那些传奇故事，现在即便还有人能详细准确地讲出，只怕对我们这些炒股的人已没有什么参考价值了。今天的股市操盘手，已无须去想他们的前辈们做过什么与他们是如何做的，这就好比是今天西点军校的学员，已无须通过研究古人的箭术来提高自身的射击技术一样。

但另一方面，炒股者研究人还是让自己受益的：人多么容易轻信自己？人为什么总是允许或鼓励自己受到贪欲和愚蠢的诱惑并为此付出代价？现在的股票投机商和以前的投机商并无二致，依然充满恐惧和希望，因此对股票投机商心理的研究依然和从前一样珍贵。武器改变了，可策略一成不变，不管是在战场还是在纽约证券交易所都一样。我觉得托马斯·F.伍德洛克的话很精辟地概括了这一点："投机成功的基础原则就是，人们将来会和他们过去一样犯同样的错误。"

股市繁华时期，进场的人最多。这个时候就完全不需要精明的操作，因此讨论怎样控盘或者操纵股票，那是在浪费时间是没有意义的，这就如同试图搞清楚同时落在街对面屋顶上的雨滴有何不同一样。刚入行的总想不劳而获，而股票市场的繁荣总是可以唤起人潜在的贪欲的本性进而开始赌博。想不劳而获的注定是要交学费学乖的，这已经被证明无数次了。但还是会有人成天幻想天上掉馅饼，而他们也终究会为此付出应有的代价。刚开始时，我听到老一辈人的交易策略时，会觉得19世纪六七十年代的人很容易上当受骗，可现在我也总是隔三岔五地在报纸上见到对股市最新骗局的报道，哪一家投资行破产了，又有哪一些傻蛋亏损了几百万等等。

我刚到纽约时，大家都喜欢讨论洗盘和对敲这两个话题，虽然这类讨论是证交所严令禁止的。那时，股市洗盘可以说是根本不加掩饰就赤裸裸地进行的。每次当有人对某只股票做自我交易时，证券商就一眼识破并会给你这样的建议：自我交易太活跃。在前面我也说过，投机行常用"赶市"，也就是让一只股票急跌两三个点，把投机行里小手笔多头们洗掉。至于对敲，因为各证券商的操作很难协调一致，因此使用这种办法总会有所顾忌。这些行为都是违反证交所规定的。多年前，一个很有名气的操盘手在做对敲，他取消了委托单里的卖单，却忘记了取消买单，结果在他毫不知情的情况下仅仅几分钟的时间就把股价抬高了25点。可他的买盘一停，其股票价格瞬间就以涨一样的速度迅速下跌。他本来是想制造交易活跃的假象的，可被这样不可靠的武器给自己带来了灾难。很显然，即便是业务水平一流的操盘手也是不能完全相信的，原因是他们做的是股票。虚假交易是明令禁止的，并且现在的交易税也比过去重得多。

在字典上"控盘"的定义里涵盖垄断的意思。垄断可能是人为控盘的结果，也有可能看似有人在控盘，也可能真的是大家竞相吸进的结果。举个例子，1901年5月9日的北太平洋股票上的所谓垄断案，实际是根本就没有人控盘。斯笃兹垄断案令所涉人员都付出了沉重的代价，无论金钱还是名声都遭受了惨重的损失。可这根本就不是有意进行的垄断。

实际上，在大规模的垄断操作中，策划者很少能真的获利。科莫多·范德比尔特以前有两次轧空（垄断）哈林公司的股票，但均以惨败告终。可他也从那些企图暗算他的空头短线和狡诈的国会议员们及市议员们的手里赚到了他应得的上千万美元。另外，杰伊·古尔德在西北公司的铁路股票的垄断控盘中赔了大钱，迪肯·怀特在拉卡瓦纳股票的垄断控盘里赚到了100万美元，而吉姆·基恩在汉尼拔—圣乔伊股票案里损失掉了100万美元。显然在垄断控盘中想要获得巨额利润，这要取决于出货价格是不是比扫货的成本高，而且垄断控盘的持仓量必须达到一定的程度，这样垄断控盘才有胜算。

我过去经常想，为什么半个世纪以前的那些大作手喜欢垄断控盘股票市场。他们思维敏捷，见多识广，肯定不会像一个孩子那样去轻信同行们都是好东西，却出人意料地总是被坑。这着实让人吃惊。一个老券商告诉我：六七十年代几乎所有大作手都心怀一个梦想，就是自己能垄断一次市场。之所以会出现这一现象是因为不少人的虚荣心过重，其他人则是出于复仇的缘故。总而言之，假如有人谈起某个人成功垄断控盘过某只股票，那就是大家对他的智慧、胆略以及财富的认可，他因此就有了骄傲的资本，可以尽情享受同行的赞美。由于虚荣心在这些冷酷的操盘手心里作怪，使得这些人进行那些丧心病狂的垄断操作，他们这样做不只是为了自己赚钱。

那个时候，操盘手之间的狗咬狗的事情相当普遍。之前我就和你说过，我之所以能多次成功地逃脱被轧空的命运，不是因为我拥有什么神秘的第六感，而是因为我的经验，我总能大概地知道什么时候买进、什么时候卖出，买盘的力量一旦被我感觉到不对了，我就不会再持有空头仓位了。要做到这一点，我就必须对股票市场进行测试，这一测试是一种常识性的操作方法，我们的前辈们也一定这么做过。老丹尼尔·德鲁曾多次诱导小辈们卖空伊利铁路的合约给他自己，并让他们为此付出惨重代价，而他自己却被伊利湖的范德比尔特船长轧空，当他向船长讨饶求手下留情时，范德比尔特冷酷地引用了大空头德鲁自己的不朽名言："卖出不属于自己的东西，或者自食恶果，或者锒铛入狱。"

能被两代华尔街人崇拜的大操盘手并不多，而德鲁是不一样的，他之所以声名不朽是因为他创造了"掺水股票"这个专业用词。

艾迪逊·杰罗姆被公认为 1863 年春天的公共交易板之王。据说，只要在他那里得到内幕消息，利润就如同已经存进了自己的银行户头一样妥当。总而言之，他是当时最了不起的交易商，赚了好几百万。他还是个慷慨大方挥金如土的人，在股市交易市场拥有很多的崇拜者，直到有一天一个外号叫"沉默的威廉"的亨利·吉普通过垄断老南方股票将他洗劫一空。在这里稍作提示，吉普是当时纽约市市长罗斯维尔的妹夫。

过去大部分的垄断操作，关键点就在于不让别人知道你在垄断股票，可又要通过各种手段来引诱大家做空，因此它的猎物主要是同行业里的专业人士，而非一般的股民，因为普通股民是不太愿意做空的。然而这么多年，那曾令高明的交易员们上当受骗的原因到现在还是没有发生改变。科莫多垄断哈莱姆股票的时候，被轧空的股民进入圈套的真正原因是听信了政客丧失信心的讲话。而就我所听到的故事本身来说，我认为职业炒手之所以要卖空这只股票的真正原因就是因为是它价格太高。他们为什么会认为它价格太高，那是因为在这之前从来就没有出现过这么高的价格。因为价格太高了，没人买得起，所以正确的方法就是卖掉。这逻辑是不是听起来和现在的不一样？所有人都在考虑价格，而科莫多所考虑的则是价值。

前几年，我刚好巧遇杰伊·古尔德的一个老券商，我和他有过交流。他真诚地告诉我，古尔德不仅是人物（老丹尼尔·德鲁曾用颤抖的声音评价说："他碰谁谁就得死！"），而且他比股票历史上所有的操盘手都要高明。他在股票战场上的战绩充分说明了他是个金融天才，这是毋庸置疑的。我很清楚，他适应新环境的能力大得惊人，这一才能对股商来说相当宝贵。相比股票投机而言，这个人更注重实物买卖，因此他可以面不改色心不慌地随意改变攻防策略。他操作价格的原因是想长期投资，而非靠股价的涨跌赚点小钱。因为他早就看出了，持有铁路股票才会让他赚大钱，而不是在证交所里炒作铁路股票。他当然也会利用股市赚钱，但我想，那是因为股票是最快捷和最容易赚到钱的方式，而且他那时也需要几百万的启动资金，才能持有股票。他那时总是很缺钱，就像老克里斯·亨廷顿一样，因为银行家愿意借给他钱的数量总是远远不够。有远见却没现钱，这总是会让人头疼的；有远见还有钱，那就意味着你将成功。而成功就会带来力量，力量就意味着金钱，而金钱又造就你的成功……如此反复，永无止境。

当然控盘并不总是当年的那些大人物的专利，那会儿还有几个小作手也这么干过。我还记得一个老券商跟我说过的一件往事，这件事发生在19世纪60年代初期，他说："对华尔街，我最初的印象是我第一次来到金融区时看到的景象。我父亲去那里办点公事，不知道为何他也带着我一起去。我们是从百老汇大街过来到华尔街的。在我们沿着华尔街往回走去百老汇和纳索街的交叉路口的时候，就是信孚银行大楼那儿，我看到了一大群人跟在两个人的身后。第一个人满脸无所谓的样子正朝着东边走，后面跟着他的那个则满脸通红、气呼呼的，一只手发疯般地挥舞着帽子，而另一只手捏着拳头猛击空气，他大声地喊叫：'吝啬鬼！吝啬鬼！你借点钱我有那么困难吗？你就是个铁公鸡！'我看见很多的脑袋从街边的窗户上纷纷伸出来。那时候，这里还没有摩天大楼，但我确信二楼三楼的人都在伸头看热闹。我父亲问旁人这是怎么回事，有人回答了，可我没听清楚。我只晓得要紧紧握住父亲的手，以免被人群冲散。这时街道上的人越来越多——看热闹的人总是很多——我很不适应。人群从北边的纳索街以及南边的百老汇大街跑过来，从华尔街的两端跑过来，他们都争着大大的眼睛。我和父亲终于挤出了人群，这时父亲才告诉我那个喊吝啬鬼的人是谁，可我不记得了,不过我记得他是全纽约最大的操盘手之一,是替内线集团做事情的。他被很多人认为赚过很多钱也赔过很多钱,多得在华尔街都没人能与他相提并论,除了那个叫雅各布·利特尔的。我之所以能记住雅克布·利特尔的名字,是由于我觉得他的名字太有意思。另一个就是那个被喊作'吸血鬼'的,他就是臭名昭著的锁定资金行家。我没能记住他的名字。我只记得那人又高又瘦,脸色苍白。那时,小公司经常用借钱——或者也可以说是减少证交所能够拿去放款的钱——来锁定资金。他们借到钱后,就可以获得一张保付支票。但他们不会拿去当钱用。我想这就是他们的炒作。我也觉得,这就是操纵的形式之一。"

这个老人的说法我很同意。只是现在这样的操纵方式已经不存在了。

第二十章

天才作手基恩

我从来没有和华尔街的大作手有过直接接触。请注意，我说的是作手，而非领袖。他们都是股市早期的老前辈，当我初到纽约时，他们之中最伟大的詹姆斯·R.基恩正如日中天。那时我只不过是一个乡下小子，一心想着要在知名经纪行里重复在老家的投机商行中所取得的成功。与此同时，基恩正忙于操纵美国钢铁股票——在他的股票操纵生涯中，这只股票算得上是杰作。而当时的我没有市场操纵经验，对操纵一无所知。我没有兴趣学习这些，觉得自己不需要这些知识。即便我曾经思考过有关操纵的问题，也只是把它视为一种高级骗术。此后，我听到的有关操纵方面的言论大多以猜测和疑惑为主，根本与理性分析无关。

　　基恩的很多熟人都曾经告诉我，基恩是华尔街有史以来最大胆、最聪明的作手。这个荣誉非同寻常，要知道，华尔街曾经出现过不少伟大的作手。虽然人们几乎已经忘记了他们的名字，但他们都曾是叱咤风云的人物，哪怕只当过一天的市场之王。他们依靠报价带，从默默无闻到功成名就。但小小的报价带无法让他们的成功持续太久，把他们的大名留在金融史上。不管怎样，在那个激动人心的时代，基恩是公认的最出色的作手。

　　基恩曾经利用自己对股市的了解，以及身为作手的经验和天赋，为哈弗梅耶公司提供操盘服务，替美国糖业公司的股票做市。要不是因为当时他破产了，肯定不会给别人打工。他真是一位了不起的赌客！他成功地操纵了糖业，使糖业在市场上大受追捧，交易量非常大。此后，他经常被一些内线集团邀请去操盘。据我所知，他在做这些工作时，从不主动索取酬劳，也从不接受酬劳，而是像其他内线成员一样拿到一些分成。当时，他所操纵的股票都受他一个人控制，因此，市场上经常会传出一方猜疑另一方背信弃义的流言，有时是说他背叛，有时是说他的合作方背叛。他和惠特尼－瑞安一伙的矛盾就是因此类流言而起。事实上，作手很容易被合作方误解，因为双方的立场不同，所以合作方无法像作手那样了解事情的全部情况。这一点，我自己就深有体会。

很遗憾，基恩最成功的操盘案例——1901 年春天对美国钢铁公司股票的操纵，没有留下任何详细记录。据我所知，基恩从来没有和 J.P. 摩根见面聊过这件事，摩根的公司主要与塔尔伯特·泰勒公司有业务往来，而基恩则以后者作为自己的大本营。塔尔伯特·泰勒是基恩的女婿。我相信，基恩不仅可以从股票操盘中得到报酬，还能获得乐趣。众所周知，那年春天，他在拉抬股价的过程中赚到了几百万美元。他曾经对我的一个朋友说，他在短短几个星期的时间里，通过公开市场为承销集团卖出了 75 万多股股票。如果你考虑到下面这两个因素，你就会明白，这个成绩真的很棒：第一，该公司首次尝试发行股票，且该公司的资本总额比美国当时的国债总额还要多；第二，当时，D.G. 雷德、W.B. 利兹、摩尔兄弟、亨利·菲普斯、H.C. 弗里克以及钢铁行业的其他巨头也向股民卖出了几十万股股票。

当然，那时的整体形势对他非常有利，不仅商业形势活跃，而且市场人气旺盛，再加上他自己的庞大财力做后盾，所有这些，都是促使他取得成功的条件。当时，市场正值牛市行情，商业景气，人们精神亢奋。如此繁荣的景象恐怕再也不会出现了。然而，由于市场的过度膨胀，后来引发了股票大恐慌。1901 年，美国钢铁普通股经基恩操盘飙升到 55 美元，而 1903 年就跌到了 10 美元，1904 年又跌到 8.875 美元。

我们无从分析基恩当时的操盘手法，他没有著作，也没有详细的交易记录。举例来说，他对联合铜业的操盘肯定非常有趣。起初，H.H. 罗杰斯和威廉·洛克菲勒都企图处理掉他们在市场上的多余股票，但都失败了。

最终，他们请基恩帮忙操盘。基恩同意了。要知道，在当时 H.H. 罗杰斯可是华尔街上最具实力的企业家之一，而威廉·洛克菲勒则是整个标准石油集团中胆子最大的投机客。事实上，他们拥有着不可限量的资源，而且声望显赫，在股市上摸爬滚打多年，积累了丰富的经验。即便如此，他们依然要向基恩求助。我之所以要强调这一点，是为了说明，有些工作必须交由专家来做。联合铜业曾经备受青睐，控股股东是美国最伟大的资本家，但现在除非搭上金钱和名声，否则根本卖不出去。罗杰斯和洛克菲勒找到基恩来帮忙，的确是明智之举。

基恩立马投入到工作当中。当时正值牛市，他以面值附近的价格卖出了 22 万股联合铜业。当他出尽了内线的持股后，股民们仍在不断买进，股价又上涨了 10 个点。内线看到散户如此迫切地买进这只股票，反倒开始看多了。据说，罗杰斯当时真的建议基恩做多联合铜业，这不太可能是罗杰斯企图倒货给基恩。他是个精明人，不可能不清楚基恩并不是个软柿子。基恩以他惯用的方法来操作，先是拉抬股价，然后随着股价一路下跌完成大额卖出。当然，他会根据自己的需要和市场每天的微小变化，随时调整战术手法。俗话说，股市如同战场，必须时刻牢记战略和战术之间的差别。

基恩的亲信之一——他是我认识的最善于用假蝇钓鱼的人——告诉我，基恩在操纵联合铜业的过程中，发现自己手中几乎一股都没有。也就是说，在操盘的过程中，他不得不买进一些股票，以此来抬升股价，随后又全部卖出。隔天，他会再买进几千股，过一天再卖出，达到总体平衡。然后，他就不再参与交易，看看市场能否按照他的做法良性发展并持续下去。一直到他打算真正出清持股为止，他就会像我之前说的那样，一路压低股价卖出。股民们总是期待反弹的出现，空头们也会在此时进行回补。

在这次出色的操盘中，基恩帮罗杰斯和洛克菲勒赚到了 2 000 万到 2 500 万美元。此后，罗杰斯送给基恩一张 20 万美元的支票作为酬谢。这就如同一位阔太太在歌剧院里弄丢了一条价值 10 万美元的珍珠项链，一位清洁工找到并送还给她，而这位阔太太用 50 美分就把清洁工打发了。基恩把支票退了回去，并附上一封短信，礼貌地解释说自己并不是公司雇用的职员，但很高兴能够为罗杰斯和洛克菲勒提供帮助。他们收回支票，给基恩回了一封信，表示期待与他再次合作。不久后，罗杰斯就好心地给基恩送来了一个内幕，让他在 130 美元的价位买进联合铜业。

詹姆斯·R.基恩不愧是天才作手！他的私人秘书曾告诉我，当市场发展符合他的预期时，他就会变得暴躁易怒。了解他的人都说，基恩会把他的暴躁通过冷嘲热讽的方式表现出来，让人听了久久不能忘怀。但当他赔钱时，他反而会变得和蔼可亲、彬彬有礼、平易近人、机智风趣。

他拥有投机者必备的心理素质，而这种心理素质在任何地方都可以保证投机的成功。他显然不会与报价带作对。他胆大至极，但从不鲁莽行事。如果他意识到了自己的错误，就会立刻调转方向，加以改正。

如今，证交所的规则与基恩那个时代相比，已经发生了很多变化，旧规则的执行力度也比以前更加严格，股票交易和利润都要支付各种新的杂税。这使得投机游戏变得与以往不同了。基恩当年用来赚大钱的那套操作方法如今已经完全派不上用场了。而且，华尔街的商业道德也比以前高出很多。不过，毫不夸张地说，无论放在金融史上的哪个时期，基恩先生都称得上是伟大的作手，因为他有着卓越的操盘能力，而且对投机游戏了如指掌。他之所以能够取得这些成就，是因为当时的市场形势允许他这么做。但即便是在 1922 年，他也依然能够像在 1901 年或 1876 年时一样成功。他在 1876 年从加利福尼亚首次来到纽约，用了短短两年时间就赚到了 900 万美元。有些人天生就是领导者，无论世事如何变化，他的步伐都能大幅领先于芸芸众生。

其实，市场虽然有变化，但这种变化并没有我们想象的那么强烈。收益确实比原来要低，因为现在的市场已经不再是初始阶段了，所以不可能有当时那么丰厚的回报。从某些方面来看，操纵比以前更简单了，但是其他方面都比以前要困难得多。

广告无疑是一门艺术，而操盘则是以报价带为媒介的一门广告传播艺术。报价带应该讲述作手希望股民们读到的故事。故事越真实，就越有说服力；说服力越强，广告就越成功。如今的作手不仅要让股票看起来强劲，

229

而且还要做到真正的强劲。所以，操纵必须建立在稳健的交易原则基础之上。基恩先生恰恰是这方面的典范，他首先是一个完美的交易者，然后才成为杰出的操纵者。

"操纵"如今已经成了贬义词，因此需要改名。如果操纵是以卖出大量股票为目的，而且在操作过程中没有恶意误导的成分存在，那么在我看来，它并不含有任何神秘色彩或欺诈意味。操纵者无疑要在投机客中寻求买主，这些买主必定是那些渴望得到高回报的人，他们愿意承担比常规生意更高的风险。有些人明知这一点，却依然因为没有赚到钱而归咎于他人，这样的人是不值得同情的。他们一赢钱就自以为是，一输钱就责怪别人是骗子或操纵者。在这样的时候，"操纵"这个字从他们口中说出来，就带有了浓重的贬义色彩，但事实并非如此。

通常来讲，市场操纵的目的是为了激活市场。也就是说，在任何时间都能够以一定的价格卖出大量股票。当然，如果整体市场形势突然走低，内线集团可能会发现，除非在价格上做出牺牲，否则根本无法脱手。但没有人愿意牺牲，因此，他们可能会决定雇用一位经验丰富、技术高超的专业操盘手，帮助自己有序撤退，而不至于溃败。

你或许会注意到，我所说的操纵，并非是指那种尽可能以最低价吸货的做法，例如，通过大量买进并持股以达到控制盘面的目的，因为这种做法如今已经很少见了。

杰伊·古尔德想取得西联电讯公司的控制权，就大量买进股票。那天，多年未在证交所交易大厅里露面的华盛顿·E.康纳，突然在西联电讯公司的交易席位上现身，并且不断买进西联电讯的股票。场内的交易员都在嘲笑他，觉得他竟然以为大家都是傻瓜。交易员乐于把西联电讯全都抛给他。这种方法实在太低级了，他以为做出古尔德要买进西联电讯的假象，就可以抬高股价。这算是操盘吗？对此，我只能回答："不算，但也可以算。"

之前我说过，在绝大多数情况下，操纵的目的就是尽可能以最高价把股票卖给股民。这不仅涉及卖出价，也涉及派发方式。显然，1 000 个人持有你的股票，永远好过 1 个人持有，因为这有利于出货。因此，作手不但要考虑股票的卖出价，还要考虑怎样才能把股票分到更多人手中。

如果不能引导股民从你手上承接股票，那么即便把股价拉抬到很高也完全没有意义。每当缺乏经验的作手试图在顶部出货并且一败涂地时，有经验的老前辈就会摆出一副精明的样子，对他说："你可以把马牵到水边，但是你不能强迫马去喝水。"真是绝妙！你最好牢记一条有关操纵的规则，基恩以及其他成功的前辈都对这条规则烂熟于心：先把股价拉到最高，然后在打压中出货。

假设有一个人、一个承销商或是一个内线集团打算以最高价卖出手中的大量股票。这只股票已经在纽交所挂牌上市了。卖股票的最佳场所就是公开市场，而最佳买主就是广大股民。与销售相关的一些谈判全都交由一人负责，这个人（公司的现任或前任合伙人）曾经尝试在纽交所出货，但未成功。他已经非常熟悉股票操盘，或是很快就会熟悉，他意识到自己的经验和能力都不足以胜任这项工作。他知道或是打听到几个曾经在此类操盘中有过成功经历的专家，他决定从中挑选一位，提供专业帮助，就像生病的人要看医生、工程难题要找工程师一样。

假设我就是操盘方面的专家，假设他已经调查过我的资料，对我有了详尽的了解。然后，他会安排与我见面，并且找到合适的时机前来拜访我。

当然，我或许刚好了解这只股票及其价值。毕竟这是我的本职工作，是我谋生的手段。来访者会告诉我他们的目的，并希望我接受这份工作。

此时，我会要求对方提供我认为有必要了解的一切相关信息，以明确他们想要达到的效果。然后，我会对这只股票的价格以及市场状况进行评估，并且对整体市场进行预测，以此来确定这份工作有多大的胜算。

经过一番评估，如果我有了十足的把握，那么我就会接受这份工作，并且提出条件，例如酬金、工作范围等。如果他也接受我的条件，那么我就会立刻开始工作。

通常来讲，我会要求得到大量看涨期权，并且坚持使用阶梯式的认购价位，这样对双方都有利。认购价的起点会比当前市价略低，然后逐渐上涨。例如，某只股票的当前市价为 40 美元，而我会得到 10 万股的看涨期权。

我会从35美元开始认购几千股，然后以37美元再认购一批，再然后是40美元、45美元、50美元，就这样逐渐上涨到75美元或80美元为止。

如果在我的操纵下，股价一路上涨，涨到最高位时，该股的需求量依然很大，我可以脱手大量股票，那么我自然会行权。我赚到钱的同时，客户也赚到了钱。这是天经地义的事情。既然他们花钱买了我的技术，那么他们理所应当得到相应的回报。当然，内线集团有时也会赔钱，但这种情况很少出现，因为我在接下这份工作之前会仔细研究是否有利可图，否则我不会接受。今年，我有一两笔交易就不太走运，没能赚到钱，其中有很多原因，以后有机会可以再谈。

要想促成一只股票的上涨行情，首先要将上涨的事实广而告之，让大家都看到。这听起来很傻，不是吗？但认真想想，这似乎也没有那么傻，不是吗？让股票显得活跃而强劲是最有效的宣传手段。无论说什么、做什么，最后都要落实到报价带上，它才是最好的宣传媒介。我根本无须向客户宣传，也无须找媒体报道该股的价值，更无须买通财经评论员大肆宣扬公司的前景，我甚至连追随者都不需要。我只需要让股票活跃起来。股票一活跃，人们就想知道原因，一切就会自然而然地展现出来，根本不用我费力气。

场内交易员只关心股票的活跃度。只要一只股票存在自由的市场，他们就会在任何价位对其进行操作。无论是哪只股票，只要足够活跃，他们一做就是几千股，因此总消化量就会变得相当大。他们通常都是被控股票的首批买家，会随着价格上涨一路买进。因此，在操盘的整个过程中，他们是最大的助力。我记得詹姆斯·R.基恩就非常善于利用本性活跃的场内交易员，让他们来为操盘者做掩护。而且，基恩知道他们是业务推广和消息传播的最大助力。他经常以高于市价的价位口头授予他们看涨期权，因此他们就会替他卖命效劳，以便获得利润。为了让场内交易员跟进，我从来只需要做一件事，那就是把股票炒得活跃起来。交易者不会提出过多的要求，只要股票足够活跃，他们就会满足了。当然，你也必须时刻牢记，场内交易员买进股票的目的是为了卖出获利，他们不在乎赚多少，只要能够快速获利就可以了。

出于上述原因，我会让股票活跃起来，以吸引场内交易员的注意。我一边买进一边卖出，而场内交易员会效仿我的做法。如果你和我一样，坚持要求获得大量看涨期权，那么就相当于你手中持有相同数量的投机性仓位。如此一来，卖出的压力就不会太大。因此，买进的力量就会大于卖出的力量。股民们更愿意追随场内交易员，而非操纵者。他们会以买家的身份进入市场，他们的需求正是我想看到的。为了达到平衡，我就可以全力卖出了。如果不出意外，需求量会足以消化我在操盘初期被迫吃进的数量。而此时我就会进一步做空，也就是说，我的卖出量会大于我的实际持有量。我有看涨期权做保障，所以这种做法对我来说并没有危险。当然，如果股民们的需求量变弱，那么股价自然就会停止上涨，此时我就会观望等待。

假设股票停止了上涨，次日就会变得疲软。整体市场或许会出现回踩倾向，又或许某位眼尖的交易员会注意到我的那只股票已经没有买单了，于是他就开始卖出这只股票，而他的追随者也会纷纷效仿。无论出于哪种原因，总之我的股票一旦下跌，我就开始买进，让它看上去依然受到欢迎。不仅如此，我还可以在不增加持仓量的情况下给予它支持，这样就不会增加我以后必须卖出的股票数量。请注意，这么做并不会让我的财务资源受到丝毫损失。因为我曾经在高价位时，也就是交易员和股民们的买进量旺盛时创建了一部分空仓，所以现在其实是在回补这些空仓。我会让交易员和股民们看到，即使股价下跌，但需求量依然存在。如果缺乏支撑力量，股票就会变得逐渐疲软，大规模的卖潮就会降临，而我的这种做法不仅可以阻止交易员们莽撞卖空，而且可以阻止恐慌的持股者们急着清仓。这种回补操作，被我称为"稳定工序"。

随着市场扩张，我自然也会跟随涨势一路做空，但放空量从来不会过大，以免给涨势造成影响。这是在严格按照我的稳定工序行事。显然，我在稳定有序的涨势中卖得越多，就越能鼓励那些保守的交易员。毕竟，保守交易员的数量要远远大于鲁莽交易员的数量，可以在不可避免的疲软日子中给股票带来强大的支撑力量。由于我已经积累了一部分空头，所以我总能不用花钱就支撑起这只股票。通常，我会在成交价格足以获利的情况下卖出，但我的卖出操作往往并不会带来利润，仅仅为了创造或增加我所称的无风险买进力量。我要做的不只是拉抬价格、替客户脱手大量股票，还要为我自己赚钱。因此，我不会要求任何客户为我的操作支付酬劳，我已经拥有认购权了。所以，我赚到了多少，取决于我的操作有多成功。

当然，在实际操作中，这些方法也会有所变通。我从不坚守僵化的系统，会根据具体环境对自己的条件进行修改，对自己的仓位进行调整。

要想把某只股票分销出去，就必须先把它操纵到尽可能高的价位，然后再卖出。我之所以反复强调这一点，是因为这不仅是基本原则，而且股民们显然相信卖出行为全都会在顶部发生。有时候，某只股票会在某种程度上出现滞涨情况，就像被水泡烂了一样，此时就应该卖出了。当然，随着你的卖出操作，股价会下跌，甚至跌到你预期之外的价格，但你通常可以把它调整回来。只要我所操纵的股票能够随着我的买进而上涨，我就能够确定一切尽在掌握之中。此时，只要我需要，我就会自信满满且毫无畏惧地花自己的钱买进它，就像买进其他任何有同样表现的股票一样。因为我知道这就是最小阻力线。你还记得我关于最小阻力线的交易理论吧？是的，只要确定了最小阻力线，我就会朝着这个方向进行交易，这并非因为我在这一时刻正在操纵这只股票，而是因为我时时刻刻都是一名作手。

如果我的买进操作无法促使股票上涨，那么我就会停止买进，并且随跌势卖出。即使我并没有为这只股票操盘，我也会这样做。你知道，一只股票的分销工作主要集中在跌势中。在股价下跌的过程中，你能够脱手的股票数量之大，说出来能让你惊诧不已。

我再强调一遍，在操盘的整个过程中，我会时刻牢记自己是一名作手。毕竟，以操纵者身份遇到的问题，与以作手身份遇到的问题是完全相同的。操纵者一旦无法随意摆布股票的价格，那么就意味着操盘应该结束了。如果你所操纵的股票没有按照你的预期发生变化，那么你就应该立刻退出。不要与报价带争辩，也不要企图挽回损失，趁着还能退出就赶紧退出，以免造成更大的损失。

第二十一章

你唯一能做的事情就是卖出

我知道，这些泛泛的理论很难给人留下深刻的印象，毕竟太抽象。为了更好地加以说明，我决定举一个真实具体的例子：我曾经只吃进了7 000股，就把一只股票的价格抬高了30点。与此同时，我还开发出了一个足以消化任何数量卖单的庞大市场。

　　我所说的这只股票是帝国钢铁。它的发行者是一群声誉很高的人，市场宣传也做得很到位，因此它被认定为蓝筹股。其总股本的30%通过华尔街的几家经纪行面向普通股民发行，但是自上市以来，这只股票的交易量并不大。如果有人打听起这只股票，一些内线人士——最初承销股本的集团成员，会说这家公司的营业收入要高于预期，前景令人鼓舞。从公司业绩的角度来讲，事实的确如此，但这并不足以令投资者感到兴奋。对投机客而言，这只股票缺乏吸引力；对投资者而言，这只股票的价格稳定性与分红持久性尚未得到证明。这只股票从未出现过大波动，即使内线集团发布了情况属实的报告，也没有出现呼应性的上涨。当然，也没有下跌。

　　帝国钢铁就这样保持在没人重视、没人认可、没人在意的状态，并且安于现状。这样的股票不会下跌，因为没有卖盘；之所以没有卖盘，是因为没人愿意做空一只分销效果不好的股票。内线集团持有重仓，卖空者的命运完全掌握在他们手中。同样，市场上也没有诱因鼓励人们买进这只股票。在投资者看来，帝国钢铁此时就成了一只投机股；而在投机客看来，这只股票死气沉沉，一旦买进，就会被拖入被动套牢的状态，违背了购买初衷。持有这只股票就如同拖着一具尸体，一两年后，你会发现损失掉的利润比尸体本身还要高出很多。而当它迎来真正的好机会时，你又会发现自己已经被绑在这些老古董上无法抽身了。

一天，帝国钢铁公司的一位首要人物代表他本人以及他的团队前来拜访我。目前，他们握有70%的余股，想为这只股票开辟市场。他们希望我帮助他们以最合适的价格脱手手中的股票，至少比在公开市场直接销售的价格更高。他想知道我承接这项工作的条件是什么。

我告诉他，我需要考虑一下，过几天再答复他。然后，我开始研究这只股票，派了一些专家前去调查帝国钢铁公司的工作情况，包括生产、业务、财务等各个部门。最后，他们给我发来一份客观公正的调查报告。我并非想要比较这家公司的优缺点，而是想要掌握事实、了解真实状况而已。

调查报告显示，帝国钢铁非常有升值价值。其前景被看好，如果投资者愿意耐心等待，以当前市价买进是很有利的。在目前的市场环境下，这只股票的价格上涨是最合理且应当的趋势。也就是说，这是对未来价值贴现的过程。所以，无论从良心还是信心来看，我都没有理由拒绝这份工作。

我打电话对来访者说了我的想法，然后，他再一次前来拜访我。我告诉他，我不需要任何现金回报，只需要10万股帝国钢铁股票的看涨期权，认购价格从70美元逐步上升到100美元。在某些人看来，这是一笔很大的费用。但他们应该考虑到，内线集团自己绝对无法以70美元的价格卖出10万股，甚至连5万股都卖不掉。这只股票没有市场。所有关于帝国钢铁高水平盈利和辉煌前景的言论并没有吸引来多少买主。此外，除非我的委托人先赚到几百万美元，否则我连现金报酬都拿不到。我所要求的并不是高得离谱的卖出佣金，而是公平合理的费用。具体能拿到多少，完全取决于我的工作是否成功。

我知道这只股票的真正价值，而且对整体市场形势看好。这些都有利于股价上涨，我相信我能够出色地完成这项工作。我的委托人听取了我的意见后，深受鼓舞，当即同意了我的条件。就这样，我们的合作在愉快的气氛中启动了。

　　我尽可能彻底地保护自己。这个内线集团拥有或控制着 70% 的流通股本。我要求他们把这 70% 的股本存进一个信托合约名下。我可不想沦为大股东们倾倒股份的垃圾场。如此一来，大部分持股就被锁定了，但我还需考虑其余 30% 的分散持股，这是我必须承担的风险。有经验的投机客从来不会奢望操纵毫无风险的项目。事实上，那些未加入信托的股票几乎不可能同时抛向市场，就像人寿保险的投保人不可能全部同时死亡一样。股市和人命一样，都有不成文的精算表。

　　当我对自己做好了保护，排除了操盘过程中可能受到的侵扰后，我便准备开始行动了。我的目标是让我那 10 万股看涨期权体现应有的价值，因此，我必须拉抬价格，并创造出足以吸纳 10 万股股票的市场。

　　首先，我要查明在上涨过程中有多少股票可能涌进市场。我只要通过经纪行，就可以轻易地获得答案，他们可以毫无困难地得知有多少股票打算按照市价或略高于市价的价位卖出。我不知道他们是从什么途径获取这些资料的。当前的价格是 70 美元，但以此时的情况，我连 1 000 股都卖不出去。甚至在比 70 美元略低的价格上，都几乎没有多少需求量。我只能按照经纪行提供的资料行事。不过，这已经足以让我清楚有多少股票正待出售，同时买盘又是多么的小。

　　在清楚了这些情况后，我立刻悄悄吃进了在 70 美元以及稍高价位的全部卖单。你要知道，我所说的"我"其实指的是我的经纪行。这些卖单都来自一部分小股东，因为我的委托人在股份被锁定之前，早已取消了以前发出的所有卖单。我用不着吃进太多股票，因为我知道，只要涨势适宜，就能引来更多的买单。当然，也会有卖单。

　　我没有发布任何有关帝国钢铁看涨的内幕。我没有必要这样做。我只需要以最佳的宣传手段直接影响市场人气。我并不是说一点宣传都不需要做。为一只新股票的价值做宣传的确合理又必要，就像为新款服装、鞋子或汽车做广告一样。精确而有效的消息应该由大众口口相传。我的意思是，报价带已经替我完成了宣传工作。我曾说过，有影响的媒体总是力图为市场变化作出解释。公众不仅需要知道股市发生了什么，还需要了解其背后的原因。因此，作手无须动一根手指头，记者就会把能够获取到的信息、传闻全部公之于众。此外，他们还会对盈利报告、交易形势以及公司前景进行分析。总之，一切可以对涨势作出解释的内容都会被公布出来。如果有记者或熟人请我发表有关某只股票的意见，我会毫不犹豫地如实相告。但是，我不会主动提供意见，更不会传播内幕。不过，我清楚在操作的过程中，保守秘密没有任何好处。我发现，只有报价带才是最优秀、最有说服力的推销员。

当我吃进了在 70 美元以及稍高价位的全部卖单后，市场压力就被解除了。从交易角度来看，帝国钢铁的最小阻力线方向也清晰明了地显示出来了。而且，这个方向是向上的。善于观察的场内交易员很快就察觉到了这个事实，立即推断出这只股票正在酝酿涨势。他们或许不清楚上涨的幅度，但他们知道买进的时机已经到了。他们对这只股票的需求完全源于显而易见的上涨趋势，这是从不出错的报价带发布给他们的看涨内幕。于是，我会立刻满足他们的需求，把此前从持股人手中买来的股票倾倒给场内交易员。当然，卖出的过程必须非常谨慎，而且我也非常愿意满足他们的需求。我并没有把自己手中的股票强加给市场，也不希望造成太快的涨势。此时，并不适合把我那 10 万股中的一半全部卖光，因为我要做的是开辟一个足够大的市场，让我可以把手中的持股全部卖出去。

虽然我只卖出了场内交易员急于买进的数量，但是市场还是暂时失去了我的买盘支撑力，这是我此前始终稳步托市的措施。与此同时，场内交易员逐渐停止了买进操作，而价格也随之停止了上涨。于是，失望的多头便开始卖出，涨势的停止造成买进理由的消失。最后，场内交易员们也会跟着卖出。但我早已对此有所准备，我随着价格下跌一路买进，以低几个点的价格把刚才卖出的股票又买了回来。我非常清楚，这些股票迟早是要卖掉的，而我的买进操作又阻止了市场的进一步下跌。一旦跌势停止，也就不会出现新的卖单了。

然后，我又重新开始新一轮的操作，在一路上涨的过程中吃进所有卖单。

在略高于 70 美元的水平上，价格开始再次上涨。别忘了，在刚才的跌势中，有很多持股人后悔没有在顶部卖出，但又不愿以低于顶部三四个点的价位卖出。这些投机客总是发誓要在下一轮反弹中卖掉持有的股票。他们随着涨势发出卖单，可一看到走势变好，又立刻改变了主意。当然，还有一些追求保险的快手会获利了结。在他们看来，不管钱多钱少，放进自己口袋才算安全。

此后，我所要做的只是重复买进和卖出，并且不断拉抬股价。

有时候，当你吃进了全部卖单后，急速拉抬股价便使你操纵的股票出现快速的涨势。这是最好的宣传手段，因为这会引发议论，吸引职业作手以及行动派投机客前来。在我看来，这部分人占有很大比例。我在帝国钢铁上就使用了这个手段。我会满足这只股票因急涨而带来的全部买盘。我的卖单总能够很好地控制涨势的幅度和速度。当价格下跌时，我就买进；当价格上涨时，我就卖出。这样一来，我不仅抬高了股价，还为帝国钢铁拓展了市场。

自从我开始操纵这只股票后，就再也不曾发生过没有买单或没有卖单的情况。也就是说，哪怕买盘或卖盘再大，都不会引起价格的过度波动。人们再也不用担心买进后会被套牢或卖出后会被轧空。专业投资者和股民们对帝国钢铁越来越有信心，大家也越发相信这只股票会逐渐上涨，而活跃的行情还扫清了多种障碍。最终，我通过反复买卖了成千上万股帝国钢铁，成功地将价格拉抬到面值以上。当帝国钢铁每股价格超过 100 美元时，每个人都想买进它。为什么不呢？现在，大家都知道它是一只好股票：无论过去还是现在，它的价格都很便宜，如此的涨势就是证据。一只股票既然可以从 70 美元涨到 100 美元，那么就一定可以从 100 美元再涨 30 点。很多人都是这样认为的。

在将股价拉抬 30 点的过程中，我仅仅积累了 7 000 股。这批股票的平均成交价几乎刚好为 85 美元，这意味着我每股获得了 15 美元的利润。当然，我的账面总利润比这多得多。这笔利润非常安全，因为我所开辟的市场已经足以消化我的全部持股。只要继续谨慎操作，价格还可以拉抬到更高的位置，而我手中还掌握着 10 万股认购价从 70 美元到 100 美元不等的累进看涨期权。

在一些环境因素的影响下，我无法继续实施将账面利润转化为现金的计划。我不得不说，这次的操盘既完美又合理，成功势在必得。这家公司的资产的确很有价值，其股票即使在更高的价位也不算昂贵。内线集团中的一个成员———家声名显赫、资产雄厚的银行，产生了确保控股权的想法。或许对于银行来说，控制像帝国钢铁这样业务繁荣、逐步成长的公司，比控制个人投资者更有意义。总之，这家银行向我出价要求收购我所拥有的股票期权。这意味着我可以得到一大笔利润，因此我马上同意了。我非常高兴能够大量卖出，并赚取丰厚利润，而且我对此次操盘的成功业绩非常满意。

在我卖出我那 10 万股看涨期权之前，我发现那家银行已经雇用了很多专家彻底考察了帝国钢铁的资产情况。他们的报告支持这家银行向我提出收购期权的决定。除此以外，我还保留了几千股帝国钢铁的股票，因为我对它很有信心。

在对帝国钢铁进行操纵的过程中，我没有遇到任何不正常、不合适的情况。只要我的买单能够推动价格上涨，就说明一切都进展得很顺利。这只股票从未出现过陷入僵局、举步维艰的状况。如果你的买单没有引起足够的响应——这对你来说是最好的利空内幕，那么你就应该卖掉它。你知道，只要一只股票确有价值，而且整体形势也对路，那么即使它的价格下跌了20 点，你依然可以重新将其拉回来。然而，在帝国钢铁上，我从来都不需要这样做。

在操盘的过程中，我从来都不会忘记基本交易原则。也许你会感到奇怪，为什么我总是强调这一点，或是经常重复"我从不与报价带争辩，从不对市场发火"的事实。你一定会认为，那些在本行生意中赚取了千百万美元，并且还能在华尔街叱咤风云的人，肯定都是沉着冷静、理智客观的人，对吧？但事实或许会让你大吃一惊，在那些最成功的市场人士中，有很多都会在市场没有按照他的预期发展时破口大骂。他们会把这种情况视为对他们个人的侮辱，无法控制自己的情绪，从而一蹶不振并失去钱财。

坊间曾经对我与约翰·普兰迪斯之间的矛盾议论纷纷。人们都以为我们是因为某次操盘过程中出现了背叛而导致分道扬镳，我或者他因此遭受了几百万美元的损失。但事实并非如此。

普兰迪斯与我是多年的朋友。我曾经多次利用他所提供的消息，有效地获得了利润。我也曾经给他提过一些建议，不知他采纳了没有。如果采纳了，那么他肯定能够省下一笔钱。

他是石油产品公司股票组织和销售工作的主要负责人。这只股票的上市情况多多少少算得上是成功，但上市之后，整体市场形势就开始变坏，这只股票的表现也不如普兰迪斯及其团队所预期的那样强劲。当基本形势转好后，普兰迪斯组织了一个资金集团，开始对石油产品进行操纵。

关于他的操纵手法，我无法做出任何评价。他没有告诉过我具体操纵情况，我也没有问过他。但显然，虽然他的经验非常丰富，能力也是有目共睹，但他所做的一切都是白费力气。没过多久，资金集团就发现他无法大量卖出股票。他一定试过了他所知道的一切方法，否则不可能向外部人士寻求帮助。无论如何，他找到了我，说了一些客气话之后，提出了他的请求。他希望我接手推广石油产品股票，卖掉资金集团的所有持股。这批股票的总数超过了 10 万股，当时的市价在 102 ～ 103 美元。

我觉得此事有些蹊跷，便婉拒了他。可他一再坚持要我接手，甚至拿我们的私人交情来说事。我最终被说服了。我向来不愿参与没有十足把握的事情，但我是个讲义气的人。我说我会尽最大努力，但不能保证这件事肯定成功，并且把所有可能遇到的困难都列举出来。但普兰迪斯表示，他并没有要求我必须为资金集团赚到几百万美元的利润。他坚信，只要我愿意接手，这件事就一定会有一个令所有人都心满意足的结果。

就这样，我卷入了这件违反我判断的事情中。我发现，就像我所担心的那样，局面已经发展到极其严重的地步。这很大程度上都要归咎于普兰迪斯在为资金集团操盘时犯下的一个个错误。但对我来说，最大的不利因素是时间。我确信，当时牛市已经接近尾声。所以，虽然市场环境的改善曾经令普兰迪斯感到非常高兴，但这注定仅仅是昙花一现而已。我担心在我将大部分石油产品股票卖出之前，市场就会正式转熊。不过，既然我已经接受了这项工作，我就必须全力以赴。

我开始拉抬股价，并且取得了一定程度的成功。我把价格拉抬到了107美元左右，这已经很不错。我甚至可以卖出一小部分股票了，虽然数量不多，但没让资金集团增加持股就已经令我非常欣慰。很多外部人士正在等着价格反弹好卖出手中的持股，而我简直就是他们的救星。如果整体市场形势更好一些，那么我的表现也会更好。可是，他们没有早一点让我接手，这真是太失策了。现在，我能做的仅仅是以尽量小的损失出手集团的持股。

我派人向普兰迪斯传达我的看法和计划，但他表示反对。我耐心地向他解释这么做的原因。我说："普兰迪斯，我能清楚地感受到市场的脉搏。没有人跟进你的股票。我的操盘引起的反应，你一眼就可以看到。你已经尽力提高这只股票的吸引力，并且随时可以提供所需的支持，但即便如此，公众依然对它不理不睬。这就足以断定，肯定有什么地方出了问题，不是这只股票的问题，而是市场的问题。强行推进肯定起不到任何作用，只会带来失败的结局。你作为资金集团的管理者，理应在有人跟进时买进自己的股票。但如果你是市场上的唯一买盘，那么继续买进就是最愚蠢的做法。通常来讲，如果我买进了5 000股，那么股民们也应该乐于并有能力买进5 000股甚至更多。但我绝对不会去做市场上的唯一买盘，否则，我只会被那些我根本不愿持有的巨量多仓吞没。如今，你唯一能够做的事情就是卖出，你只能这么做！"

"你是说，不顾一切地卖出？"普兰迪斯问。

"是的！"我告诉他，我看出来他又要表示反对意见了，"如果我不顾一切将集团持有的股票卖出，你可要有所准备，因为股价将会跌破面值，而且还要……"

"哦，我不卖！不卖！"他吼了起来。你能想象到，对他来说，我的建议就好像是让他参加自杀俱乐部。

"普兰迪斯，"我对他说，"股票操盘最基本的原则就是为出货而拉升。但是，你不会在上涨中将大部分仓位卖掉，因为你做不到。大笔卖出只有在从顶部下跌的过程中才有可能做到。我无力将股价拉升到125美元或130美元。我是想这样做的，但实际上却做不到。所以，你一定要在现有的水平就开始卖出。以我之见，所有的股票都将下跌，石油产品也不例外。宁可让它现在就因为集团的卖单而下跌，也不要等到下个月因为别人的卖单而下跌。不管怎样，下跌的命运是避免不了的了。"

这一番话，我觉得没什么让人忧伤的，但他的大吼却声震八方。我的话他一点也听不进去。在他看来，这会给这只股票留下糟糕的记录，作为贷款抵押品被银行持有的那部分股票将有什么风险，那就更不用说了。

我又一次劝告他，以我的判断，现在世上已经没有什么东西能抵挡石油产品出现15~20个点的下跌了，这是整体市场下跌造成的。我一再提醒，想让这只股票成为超级黑马简直就是一个神话。可是我的话显然还是没起作用，他依然坚持要我支持这只股票。

作为一个生意人，他是非常精明的，称得上是当时美国最成功的股票推手。他在华尔街做过的买卖不计其数，赚了数百万美元，对投机游戏要比一般人更了解，但他却一再坚持在熊市起始阶段为一只个股托市。应当承认，他有权处置自己的股票，但方法是不明智的。尽管我和他的意见不一致，我还是尝试着去说服他，可还是没有用。他坚持要求我下买单支持石油产品。

整体市场转弱、跌势真正兴起后，石油产品也就自然随其他股票一起崩溃了，可是我没有卖出，相反，按照普兰迪斯的指令，我还在为内幕资金集团买入。

普兰迪斯不相信现在已经是大熊将至，这可能是唯一的解释了。我则坚信牛市已经结束。开始时的预测已经被我证实了，我既检验了石油产品，也检验了其他股票。不用等到熊市完全展开，我就开始卖出了。当然，石油产品我一股也没有卖出，但其他一些股票我卖空了。

就像我所预料的那样，石油产品资金集团坚守着其一开始就持有的股

244

份，努力维护股份，但还是于事无补，到最后不得不清仓，但价格却比我的预想低很多。这个结局是必然的。普兰迪斯还认为自己做得对，宣称自己是正确的。就我的了解，他认为大势是向上的，我给他提出的建议，是基于我在其他股票上有空头仓位。当然，这是在暗示，假如内幕资金集团在这时不顾一切去出货，石油产品就将崩盘，这对我在其他股票上的空头头寸是有利的。

这简直就是无稽之谈。我看空，绝对不是因为我有空头仓位。我之所以看空，是出于我对形势的判断。至于卖空操作，那是我转而看空后的事了。对错误的坚持不会有好的结果，至少在股市中是这样的。我为资金集团制订卖出计划的基础就是我 20 年积累的经验，是它提醒我，此时卖出既可行也是明智之举。普兰迪斯是一个经验丰富的交易者，按理说应该和我一样明白。那时候已经不能再做别的努力了，因为为时已晚。

我猜测，普兰迪斯和成千成万的外部人士一样，对操盘手抱有幻想。但事实远非如此。基恩最大规模的操盘发生在 1901 年，那是在美国钢铁普通股和优先股上的操作。他成功的原因，并不是因为他的精明能干和丰富的资源，也不是因为有一个由实力超强的资金集团在背后支持他。应当承认，这些因素起到了一定作用，但最主要的因素还是整体大势的对头，公众的情绪也适合。

想和经验以及常识作对，这是不会有好结果的。在华尔街，称得上菜鸟的不光只有外部人士。普兰迪斯就是个菜鸟，因为他对我怀有怨气。他不满的原因是我没有照自己的想法行事，而是听从了他的安排。

只要在操作中事实没有被故意歪曲，那么为大量出货而做的操盘就谈不上有什么神秘和卑劣之处。有效的操盘一定要以有效的交易原则为基础。人们总是对洗盘之类的老式手法情有独钟，但我可以保证的是，纯粹的欺骗在操盘中所占的比例很小。股市操纵与在场外销售股票和债券的区别在于客户的性质，而不是手法。摩根公司把债券卖给股民，我们说是为投资者发行债券；一位作手向股民倾倒大量股票，这种行为我们称之为投机客在操纵市场。对于投资者来说，他们追求的是安全，看重的是投入的资本

245

带来的利息收入表现；投机者则追求快速增长的利润。

市场操纵者的主要市场一定是来自投机者，只要有高额回报，投机者就愿意承担高于一般水平的业务风险。对盲目的赌博我从来都是不相信的。或许我会赌上一把，可能还会买上 100 股。但无论是赌博还是买 100 股，我的做法都是有理由的。

我还清楚地记得自己是怎样卷入操纵市场的游戏中的，我说的是替别人出货。回忆起这件事令我感到很愉快，因为从中可以看出华尔街职业人士对股票操盘的态度。这是我东山再起之后的事情，时间是 1915 年，伯利恒钢铁让我的财务复苏后。

我做交易非常稳健，运气也很好。我从来也不想出现在报纸上，也不愿让自己深藏不露。但是你也知道，某个作手一旦表现得很活跃，不管他是成功还是失利都会在华尔街的专业圈里被无限放大，报纸也会一路追踪，探听并刊发有关他的各种传闻。我就被人们传言破产过好几次了，但他们又同样说我赚了很多钱。我对此的反应就是好奇这些信息来自哪里，是怎样出笼的，是怎样越传越神奇的。我的经纪人朋友总要跑来给我讲这样的故事，每次都会有所篡改，说得越来越细致，而且越来越离奇。

讲这些是为了告诉你，我第一次帮别人操作股票的机会的来历，是因为一则关于我如何还清 100 万美元欠款的报道起了作用。对我的操作和成功，报纸做了大量的渲染，我因此成了华尔街的话题。在当时，一位作手下 20 万股的交易单就能主宰市场的日子已经结束了。但你应该知道，公众总是期待着老一辈领袖的接班人出现。"股票作手宗师"的头衔送给了基恩，他的自营交易使他赢得了数百万美元，这引来了股票承销商和银行为他助阵，希望卖掉大批量的证券。简单地说，作为一个股票作手，他之所以这样受欢迎，是因为华尔街听说了他过去的辉煌业绩。

但这时基恩已经去世了，他已经到了天堂。他生前曾说过，除非赛桑比在天堂等着他，不然的话他是不愿上天堂的。在后来的几个月中，又有两三个人成了股市的风云人物，但很快便因为没有什么大的作为而消失了。我说的是那几位来自西部的赌客，他们是 1901 年来的华尔街，通过美国钢

246

铁股票赚了上千万美元，之后，他们便留在了华尔街。与其把他们看作是基恩那样的作手，不如说他们就是超级承销商。应该承认他们很能干、很富有，也获得了很大的成功。其实，他们还不是基恩和弗劳沃尔州长那样的大作手，但他们的经历足以在华尔街引发传言，而且还会在专业圈和激进的佣金行里引来大批的追随者。只要他们离开交易舞台，华尔街就没有操盘手了，至少在报纸上找不到对他们的报道了。

1915 年纽交所重新开张后，就出现了一次大牛市。此时，市场得到了拓展，协约国在美国的采购额达到了数十亿美元，我们看到的是一片繁荣的景象。就操盘而言，不用花费多大气力，你就能为战时繁荣创造出巨大的市场。很多人仅仅因为手里攥着合同，还有的只是合同承诺，仅凭这些就能赚到几百万美元。他们中的一些人从善意的银行家那里获得了帮助，还有人把公司股票拿到场外市场做交易。就这样，他们成了成功的承销商。只要包装起来，不管什么东西，大家都会紧紧追随。

繁荣的高峰过去后，有些承销商发现，只有在专家的协助下，手中的股票才能卖出去。公众那里积存了名目繁多的证券，有的当初买时价格还很高，这样一来，要想将那些未经市场检验的股票卖掉是很不容易的。繁荣过后，在大众眼里，已经没什么东西会上涨了。这不是因为公众的眼光变得挑剔了，而是因为盲目买入的日子已成明日黄花。人们的心态变了，甚至不需要再出现价格的下跌，人们就已经感到失望了。市场消沉，一段时间来并无起色，此情此景，使人感到情况很不好。

在每一次的繁荣期间，都会有一些新公司成立，它们的主要目的就是要利用公众对股票的盲从。但还是有一些股票的发行错过了最好的时期。承销商犯这样的错误，原因是他们不愿承认繁荣已经到了终点。另外，只要潜在利润足够大，冒险就是值得的。人们的两眼有时会被希望蒙蔽，那时，他是看不到即将到来的终点的。在 12 或 14 美元价位的股票本来无人问津，但突然之间涨到了 30 美元，这在普通人看来就会认为涨势到头了。可是，这只股票又继续涨，50 美元、60 美元、70 美元，甚至 75 美元，都到这种地步了，也该打住了吧。就在几周前，它还在 15 美元以下，没想到的是，接下来它竟然突破了 80 美元、85 美元。在这种情况下，作为普通人，他们是不考虑价值的，而是盯着价格，他们不把大势作为行动依据，而是仅仅在恐惧的驱使下行动，也不去考虑涨势是否有到头的时候。这些外部人士尽管很机敏，他们不会抄顶，但也不懂得逃顶，原因就在这里。在繁荣期领先赚得大钱的肯定是公众，但那也只是账面利润，而且一直都只是账面利润。

第二十二章

先下手为强，
后下手遭殃

有一次，吉姆·巴恩斯跑来找我。他是我的主要经纪人之一，也是我的好友。他想找我帮忙。作为朋友，他从来没向我提过要求。我想帮助他，就让他把事情说清楚。他告诉我，他所在的公司持有联合炉具的大部分股票，并且还是主要的股票承销商。出于资金的原因，他们需要卖掉一大笔股票，希望我能帮他们卖掉这批股票。

　　出于多种原因，我平时并不想和这只股票扯上关系。但巴恩斯是我的好友，他以前帮过我。现在，他开口找我，让我帮忙出手股票，就这点来说，我没办法拒绝他。从整体情况来看，我估计他的公司在这件事上陷得很深。为了稳妥起见，我答应他，我将尽我所能。

　　我以为，战时繁荣和其他时期的繁荣，最为奇异的一个差别是——有没有一个年轻人摇身一变成为金融家，在这个市场上扮演一个重要的角色。

　　那时候股市的繁华让人瞠目结舌，其缘由以及结果都是显而易见的。当时，美国国内的大银行与大的信托公司都在全力以赴地支持军火制造商和销售商。很多人一夜暴富，成为百万富翁，甚至任何人只需说自己有一个朋友的朋友是某个盟军委员会成员之类的，就可以贷到一笔资金去履行他尚未获得的合约。那时候，我经常听到一些让人匪夷所思的故事。比如，一位小职员从信托公司借来钱，又通过一张转了好几次手的合约，就赚到了几百万美元，一下子就成了公司总裁。欧洲的黄金如潮水一般涌进美国

250

市场，美国银行为了留住这些资金，就必须想办法把它们贷款出去。

这样做生意也许会让老一辈的人担忧不已，可这时的华尔街上没剩下几个老人了。在普通的时代，白发满头的金融前辈很适合做银行的老总，可在战火纷飞的年代，年轻有魄力就是最大的资本。胆子大敢作为，银行才能获得巨大的利润。

吉姆·巴恩斯和他的合伙人，仗着马歇尔国民银行的年轻总裁的信任，决定把三家著名的炉具公司整合在一起，发行新的股票。几个月下来，不断有股民在买进股票，也不管自己了不了解情况。

可问题是，这三家炉具公司生意十分兴隆，普通股票都已经开始发放股息了，但大股东都不想出让控股权。他们的股票在场外很是抢手，因此愿意出让的全部股票早就被抢购一空了。大股东对此感到满意，不想再有什么变化。可这三家公司各自的资本额都很小，一时无法在股市上大展拳脚，巴恩斯公司这才介入。巴恩斯公司指出：三家公司整合后，规模就足够大了，可以在证交所上市，新股票会比原来的股票值钱。可现实问题是，在纽交所上市的新股的价值不如旧股。变换股票颜色来增加其价值，属于华尔街的老把戏了。例如，有一只股票按其票面价值（比如100元）很难卖出的时候，有时他们会把股票总数拆分成原先股票的四倍，新股只卖30 ～ 35元，这就让旧股票一下子涨到了120 ～ 140元，而原来的旧股票是绝对卖不到这个价格的。

巴恩斯与合伙人口才很好，他们说服了持有格雷炉具公司（这三家公司中的最大公司）股票的大股东来参与整合。他们的条件是，用4股新股换取1股格雷。紧接着，他们又安排米德兰公司和西部公司也像格雷公司那样整合，加入换股的行列。米德兰公司和西部公司的这两只股票在场外股票市场的交易价格是25美元到30美元，而格雷因为名气比它们大且已支付了股息，因此价格涨到了125美元。

巴恩斯为了筹集资金，坚持买进套现的股东手中的股票。为了给承销支出提供更多的运营资本，他需要筹集数百万美元。因此，他找到了马歇尔国民银行总裁，并从那里获得了350万美元的贷款，代价是抵押10万股新公司的股票。他告诉我，他们向这位银行总裁保证，新公司股票价格不会低于 50 美元。因此这笔交易的价值很大，油水也很足。

他们负责承销这只股票最大的错误在于选择的时机不对。这并非是致命的错误，他们错在太急于复制其他承销商在股市的巅峰期时的惊人获利，因此注定了赚不了多少钱。

吉姆·巴恩斯及他的合伙人，并非平庸之辈，他们个个都是聪明人，了解华尔街上的各种交易秘诀，其中一些人还是非常成功的职业操盘手。他们高估了股民的购买力（毕竟只有经过实际测试才能确定市场的购买力到底有多大），自以为牛市会继续下去，这让他们付出了惨重的代价。在我看来，他们之所以会犯下这样低级的错误，是因为他们都经历过快速而轻易的成功，因此他们从不怀疑自己能赶在牛市结束前离场。他们在华尔街是小有名气的操盘手，很多场内交易员和券商是他们的忠实拥护者。

为了这次并购，他们发起了一场浩大的宣传，有关报道铺天盖地，毫不吝惜花费。报道声称，这三家公司是全美国炉具行业的化身，产品畅销全世界。报纸上每天都有一堆文字报道公司是如何征服世界市场的，欧洲、亚洲、非洲、南美洲的市场已经被它们牢牢占据。

在猛烈的宣传攻势下，很多报纸读者对该公司股东的名字如数家珍。宣传工作可谓非常成功。匿名内线人士保证新公司股票会上涨，因此市场上出现了对新股的大量需求。股民开始了公开申购，虽然价格为 50 美元一股，可申购报告显示，股民超额申购的只有 25%。

试想，承销商最大的期望是什么？本来只值 25 美元的股票，在上市几周后就会被股民抬高到 50 美元，再涨到 75 美元以上，这样下来平均价格就是 50 美元了。可在申购阶段按 50 美元 1 股卖，这就相当于子公司的旧股已凭空翻了一番。这是个危机，需要慎重对待，但他们并没有采取任何妥当的行动。单从这里就能看出，不同的声音都有自己特殊的需要。要知道，专业知识比笼统之见更有价值。承销商出乎意料地看到了超额申购，由此兴奋地得出结论：大家愿意出任何价格购买任何数量的股票。这简直是天方夜谭！没有足额配售（也就是没有把申购时看涨期权全部分配出去），即便是贪了点，也不应该如此愚蠢。

显然，他们应该足额分配，这样认购量就超过发行量25%。假如有需要，这25%就能支撑股价，自己不再需要花一分钱了。他们能够轻松地占据强大而有利的主导地位——每次我控盘的时候，都会想办法让自己处在这样有利的位置。本来，他们是可以有力遏制价格的跌势的，这样才能让股民相信新股非常稳定，并对股票后的财团充满信心。他们不该忘记自己的任务不仅仅是把股票卖给股民，这只不过是营销工作的一部分而已。

他们自觉做得很成功，可很快那两大致命错误就浮出了水面。股民们看到了价格有回落的趋势，自然就不再跟进了。内线集团也因此信心动摇，不再支持联合炉具。假如股票价格跌了，连内线都不买进，那谁还敢买进？没有内线的支撑，就充分说明熊市将要来临。

真没必要调取统计数据了。联合炉具的价格和大盘都在起起落落，可从来没有超过最好时期的五十几点。巴恩斯他们只能充当自己最后的买家，试图通过这一行动把价格维持在40点以上。他们没有在上市前支撑价格着实可惜，可没有在申购时全额配售则是最大的败笔。

无论怎样，新股票如期在纽交所上市后，也如期一路跌至37点。之所以没有再继续下跌，是因为巴恩斯在努力撑盘，他们手里还有银行以10万股抵押贷给他们的350万美元。一旦银行让他们清偿贷款，那他们的股票就不知道要跌到什么地步了。股民们在50点时纷纷买进，而股票跌到37点时却变得无动于衷了。假如股票跌到27点，只怕是没有人买进了。

随着时间流逝，人们开始思考银行过度放贷这个问题。年轻银行家的时代已经过去，眼看就要回到过去的保守时代。好朋友一下子变成了催债人，好像之前从没有一起打过高尔夫球一样。这种状况让双方都很尴尬，催偿贷款与请求放宽期限好像已经意义不大了。那个和巴恩斯合作的银行家表面很客气，可态度有了明显的变化，仿佛在说：看在上帝的分上，一定要还钱啊，否则我们都得完蛋。

前景一片凶险，危机随时都有可能爆发，吉姆·巴恩斯不得不前来找我，请我出手帮他卖掉10万股以清偿银行那350万的贷款。现在他已经不指望自己挣钱了，只要不亏损就谢天谢地。

　　这看上去好像是一件不可能完成的事情。因为整个市场都不景气，虽然偶尔有所波动，那也只不过是让人兴奋一下罢了，涨势并不强劲也不活跃。

　　我告诉巴恩斯，我会仔细研究一下情况，然后才能告知我的条件。确实，我做了详尽的研究，但并没有分析公司的最新年报与前景。我研究的是问题出现在股市的哪个阶段。我没打算利用盈利以及前景来使股票的价格上涨，而是准备在公开市场上及时处理掉这批股票。我考虑的是，有什么因素能帮助我或妨碍我来完成这项任务。

　　通过研究，我首先发现的是，大多数股票都集中在少数人的手中。这些人所持有的巨大数额股票，已严重损害了股票的安全性，让人很是不安。克利夫顿·凯恩公司就持有 7 万股，这家公司主营投资银行和证券经纪，是纽交所的会员公司，老板和巴恩斯的交情不错，是专营炉具股票的老手，在并购中发挥了巨大作用。他们自己的客户在他们的影响下，也被拉进了这个泥潭。前参议员塞缪尔·高尔顿也持有 7 万股。戈登兄弟公司是他的侄子开的，他是公司的特别合伙人。另外，赫赫有名的约书亚·沃尔夫也拥有 6 万股。这些人加在一起就有 20 万股。这些行家里手非常清楚什么时候买进卖出，根本无须他人指点。

　　这意味着，一旦我开始操作，吸引股民买进，就有可能眼睁睁看着凯恩、戈登和沃尔夫顺势大量出货。我可不愿意看到他们手里的 20 万股像尼亚加拉大瀑布那样涌进市场。别忘了，牛市已过去，我的操作再精妙也创造不了刚性需求。为了方便我操作，吉姆知趣地退到一边回避。很明显，他也对我没抱多少希望。在牛市尾声，他让我抛售一只兑水的股票，虽然当时的媒体还在说牛市没有结束，可我明白，巴恩斯也明白，银行当然也很清楚，这是怎么回事。

　　我派人找来凯恩、戈登和沃尔夫。他们手头的那 20 万股就如同达摩克利斯之剑，我最好将其绑牢。我觉得最简单的方法就是和他们达成一个互惠协议。只要他们在我卖出银行那 10 万股之前按兵不动，我就积极帮助他们创造一个大家都能顺利出货的市场来。就当时的状况而言，只要他们出货十分之一，联合炉具就会跌到仓底。他们是深知这一点的，因此没有贸然出手。我对他们的要求只是明智一点、无私一点，到了该卖的时候再出货，别因为自私给大家带来恶果。不管是在华尔街还是其他地方，作为利益共同体就得为共同利益出力。我打算说服他们，过早倒货或者欠考虑的出货，只会影响全局。况且，时间已经非常紧迫。

我希望我的建议能够打动他们，因为他们都是经验丰富的内行，对联合炉具股票的刚性需求不存任何幻想。

克利夫顿·凯恩是一家大型证券公司的总裁，拥有 11 家分公司，客户成百上千。过去，他的公司曾经为十几家资金集团操盘。

手中握有 7 万股的戈多参议员富得流油。纽约的报纸读者对他相当熟悉。他曾被一位 16 岁的美甲师控告在婚姻上毁约背信，闹得沸沸扬扬。戈多送给她的价值 5 000 美元的貂皮大衣，以及写给她的 132 封情书，都成了呈堂证物。他协助侄子创建证券公司，并成为特别合伙人。他还曾参与过几十个资金集团。他从米德兰炉具公司继承了一大笔股份，换来 10 万股联合炉具股票。他手上持股太多，根本不理睬巴恩斯的建议。他在市场变糟前就出手了 3 万股。他后来告诉朋友说，如果不是一个最好的朋友央求他不要再卖出，他肯定不会罢手。在这里，我需要澄清一下，戈多参议员没能全部出手，最大的原因应该是没有出货的市场。

约书亚·沃尔夫大概是所有交易者里名头最响的一个。二十多年来，华尔街的人都知道此人是股市里的赌徒，在哄抬股价和打压股价方面是个鲜有对手的家伙。对他来说，操作两三万股就如同别人操作两三百股。早在我还没来纽约之前，我就听说过他是个玩大手笔的。那时，他跟随一个好赌的小集团到处豪赌，在市场上和赛马场均是一掷千金。过去，人们总说他只不过是个赌徒而已，但其实他是有真才实学的，特别是在证券投资游戏方面很有天赋。众所周知，这个家伙没有什么精神方面的追求，因此经常成为大家茶余饭后的笑话主角。

有一个故事流传得最广。一次，沃尔夫出席一个上流社会的晚宴。一些客人开始讨论文学，女主人还没来得及阻止，事情就发生了。坐在沃尔

255

夫身边的女士见他一言不发，只是在低头大吃特吃，就急切地想知道这位金融大亨的看法。她转头问道："沃尔夫先生，你喜欢巴尔扎克吗？"

闻声，沃尔夫礼貌地停下来，咽下嘴里的食物回答："我从来不交易场外股票。"

这就是联合炉具的前三大股东。我建议他们，假如他们能够组建一个提供现金的资金集团，并且以略高于市场价的价位将手里的股票的看涨期权让给我，我将会尽力创造市场。他们问我，需要多少钱运营。

我回答说："你们被套了很长的时间，也毫无头绪。你们三人手头一共有 20 万股，并且你们都明白，除非能创造市场，否则你们就没有卖出的机会。但想要创造市场，吸进你们的股票，就必须有足够的资金先买进一定数量的股票。假如资金不足而中途停止，就会前功尽弃。因此，我建议先组建一个资金集团，筹集 600 万美元，把手里 20 万股的认购权以 40 美元的价格出让给资金集团，交由第三方保管。假设一切顺利的话，你们不但能出清持股，资金集团还能赚上一点。"

前面我就已经说过，市场上有各种各样的传闻。我希望这些谣言这次能或多或少帮到我。总而言之，我不用和他们多扯皮，他们就已经完全明白，孤军奋战效果甚微。他们都认为我的方案不错，所以离开时都说会立即组建资金集团。

没费多少力，他们就说服了不少朋友加入进来。我估计，他们肯定详细说明了资金集团一定能获利。从我的观察来看，他们自己也确信能获利，因此这不算是黑心消息。总而言之，几天后，资金集团就成立了。凯恩、戈登和沃尔夫以 40 美元的价位出让了他们手里的 20 万股的认购权，我负责把这些股票锁好。这样，如果我抬高股价，那 20 万股也不会流入股市了。我必须先自保，然后才能救人。不少本来很有希望的操作最后失败，就是因为资金集团或者集团内线没有信守承诺。华尔街是个人吃人的地方，他们信奉的是人不狡诈就是愚蠢的信条。想当年，第二家美国钢铁线缆公司上市时，内线集团就曾相互指责他人背信弃义出货，而约翰·盖茨一伙与赛里格曼银行之间，也曾有过君子协定。我以前在一家证交所听人诵读过一首四行诗，据说作者就是盖茨："毒蜘蛛跃上蜈蚣背——先下手为强，后下手遭殃。"

提到这首诗歌，并非暗指我的朋友想在交易中搞我的鬼。但人在股市，还是小心防备的好，这是股市上最基本的操作原则。

沃尔夫、凯恩和戈多告诉我，资金集团已经组建完成，可那600万现金迟迟没有到位，看来我还得再等等。之前，我就告诉他们一定要快，可至今还是分四五批到位的。不知道是什么原因，当时我可是不断地向他们发出紧急求救信号的。

我是在当天下午收到第一笔大金额支票的，400万美元。他们一再向我保证，剩下的200万一定会在一两天里到位。如此看来，在牛市结束前，资金集团或许还能有所作为。当然，我要是早一点开始操作的话，结果也就越好。股民对一只冷门股票的动向不会有兴趣，可400万资金握在手里，你就会有办法激发股民对任何股票的激情。我手里的钱足够买下所有的卖出股票。时间紧迫，没有必要等另外的200万到位才开始操作。很明显，越早把股价抬高到50点，对资金集团越有利。

第二天早上一开盘，我惊讶地发现，联合炉具股票异常活跃，出现了大笔的买单。之前我说过，这只股票几个月以来都在泡槽，价格一直停滞在37点左右。因此，吉姆·巴恩斯很谨慎地将它维持在这个价位上。可要让它上涨，那根本是不可能的事。

可这一天早上，这只股票出现了大买压，价格一回就涨到了39点。开盘不到一小时，其成交量就已经超过过去半年的总和。这一下就成了这天的头条，并且提振了整个大盘。后来我听说，当天所有的证券公司的客户都在聊这件事。

当然，我知道这并不意味着什么，可它的提振没有伤及我的感情。平时，我是不用亲自打听股票的异常走向的，因为场内我的朋友（就是帮我交易的券商与场内交易员）都会第一时间通知我。要是他们认为我会感兴趣，就会立即给我打电话，告诉我他们听到的任何消息。那天我收到的消息是：联合炉具有内线在吃进，全都是真正的买入。买方吃进了37～39美元的全部卖盘，而且无论怎么打听，都无人知道任何原因和内幕。因此，我的场内交易员断定，这其中肯定有猫腻，必然有大动作。当有内线吃货时，股票就会上涨，如果没有利多消息鼓励股民跟进，那些股呆就会四处打听消息，询问交易员官方消息何时才会出来。

这种情况下我按兵不动。我仔细分析并盯紧每一笔交易，感到非常奇怪。第二天的买压更大了，来势汹汹。以往，委托在 37 点的卖盘放了好几个月都没人搭理，但现在都被快速吸收了；新的卖单也无法遏制住涨势。价格一路抬升，已经突破了 40 点，马上就要涨到 42 点了。

我知道股票价格一旦到了 42 点，我就该考虑抛出银行抵押的股票了。虽然股票价格会应声跌落，但以 37 点的均价抛出所有的持股，应该问题不大。我很清楚这只股票的价值，况且我跟踪了它的交易情况好几个月时间，自己知道应该怎么出货。因此，我很谨慎地托收 3 万股。没想到股票居然还在上涨。就在当天下午，我得知了这只股票暴涨的原因：股票当天早上开盘前和前一天下午收盘之后，场内所有的交易员都得到了消息，说我看好联合炉具这只股票，准备将其价格抬高 15 ~ 20 点。那些不太了解我的人，以为这是我的惯用伎俩。这个消息主要是沃尔夫散布的。他从昨天晚上就开始买盘，然后开启了这只股票的涨势。而他的那些场内交易员朋友自然也很愿意听他爆出的内幕，因为他们觉得沃尔夫知道很多秘密，且从来不会误导他的追随者。

说实话，我是非常害怕很多股票随着涨势蜂拥进场的，可实际上也没有我想的那么多。你想一想锁住的那 30 万股，你就不难明白我的这种担忧是有道理的。现在，要拉抬股票价格比我设想的要容易多了。弗劳沃尔州长说的没错，每当他人指责他操作自己公司负责的股票时，例如芝加哥汽油、联邦钢材或者 B.R.T. 公司，他就会说："我知道怎么去拉升股价，那就是不停地买进。"这也是场内交易拉升股价的唯一有效的办法。买进，价格就会自然做出反应。

第二天早上，我吃饭前从早报上看到一个消息："拉里·利文斯顿准备大举控盘，拉抬联合炉具股票价格！"这消息所有股民也应该都看到了，而且可以肯定的是，电报已经把这个消息传给了几百家券商和城外办事处。至于细节，各大报纸的说法不尽相同。其中一个版本说，我组建了一个内部资金集团，正准备迎头痛击广大空头。而另一版本则暗示说，公司最近要宣布分红了。还有一个版本则提醒股民，不要忘记我操盘的战绩，说我一旦看多出手必胜之类的，甚至还有媒体斥责公司藏匿资产让内线吃进什么的。不管怎样，这些报纸一致认为：股票真正的涨势还没开始。

上午开盘前，我在自己办公室查看信件时发现，滚烫的利多消息像洪水一样正激荡在华尔街各处，它正在诱惑着股民们赶紧买进联合炉具股票。这天早上，我办公室的电话就一直响个不停。我的秘书听到了以各种方法提出的同一个问题：联合炉具股票真的会涨吗？我不得不承认，沃尔夫、凯恩和戈登（也有可能有巴恩斯的参与），股票涨价的消息传播干得实在是太漂亮了。

我根本无法相信我会有这么多的跟随者。这只股票三天前还根本没有人理睬，结果那天早上情况发生了巨变，全美国的股民都在争相买进这只股票，几千股几千股地买进。这完全是因为报纸在报道我以往战绩的缘故，因此我非常感激这些媒体记者的想象力。

在这种情况下，我在股票上涨的第三天、第四天和第五天卖出了手头的 10 万股联合炉具股票。假如最成功的操盘在于操盘手以最小的代价达到目的的话，那么这一次联合炉具的操作绝对算得上是本人股票交易生涯中最为成功的一次。在整个操盘过程中，我 1 股都没有买进过。我也没有拉抬股价到最高点，然后开始全面抛售。我甚至不是在跌势中出货，而是随着股票的走高而一路抛出。我没有亲力亲为，就得到了别人为我创造出的巨大市场，这就如同梦想中的天堂一样，尤其是在我急切需要市场购买力的时刻。

作为一个操盘手，一般是按照交易量抽取利润的。弗劳沃尔州长的一个朋友对我说，有一次，他成功地帮助 B.R.T. 的内线集团出清了 5 万股，交易量是 25 万股，这下让弗劳沃尔公司赚取了 25 万股交易量的佣金。汉密尔顿说过詹姆斯·基恩的一个故事。基恩在控盘联合铜矿的时候，交易了 70 多万股才将 22 万股全部出清，这笔佣金同样也不是小数目。看看他们的状况，再想到我，假如我也按照他们的方式拿钱的话，我在这次的交易中就只能在那 10 万股里提成了。我可是为他们省下了一大笔开销啊。

我答应巴恩斯卖掉他们手上的股票，我做到了，而资金集团之前同意筹措的资金还没到位，但我又不想买回卖出。因此，我开始思考去什么地方度假几天。我不记得当时我去哪儿度假了。那几天，我没有再理会这只股票的涨跌。不久，我得到消息，股票的价格很快就开始下滑。原因是有一天市场疲软，一个失望的多头想赶紧脱手股票，股价在卖压下跌破了 40 点（这是我的认购价），可没有人愿意接盘。我之前已经说过了，我本人对这只股票的大势不怎么看好，因此我还是非常感谢这次奇迹，它让我无须操劳，就把手头的 10 万股脱手。

由于没有任何支撑，联合炉具直线下跌。直到有一天，它竟然跌到了 32 美元，这是联合炉具有史以来的最低价位。你或许还记得，吉姆·巴恩斯和起初的承销集团始终将其托在 37 美元的水平，以避免银行把他们的 10 万股抵押拿去倾销。

那天，我正在办公室静静地研究报价带，有人报告说约书亚·沃尔夫来了。我请他进来，只见他匆匆忙忙地走进来。他的身材不算魁梧，但我发现，他是带着怒气来的。

他跑到我身边，大声吼道："喂，这到底是怎么回事？！"

"您请坐，沃尔夫先生。"我礼貌地说，接着我自己先坐了下来，尝试着让他冷静下来。

"我不坐！我只要知道到底是怎么回事！"他扯着嗓子咆哮起来。

"您说的究竟是指什么呢？"

他继续咆哮道："联合炉具！你对它究竟做了什么？"

"我什么都没做呀！完全没有！这到底是怎么了？"

他盯了我足有 5 秒钟，接着咆哮道："你看看价格！看呀！"

很显然，他非常气愤。我拿起报价带看了看："价格是 31.25 美元。"

"对！31.25 美元，我拿了一大堆。"

"我清楚你有 6 万股。这批股票在你手里已经很长时间了，因为最初你买入格雷炉具时……"

不等我解释完，他就插话说："可是我买的更多。其中有些我花了 40 美元！到现在我还拿着！"

他充满敌意地紧盯着我。我解释说："我并没让你买呀。"

"还说你没有？"

"我没有让你扫货。"

"我没有说过你让了，但是你想拉高……"

"我怎么要拉高它呢？"我打断了他的话。

他盯着我，气愤得说不出话来。

"我连 1 股也没买。"我告诉他。这是压垮他的最后一根稻草。

"你 1 股也没买，而且在你手里还握着用来扫货的 400 万美元现金？你说 1 股也没买？"

"我 1 股也没买！"我又说了一遍。

他可能让我给逼疯了，以致连话都说不利落了。到最后，他终于憋出一句话："你这到底是什么意思？"在他心里，一定给我安上了各种各样的罪名。从他的眼里，我仿佛看到了那长长的罪名录。我对他说："沃尔夫，你其实是想问我，为什么我没有用 50 美元以上的价格从你手上买走你不到 40 美元买的股票，我说得对吗？"

"没错。你有 40 美元的看涨期权，还有 400 万现金，可以用它来抬升价格。"

"说得对，但是我并没有动那些钱，资金集团也没有因为我的操作而有一分钱的损失。"

接下来，我没让他继续说一个字。

"听我说，沃尔夫。你应该明白，你、戈多和凯恩总共持有的那 20 万股已经被锁定了。因此，即使我拉抬股价，市场也没有多少股票可流通了。而我之所以要拉抬股价，是出于两方面原因：第一是为这只股票开辟市场；第二是为我那认购价为 40 美元的看涨期权创造利润。但你并不满足于在

261

40 美元的价位脱手已经持有了好几个月的 6 万股股票，也不满足于资金集团带给你的利润。所以，你打算以低于 40 美元的价格大量吸货，以便在我用资金集团的钱抬高股价后再倒货给我，因为你确信我肯定会这么做。这样一来，你就会在我买进之前先买进，然后在我卖出之前先卖出。无论如何，你就是想把货倾倒给我。我觉得，你肯定是认准了我不得不把价格推到 60 美元的高度。所以，你很可能为此买进了 1 万股，而且还在全美国、加拿大以及墨西哥大肆宣传这件事，以确保在我不愿意接盘的情况下还能倒货给别人，但你完全没有考虑到这么做会给我造成的额外负担。你所有的朋友都知道我的常规做法。他们要买进，我也要买进，这中间的空隙就是你的倒货良机。你把内幕散播给你的朋友，他们做多后又告诉他们的朋友，于是这个消息一层层传下去。所以，最终轮到我动手卖出时，我却发现已经有成千上万个精明的投机客正眼巴巴地等着我呢。你可真是个好心人啊，沃尔夫。你肯定想不到当时我有多诧异，我还没打算买进哪怕 1 股呢，这只股票就已经开始上涨了。你也肯定想不到我有多感激，竟然可以在 40 美元左右的价位卖掉 10 万股，而且这些买家全都想在 50 美元甚至 60 美元的价位把货倾倒给我。我放着那 400 万美元不动，没用它来替这些人赚钱，这看上去很傻，对吧？这笔钱的确是用来买进股票的，但我只会在有必要的时候才买进。但是，我从来都没觉得有必要。"

沃尔夫在华尔街混迹多年，不会让情绪影响生意。他听着我的话，逐渐冷静下来。当我说完后，他用缓和的语气说道："看看，拉里，我的老朋友，你觉得我们现在应该怎么办呢？"

"你们想怎么办就怎么办吧。"

"哎呀，有点风度嘛！如果你处于我的位置上，你会怎么办？"

"如果我处于你的位置上，你知道我会怎么办吗？"我严肃地反问道。

"怎么办？"

"全部卖掉！"

他沉默不语地盯了我一会儿，然后转身走出了我的办公室，从此再也没有来过。

没过多久，戈多参议员也来找我。他气急败坏地指责我给他们惹了麻烦。接着，凯恩也来对我兴师问罪。他们忘记了，以他们当初的情况，根本不可能脱手如此大量的股票。他们只记得我手中掌握着募集来的几百万美元，而这只股票曾经涨到 44 美元，且交易活跃，但我没有替他们卖掉持股。如今，价格已经跌到了 30 美元，而且没有丝毫的活跃度。在他们看来，我本应早已卖掉他们的持股，并且获得丰厚的利润。

当然，一段时间后，他们也冷静下来了。资金集团没有损失半毛钱，初衷也没有改变，那就是卖掉手中的持股。一两天后，他们又来了，要求我帮助他们摆脱困境。其中，戈多参议员显得尤为着急。我最终答应将他们的持股以 25.5 美元的价格脱手，如果实际价格超过 25.5 美元，那么超出部分的一半将作为我的酬劳。当时，最新的成交价在 30 美元左右。

现在，我又要帮他们出售股票了。从整体市场形势，尤其是联合炉具的具体表现来看，完成这项任务的唯一方法，就是不再企图拉抬价格，而是在市场下跌过程中一路卖出。如果要引发涨势，我就必须大量买进股票。但在市场下跌的过程中，我或许还能找到那些打算抄底的买家，因为他们始终认为，当一只股票从顶部下跌了 15 ~ 20 个点后，它的价格就已经很便宜了，尤其是在顶部刚刚发生不久的时候。他们认为，反弹很快就会出现，这只股票的价格曾经达到 44 美元，如果现在跌到了 30 美元以下，那么它必定是个好东西。

像往常一样，这个方法再次奏效了。那些以为捡到便宜货的人大量买进，使我得以脱手集团的持股。但戈多、沃尔夫和凯恩并没有因此感谢我，他们仍然对我耿耿于怀，至少他们的朋友是这么告诉我的。他们经常向别人诉说我对他们有多不好。我知道，他们永远都不会原谅我，因为我没有按照他们期望的那样出面拉抬价格。

说实话，如果不是沃尔夫他们到处散播利多内幕，我根本没有能力卖出抵押给银行的那 10 万股股票。如果我按照一贯的方式，也就是按照正常的逻辑来做这件事，那么我就必须接受我所能卖出的任何价格。我说过，市场正处于跌势中，想要卖出，就必须不计价格，这是唯一的途径。但他们显然不会同意这么做。他们仍然会生气，但我却并不生气，因为生气没有任何好处。我曾经在很多事例中感受到，无法控制情绪是投机客的致命伤。在这件事情中，他们发脾气并没有带来什么严重的后果。

在这里，我要讲一件趣事。有一天，我妻子经不住别人的盛情推荐，来到了一家裁缝店。那里的女裁缝技术高超，态度热情，性格也很讨人喜欢。我妻子去了三四次，和女裁缝熟络起来。后来，女裁缝对她说："我希望利文斯顿先生可以尽快抬高联合炉具的价格。我们也有一些持股，因为我们听说他将要拉抬这只股票的价格，而且我们都很相信他在股票交易方面的能力。"

每当想到无辜的人们会因为听信内幕而赔钱，我就感到无比难受。也许你可以理解我为什么从不散播内幕了。那位女裁缝的话让我觉得，如果说谁更应该感到不满，那么其实是我更应该对沃尔夫感到不满才是。

第二十三章

匿名消息比内幕消息更坏

股票投机的生命力极强，它不会轻易消失，同样，也没有人盼望它消失。股票投机有危险，即使你发出这样的警示，也依然不能阻止人们去投机。你无法阻止人们的判断错误，无论他们本事有多大、经验多丰富。即使精心制订的计划也有流产的时候，这是因为股市总是充满意外，种种状况难以预料。大自然会给人类带来灾难，同样，来自我们自身的贪婪和虚荣心，或者恐惧和希望，这些也会给我们造成灾祸。除了来自自然的天敌外，作为一个股票投机者，他要战胜的则是一系列从道德到商业都遭到唾弃的丑恶行为。

　　与25年前我初到华尔街时相比，如今它变得美了。老式的投机商号不见了，虽然对赌经纪行依然盛行，它们引诱着企图一夜暴富的人们。证交所对骗子采取了严厉惩治的措施，并要求它的成员严格遵守规则。许多监管和限制是有益的，并得到了严格的执行和推广，但改善的空间依然很大。一些恶习仍然存在，其根源出自华尔街根深蒂固的保守主义，并不是伦理上的麻木造成的。

　　股票投机从来都不是容易的，现在更难。还是在不久前，真正的作手还能充分了解每只在交易所挂牌的股票。1901年，摩根推出美国钢铁公司，其实它是一个公司联合体，其中的每个成员公司本身又是一个更小的公司联合体，存在的时间也很有限，基本上不超过两年（当时的证交所共

266

有 275 家挂牌公司，还有 100 家属于不挂牌的部门）。这部分股票中，有很多因为实在太小，所以不必去了解，也可能因为是次要股或者保息优先股，所以根本无人过问。现实情况是，大部分股票在一年中甚至没有一笔买单。现在，只是常规挂牌股票就达 900 只。在最近的活跃市场中，其中 600 只股票有人买卖。另外，老板块的分类还比较容易追踪，它们不仅在数量上更少，市值也更小，一名作手需要了解的信息的覆盖面也没多宽。现在不同了，交易者什么都要做。上市公司遍布世界上几乎所有的行业，你需要花费更多的时间和精力来保证信息的畅通。从这个角度看，要想使股票交易更精明些，这就增加了难度。

做股票投机买卖的人成千上万，但能获利的却很少。可以这样讲，公众每时每刻都处在市场中，就是说大家时刻都在赔钱。对于一个投机客来说，最致命的敌人就是无知、贪婪、恐惧和希望，世界上所有的法典以及交易所的规则，都不能根除这些欲望。计划虽然精心，但也会遭遇突如其来的灾难，即使是冷静的经济学家或热心的慈善家也无法对此加以防范。还有就是故意误导所造成的损失，这往往是经过精心策划和伪装的，因此更为险恶，其危害性也更大。

当然，一般交易者都是按照信息或传闻做交易。信息和传闻既有口传的，也有报纸上的；有直接的，也有暗示的。对于一般的信息，人们是无法提防的。比如，有位好朋友希望你能赚到钱，于是告诉你他正在做什么交易，也就是买卖某只股票。从动机来讲，朋友是出于好意，但一旦这个信息有误，你将怎么处置？同样，对于职业消息人士或骗子，大家几乎很难防备，就像无法鉴别假钞假酒一样。对于典型的华尔街流言，做投机的人们难以得到保护，受了损失也得不到赔偿。证券批发承销商、操盘者、内幕资金集团，加上一些做大规模交易的个人，大家都各有高招，以尽可能好的价格将多余的持股脱手。而最难以防备、危害也最大的则是通过报纸和报价机流传的利多信息。

看一下财经新闻社的报道吧，肯定会让人惊奇的，因为每天都有很多暗示属于半官方性质的信息。说到信息的来源，有的是"内幕集团领袖"，有的是"重要董事"，还有的是"某高管"或是"某权威"。这些人对自己发布的言论非常清楚，这自然也是顺理成章的。看一下今天的财经新闻，随便挑一段，看这个题目："据某银行领袖讲，现在看空为时尚早。"

果真有那么一位银行业领袖这样讲过吗？如果属实，他为什么讲这些？又为什么不署名？他担心如果这么做了，大家会相信他吗？

还有一个新闻，主角公司的股票这周表现很活跃，消息的来源是一位"重要董事"。该公司共有 12 个董事，如果其中之一透露消息，他会是谁呢？很明显，只要消息来源是保密的，即使这个消息有什么负面影响，也没有人会受到牵连的。

作为一个股票交易者，除了要对投机做认真的研究外，对华尔街投机的特殊性也要有所洞察。赚钱的方法固然重要，也要避免亏损。该做什么与不该做什么同样重要。因此，一定要注意的是，只要是个股上涨，其背后一定会包含某种类型的操纵，而且可以肯定的是上涨一定是有内幕人士的筹划。他们之所以这样做，目的只有一个，就是在利润最大时出货。但是经纪行的一般客户都相信，他们一旦就股票上涨的原因追根寻源，就能避免上当受骗。很明显，操纵者就上涨原因会作出解释，这样就便于他派发。我始终都认为，禁止刊登匿名人士有关看涨的言论，公众所受的损失就会大幅减少。我这里指的是那些为了让公众买入或持有股票而故意炮制出来的言论。

不署名的董事或内幕人士发表了大量的利好文章，他们传达的信息，绝大多数是不可靠的，属于误导性的信息。每年都有很多人因受这些信息的误导而损失上千万美元。

有这样一个例子，某公司在一段时间里一直徘徊在低谷，股票也是一蹶不振，其报价大致反映了市场对其真实价值的评估。如果股价很低，那一定会引起一些人的关注并开始买入，这时股价就会上涨；如果股价过高，同样会引起有些人的注意并开始卖掉，这时股价就会下跌。如果价格在高低之间徘徊，就没有人关注并接触它了。

一天，公司的业务出现了转机。你猜，谁会是第一个了解情况的呢，是内幕人士还是公众？肯定与公众无关，是这样吧。那接下来又会出现什么情况呢？如果业务继续好转，利润就会上升，公司在股市上的分红就有可能恢复；如果公司在此之前一直都在分红，现在就能增发红利了。也就是说，股票将会增值。

如果公司的业务得到了持续的改善，管理层会把这个好消息告诉公众吗？董事长会告诉股东吗？善意的董事会发表一篇署名文章，给那些报纸的金融版或金融新闻版的读者吗？是否还会有一些低调的内幕人士，他们按照一贯的做法，发布一个匿名的消息，说这家公司前途无量吗？这些都不会发生的。没有谁会说出半个字，报纸和报价机上也没有半点信息。

那些创造价值的信息一般都被保护起来，不使其泄露给公众。这时，每当关键时刻就保持沉默的"重要内幕人士"正忙于入市，使尽全力买入尽可能多的廉价股票。伴随他们无声无息的抢购，股票价格也就连续攀升。金融界的记者们知道，这些内幕人士对股票上涨的原因是心知肚明的，于是就开始打听起来。但几乎所有的匿名人士都矢口否认自己掌握有任何信息。对于上涨的动力源在哪里他们也不清楚。他们有时甚至说对股票市场的异动以及股票投机客的行为，他们没有注意。

股票还在上扬，令人兴奋的一天到了，知情人士持有的股票数量终于达到了心想事成的地步。接着，有关这只股票的各种利好消息就在华尔街上传开了。报价机报告了"权威"消息，称这家公司已经完全渡过拐点。不愿意透露姓名的低调董事，在此之前曾宣称对上涨原因并不知情，现在却要站出来了，当然不能透露姓名。他宣称，公司的前景非常看好，对此，股东们是充满信心的。

利好消息潮水般涌来，在它的推动下，公众开始买入这只股票。这就使股票的价格一路飙升。不久，那些匿名董事们的预言兑现了，就像前面讲到的，公司或者恢复了发放红利，或者将红利率提高。接着，利好的消息更多了，数量上不仅超过先前，疯狂的程度更是前所未有。某位"董事会领袖"在被要求直接陈述一下公司的状况时，他向全世界宣告公司状况改善了，并始终保持在较高的水平。某位"重要内幕人士"经不住"软磨硬泡"，也终于向记者承认公司的盈利已经达到了空前的程度。还有一位"知名银行家"，与该公司往来密切，在再三追问下，他也表示，该公司销售额的扩张速度也是前所未有的。即使后面没有订单，公司也有许多工作需要日夜加紧干，谁也说不好要用多少个月才能完成现有的订单。某位"财务委员会的成员"在一份用双实线加框的声明中表示，公司对股票的上涨感到吃惊，而他则表示对公众的惊讶，因为股票的上涨轨迹过于保守。不管是谁，只要对即将发布的年报做点研究，就会很轻易地发现该股的净资产已经超过市值很多。接着，人们会发现，在这些愿意透露消息的人里面，没有谁将自己的姓名附上。

只要盈利继续保增长，那么，即使内幕人士也不会看到任何妨碍公司的信号，他们会继续安心地以极低的价格买入股票。说来也是，既然没有什么缘由能促使股价降低，他们怎么还要卖呢？但如果公司的业务没有好转，相反却变得糟糕了，那将会发生什么情况呢？他们会出来澄清事实或提出警示或暗示吗？这看起来都不太可能。这就如同公司处于上升时期，他们无声无息地买入，如果走势出现下跌，他们又会同样悄无声息地卖出。随着内幕人士的抛售，股价当然会持续下跌。随后公众就会听到对下跌的"合理解释"。公司的"内幕领袖"会坚持认为一切都在正常运转，至于股价下跌只是少数卖空者抛售部分股票造成的，他们妄想用这个手段打压这只股票。如果在形势比较好的情况下，公司股价经过一段时间的下跌，往往会发生一次剧烈的下挫，这时公众会要求"说明情况"，或者"给出解释"，公众的呼声很高。面对这种情况，就要有人站出来讲些什么，不然的话公众会担心有更坏的情况发生。于是，媒体就开始刊发这样的消息："我们采访了公司的一个重要董事，请他说明股票走势较弱的原因，董事是这样回答的，他说，他对今天股票下跌唯一的解释就是空头袭击。基本形势没有任何改变。公司的业务已经达到了一个新的高度，除非有难以预料的事情发生，不然的话，在下次股东大会召开时，公司将继续提高分红利率。空头大军来势凶猛，股票走势之所以显得疲软，是想借此机会将那些不坚定的持股人震出局。"就新闻媒体来讲，他们不再强调自己消息的来源多么可靠，而是利用多种方式来证明，在股票下跌的时候，内幕人士将绝大部分被抛售的股票接手了，空头将会意识到自己落入了一个陷阱。股票重新上涨的一天即将到来。

因为相信利好消息而盲目买入股票蒙受损失，除了这些，公众的损失还包括听信了别人的话没有卖出股票。而最绝的一招就是引诱公众买入"重要内幕人士"所希望卖出的股票。另外还有就是诱导公众不要卖出他不予支持或吸入的同一只股票。公众看到"重要董事"声明后会相信什么？一般的外部人士会有什么想法？首先来看，股票是不该下跌的，只有空头袭击造成了下跌。只要卖空的人停下来，一出由内幕人士导演的报复性的场面就会出现，股价就会重回高位。对此公众是非常相信的，因为如果股票确实是因空头而受挫，那么接着就会这样发展下去。

人们都听到了威胁，也听到了承诺，将毫不留情地惩处那些卖空过度的空头，遗憾的是股价却没有因此反弹，它依旧连续下跌。内幕人士在股市投放了大量股票，以致市场难以消化。

另外，由"重要董事"和"内幕领袖"卖出的股票，成了职业交易者之间的皮球被踢来踢去。股价连续下跌，似乎没有了底线。股价下跌对公司未来的盈利状况会产生影响，对这一点内幕人士都心知肚明，因此，在公司业务好转之前，他们是不会贸然再买入股票的。而到公司形势好转时，他们仍旧悄悄地买入。

我做了多年的股票交易，对市场的方方面面算得上是消息灵通了。我敢说，任何一只股票的剧烈下跌都不是由空头袭击造成的。说到空头袭击，那也就是基于对真实情况的认识所形成的卖出行为。但也不能说股票下跌就是由内幕人士的卖出或不买入造成的。所有人都会尽快卖出，但所有人都在卖出时，就没有人在买入，这时的股票也就快速下跌了。

对于公众来说，有一点是要牢记的，就是造成股票长期下跌的真正原因，不可能是空头袭击。一只股票连续下跌，可以断定这只股票一定有问题，问题或者出在市场，或者出在公司。如果毫无道理地下跌，而且快速跌到真实价值之下，这时就会引入买盘来阻止跌势。事实上，对于空头来说唯一能赚大钱的机会是当股价过高时。你可以把你所有的钱都押上赌一把，对于这个事实，内幕人士是不会向世界宣布的。

有个典型的例子就是纽黑文铁路。如今大家都知道的内幕，在当时只有很少的人知道。1902年，纽黑文的股价高达255美元，而且是新英格兰地区首屈一指的铁路投资标的。在新英格兰地区，人们判定一个人是否受尊敬以及地位的高下，甚至要以他持有这只股票的数量来衡量。如果谁断言这家公司会破产，虽然还不会因此被送进监狱，但也会认为精神出了毛病，于是就可能被送进精神病院，和疯子住在一起。摩根任命了一位新主席，此人非常激进，于是惨剧发生了。新主席开始实施的政策还没有显出明显的负面效果，谁也不会预料到这将导致破产。接着，当这家联合铁路公司高价收购一些公司时，这项政策便引起了一些警惕的观察家的怀疑。你可以用200万美元的价格将一套吊车系统买入，接着再以1 000万美元的高价转手卖给纽黑文铁路。就在此时，有一两位就被扣上了大不敬的帽子，原因就是他们对管理层做事的草率提出了批评。当时，曾有暗示，对于如此的挥霍，纽黑文铁路是难以承受的，这就仿佛对直布罗陀巨岩的力量表示怀疑一样可笑。

第一拨发现情况不妙的肯定是内幕人士。公司的真实情况，他们已经逐步有所了解，于是便减少持股。由于他们的卖出和不看好，在新英格兰地区属于最优质的铁路股票的价格出现了下滑。这时，有人出来发泄不满，还有人要求作出说明，常规的解释立刻就出台了："重要内幕人士"称，据他们所了解到的情况是，公司没有出现任何问题，股价之所以下跌，纯粹是因为鲁莽的卖空行为造成的。听了这样的解释，新英格兰地区的"投资者"就稳住了神，他们继续持有手中的纽约－纽黑文－哈特夫特铁路公司的股票。为什么这样？还不是因为内幕人士说的，公司本身是没有任何问题的，只不过是空头在捣乱而已，公司不是说还要继续派发红利吗？

这时，公司承诺的轧空却没出现，股价却出现了新低。内幕人士的卖出更急迫了，也更显出了赤裸裸的真面目。波士顿热心公益事业的人们要求给出真正的解释，这只股票因何招致惨跌，为什么造成了这样严重的后果，新英格兰想追求安全投资和稳定股利的人们都因此蒙受了巨大的损失。但他们却被指责为股票投机客，说他们的煽动是居心不良。

这只股票从 255 美元一路狂跌到 12 美元，称得上是历史性的下跌。一个空头袭击不可能造成这样严重的后果。内幕人士一路卖出，他们得到的价格肯定比他们在说明真相或允许说出真相的情况下更高。不管是 250 美元、200 美元、150 美元、100 美元、50 美元还是 25 美元，股票的价格都太高了。内幕人士知道真相，而公众却被蒙蔽。对此应该提醒公众注意，当打算通过买卖一家公司的股票赚钱时，了解该公司实际情况的却只有在位的少数人。如果清楚这个内幕，对公众还是比较有利的。

还没有一只创造了过去 20 年跌幅纪录的股票是因为空头袭击而下跌的。但人们对"空头袭击"这样的解释却很容易接受，这个解释给公众造成了无数个几千万美元的损失。通过这样的解释，人们不再卖出认为走势不对的股票，要不是他们希望这些股票在空头袭击后又涨回去，他们可能早就清仓了。我以前总听到有人大骂基恩。而在基恩之前总被唾弃的则是查理·沃瑞什沃夫和艾迪逊·卡马克。接着就是我接过了他们的枪。

山谷石油的例子我至今还记得。有个内幕资金集团在拉升这只股票，还在连续的上涨中将许多买家吸引过来。操纵者把股价拉到了 50 美元。接下来，内幕资金集团出了货，而价格开始迅速崩跌。这时，市场上像过去一样出现了要求解释的声音。山谷石油为何这样弱势？人们都在提出这个问题，这就使答案成了重要新闻。某位财经消息线人找到经纪行。这些经纪行对山谷石油的涨势非常了解，所以对跌势理所当然也是了解的。当新闻社提出一个问题，就是转天在报纸上刊发的理由时，你可能都想不到这些身为多头资金集团成员的经纪行是怎么说的。拉里·利文斯顿袭击了市场！显然，这些就足够了。他们还加上一句，他们正准备教训他。但很明显的是，山谷石油背后的资金集团的卖出还没有停止。当时，山谷石油已经跌到了每股 12 美元，而他们可以把它卖到 10 美元，甚至更低的价格也行，与此同时，还能保证平均卖出价高于成本。

在内幕人士看来，沿着跌势一路卖出是聪明的选择。但对于那些成本在 35 美元或 40 美元的外部人士来说，就不是这样了。这些人眼看着报价带上的数字，他们持股不动，等待着愤怒的内幕资金集团如何惩治拉里·利文斯顿。

在牛市，尤其是在繁荣期时，开始赚钱的公众到后来却全赔光了，原因是他们在牛市中总是停留时间太长。正是这种"空头袭击"的传闻让他们过久地停留。对某些解释公众应提起警觉，因为那不过是匿名的内幕人士诱导公众相信的不可信的"解释"。

第二十四章

股票涨跌没有理由

公众总是希望从别人那里得到信息，尤其是内幕信息。正因为如此，传言才会有广阔的市场。经纪人通过市场报告或者以口头方式向客户提出交易的建议，说来这没什么可指责的。但经纪人对市场的实际情况不该过于纠结，因为作为市场的走势，它总要领先实际情况六到九个月。看今天的利润，它绝不代表经纪人就该建议客户购买股票，经纪人成竹在胸可以是个例外。在六到九个月后，它依旧保持同样的利润。如果你能看得长远，你就能清楚地看到，改变市场状况的条件实际上从现在开始就已经在酝酿了，那些作为你证明股票便宜的依据也会被淹没掉。作为一个交易者，他必须把眼光放远，但经纪人关注的却是此刻就有佣金可赚。所以，一般经纪人的市场报告难免会出现错误的推论。经纪人从人们的交易中赚取佣金是正常现象，但他们还会以发布市场报告或口头的方式，引导公众买某些股票，而在他手上，此刻正掌握着大量来自内幕人士或操纵者的卖单。

我们常看到这样的情景，某内幕人士跑到经纪行经理那里，说："帮帮我吧，帮我做市，把我手中的 5 万股股票出掉。"

经纪行对具体的操作细节做了询问。假设当前的股票报价是 50 美元，内幕人士会这样说："我给你 5 000 股行权价 45 美元的看涨期权，5 000 股 46 美元的看涨期权。就这样类推，总共给你 5 万股的看涨期权。另外还有 5 万股以现在的市价为行权价的看跌期权。"

这样看来，经纪行就很容易赚到这笔钱了，只要有很多人追随，这也是内幕人士寻找经纪行的标准。如果一家经纪行在全国各地遍布分号，而且每个分号之间都有直连电报沟通，找到一群追随者就易如反掌了。记住，在经纪行手里握有看跌期权，这样，不管出现什么情况，它都不会有什么闪失。只要它能操纵追随者，经纪行就能将全部头寸卖出。这样一来，不仅有常规佣金可赚，还能获得巨额利润。

此刻，我又想起了一位"内幕人士"的成功故事，在华尔街他有着显赫的声名。

他一般会去找大型经纪行客户部的领导，也有时会找经纪行的初级合伙人。他常说的话是："听我说，老兄，我非常感谢你近来为我所做的一切。我要给你提供一个赚钱的好机会。我们正筹备一个新的公司，将把我们以前一家公司的资产合并进来。我们收购股票的价格要比市价高。我准备以每股 65 美元的价格转给你 500 股班塔姆商场。这只股票现在的市价是 72美元。"

这位好心的内幕人士会带着这个故事去拜访好几家大型经纪行的十几个客户经理。客户经理们听完了故事，了解到这只股票立刻就能给他们利益，这时他们会有什么样的反应呢？很自然，他们会向人们提出建议，让大家去买这只股票。对这样的结果，内幕人士是早有预料的，华尔街的客户经理帮助他做市，这样就能让好心的内幕人士将他的好东西高价卖给那些不明真相的可怜的公众。

股票推销员还有别的手段，都该被治理。作为交易所，它不该允许公开发行但未足额支付的挂牌股票交易。让报价正式化，这对任何一种股票来说都是一种约束。同时，要有参与自由市场交易的正式许可，再加上差价，这些就能让经纪人俯首。

还有一种常见的推销手段——顺应市场需求扩增股本。这是完全合法的，却卷走了大众的大量财富。整个过程说来很简单，只要将股票颜色改变一下就行了。

他们就像魔术师一般，用 2 股、4 股甚至 10 股新股票来替换原来的 1

股老股票，目的就是要让老股票更快出手。原来商品的价格是每磅 1 美元，走得不算快。而现在的价格变成了每 0.25 磅只需 25 美分，或者 27 美分，或者 30 美分，说不定就比原来容易走了。

人们为什么不打听一下，为什么要将股票分解成容易买的小块呢？其实，这只不过是华尔街的"慈善家"背地里耍的一种把戏而已，明智的交易者不会相信天上会掉馅饼。这样的操作本身，实际上就是一种警告信号。遗憾的是对这个信号，人们总是忽略，因此每年都要损失掉上千万美元。

"无论是谁，如果编造或传播有损个人及公司信誉和业务的谣言，并导致公司股票下跌及群体性恐慌性抛售，将受到法律的严惩。"这条法律的出台，最初是要惩处那些公开质疑银行在困难时期支付能力的人，这样就能减少公众的恐慌情绪。但同样，法律对公众也能起到保护作用，可以让公众避免在低于股票真正价值的时候卖出股票。也就是说，国家法律正是要惩处这些看跌行情的制造者。

那么，当人们买入那些价格高于实际价值的股票时，该如何保护他们呢？那些传播虚假的看涨信息的人，又由谁来惩处呢？没有人来做这件事。实际情况是，在匿名的内幕人士的鼓动下，人们买下了股价过高的股票，因此遭受的损失，要远超在所谓"打压"期间听信看跌流言而卖出低于真正价值的股票的损失。

如果有这样一条法律，它能像惩处散布看跌流言的人那样惩处散布看涨流言的骗子，我敢说，人们会因此挽回几百万美元的损失。

不管是承销商、操纵者，还是其他从匿名信息中尝到了甜头的人，他们会对你说，如果有人在谣言或匿名的报纸文章的蛊惑下做交易而亏损了，那只说明是自己的失误。这种说法是非常荒谬的，照这样的逻辑，如果一个人沦为瘾君子，那他就没有资格得到法律的保护了。

证交所应当对公众给予帮助，它的首要任务就是保护公众免受不公平交易的伤害。如果身居要职者希望公众接受他所陈述的事实或理念，那他一定要把自己的名字签上。当然，签名并不代表他所说的看涨行情就会出现，但至少能让内幕人士和董事们会更小心谨慎。

对股票交易的基本要素，公众一定要牢记。当一只股票上涨时，没有详细的说明来解释上涨的原因。只要买入持续存在，股票就会连续上涨。只要股票上涨，哪怕中间出现偶尔的小幅回落，追高也是非常安全的办法。但是，如果一只股票在经过长期稳步的上涨后突然转而下跌，并且在下跌过程中回升很少，这说明这只股票的最小阻力线已经从上涨变成了下跌。事实就是这样，为什么还有人需要解释呢？也许有很充分的理由对股票下跌的原因加以解释，但这只在一个小圈子里。这些人可能会守口如瓶，也可能对公众说股票很便宜。投机游戏的玩法就是这样的，作为公众应该意识到，了解真相的只有少数人，而且他们不可能说出真相。

从许多所谓的"内幕人士"或官方言论中，我们不会发现丝毫的事实依据。在有的时候，不管是匿名也好还是署名也好，内幕人士根本就没有被请来发表意见。一切言论都是那些对市场别有用心的人编造的。当股票市场处于上涨行情的某个阶段时，内幕人士是不会反对职业炒手的帮助的。但是，虽然内幕人士可能会告诉炒手买入的时间，但卖出时间他是一定不讲的。这样就使炒手处于同公众一样的境地，他们和公众只有一个区别，那就是要寻找足够大的市场以便撤出。这就是你会收到的"内部消息"，它充满了误导性。还有一些内幕人士，无论在这场游戏的哪个阶段都不让人信任。照惯例，大公司的领导有可能利用他们的内幕消息在股票市场上有所动作，但实际上他们并未撒谎。这些领导什么都不讲，这是因为他们很清楚，沉默有时候是可以变成黄金的。

我要反复强调，这个道理讲多少遍都不嫌多，就是经过多年的交易，我相信没有谁能打败股市，哪怕他能在某些时候某些个股上赚了钱。一个交易者无论有多么丰富的经验，交易亏损永远都会存在，因为作为投机，它没有百分之百的安全。华尔街的人都清楚，听信内幕消息而导致的盲目操作，将比饥荒、瘟疫、歉收、政局动荡以及其他常见的意外更快地将你击倒。无论在华尔街还是在其他地方，要想成功，都会经历曲折，为什么还要给自己再添烦恼呢？

附录

股票作手操盘术

一、投机，最具魔力的游戏

投机，是世界上最具魔力的游戏。但是，它并不适合所有人——头脑愚钝的人玩不了，懒得花心思的人玩不了，心理不健全的人玩不了，想一夜暴富的人也玩不了。这些人如果贸然进场，很可能会落得一贫如洗的下场。

多年以来，当我参加晚宴时，总会有陌生人走过来，坐在我身边，简单寒暄几句，便直奔主题："我怎样才能从股市中挣到钱？"

年轻的时候，我总是会耐心解释，想要从股市中多快好省地赚钱不太现实，你总是会碰上各种麻烦。或者，我会想方设法找个礼貌的借口，抽身走开，离开困境。最近这些年，对于这种问题，我的回答只有硬邦邦的一句话："不知道。"

遇见这种人，你很难心平气和。老实说，这种问题对于一个对投资和投机颇有研究的人来说，实在不算恭维。要是这位外行人问一位律师或一位外科医生同样的问题："我怎样才能在法律或者外科手术上迅速挣钱？"这样才公平。

然而，我依然认定，对于想在股市投资或投机的大多数人来说，如果有一份指南为他们指引方向的话，他们还是愿意付出汗水和研究来获得合理回报的。本书正是为这些人而写的。

本书的目的是介绍我的投机生涯中一些不同寻常的亲身经历——其中既有失败的经历，也有成功的经历，以及每一段经历给予我的经验和教训。通过这些介绍，我将勾勒出自己在交易实践中运用的时间要素理论。在我看来，要想在股市中获得成功，这是最重要的因素。

不过，在进行下一步动作前，我不得不告诫你——正所谓一分耕耘，一分收获，你的成果与你的真诚和努力成正比。这种努力包括了解行情记录，开动脑筋思考，并得出自己的结论。天道酬勤。如果你还算明智，就不会自己读《如何保持身材》，而让他人代为锻炼。因此，如果你是诚心想学习我的操作技术，也不能将熟悉行情记录的工作交给别人。

我的操作准则就是将时间和价格融为一体。这一点我将在后面的章节里详细说明。师傅领进门，修行靠个人。如果你借助我的引导，在股市中输少赢多，我将非常欣慰。

本书的读者对象是特定的人群，这部分人往往具有一定的投机倾向。在多年的投机和投资生涯中，我慢慢积累了一些观点和想法，想讲述给他们听。如果你天性中就有投机倾向，就应当将投机视为一门严肃的生意，并诚心诚意，专注敬业，不可以自贬身价，向门外汉看齐。许多门外汉将投机看成单纯的赌博。如果我的观点正确，即投机是一门严肃生意的大前提成立，那么所有参与到股市事业中的同行就应当下决心认真学习，尽己所能，充分发掘现有数据资料，使自己对这项事业的领悟提升到自己的最高境界。在过去四十年中，我始终致力于将投机活动升华为一项成功的事业，并且已经发现了一些适用于这一行的要领，还将继续发掘新的规律。

无数个夜晚，我在床上辗转反侧，反省自己——为什么没能预见行情？第二天一大早便醒来，心里想出一个新点子。我几乎等不到天亮，急于通过历史行情记录来检验新点子是否有效。在绝大多数情况下，这样的新点子都离百分之百的正确相差十万八千里，但是其中多少总有些正确的成分，而且这些可取之处已经储存在我的潜意识中了。再过一阵，或许又有其他想法在脑子里成形，我便立即着手去检验它。

随着时间的推移，各种各样的想法越来越清晰和具体，于是我逐渐能够开发出成熟的新方法来记录行情，并以新式行情记录作为判断市场走向的指南针。

就自己满意的程度而言，我的理论和实践都已经证明，在投机生意中，或者说在证券和商品市场的投资事业中，从来没有什么全新的东西出现。毕竟，万变不离其宗。在有的市场条件下，我们应当投机；在有的市场条件下，我们不应当投机。有一条谚语再正确不过了："你可以赢得一场赛马比赛，但你不可能赢得所有赛马比赛。"市场操作也是同样的道理。有时候，我们可以从股市投资或投机中获利，但如果我们长年在市场中拼搏，就不可能始终获利了——永远不可能有人只赚不赔。

为了投资或投机成功，我们必须预判某只股票的下一步走向。所谓投机，其实就是预判下一步的市场动作。为了形成正确的预判，我们必须建立一个坚实的基础。举个例子，在公布某一则新闻后，你就必须站在市场的角度，独立分析新闻对行情造成的影响。你要预判新闻对一般投资者产生的心理效应，特别是那些与之有着直接利害关系的人。如果你从市场角度判断，它将产生明确的看涨或看跌效果，那么千万不要草率地认定自己的看法，而要等到市场变化已经验证了你的意见之后，才能确认自己的判断，因为它的市场效应未必如你倾向于认为的那样明确，一个是"是怎样"，另一个是"应该怎样"。

为了便于说明，我们来看看下面的实例。市场已经沿着一个明确的趋势方向持续了一段时间，一条看涨的或者看跌的新闻也许对市场无法产生作用。当时，市场本身或许已经处于超买或超卖状态，在这样的市场条件下，市场肯定对这则消息视而不见。此时此刻，对投资者或投机者来说，市场在相似条件下的历史演变过程的记录就具有了不可估量的参考价值。此时此刻，你必须完全抛弃自己对市场的个人意见，将注意力百分之百地转向市场变化本身。意见千错万错，市场永远不错。对投资者或投机者来说，除非市场按照你的个人意见变化，否则个人意见一文不值。今天，没有任何人或者任何组织能够人为制造行情、人为阻止行情。某人也许能够对某只股票形成某种意见，相信这只股票将要出现一轮显著上涨或下跌行情，而且他的意见也是正确的，因为市场后来果然这样变化了。即便如此，这位仁兄也依然有可能赔钱，因为他可能把自己的判断过早地付诸行动。他相信自己的意见是正确的，于是立即采取行动，然而他刚刚进场下单，市场就走向了相反的方向。行情越来越陷入胶着状态，他也越来越疲惫，于是平仓离开市场。或许过几天之后，行情走势又显得很对路了，于是他再次杀入，但是一等他入市，市场就再度转向和他相左的方向。祸不单行，这一次他又开始怀疑自己的看法，又把头寸割掉了。终于，行情启动了。但是，由于他当初急于求成而接连犯了两次错误，这一回反而失去了勇气。也有可能他已经在其他地方另下了赌注，已经难以再增加头寸了。总之，欲速则不达，等到这只股票行情真正启动的时候，他已经失去了机会。

我这里想强调的是，如果你对某只或某些股票形成了明确的看法，千万不要迫不及待地进场。要从市场出发，耐心观察行情变化，伺机而动，一定要找到基本的判断依据。打个比方，某只股票当前的成交价为 25 美元，它已经在 22 美元到 28 美元的区间里维持了相当长时间了。假定你相信这只股票最终将攀升到 50 美元，也就说现在它的价格是 25 美元，而你认定它应当上涨到 50 美元。且慢！耐心！一定要等这只股票活跃起来，等它创造新高，比如说上涨到 30 美元。只有到了这个时候，你才能确认，你的想法已经被证实。这只股票必定已经进入了非常强势的状态，否则根本不可能达到 30 美元的高度。只有当这只股票已经出现了这些变化后，我们才能判断，这只股票很可能正处在大幅上涨过程中——行动已经开始。这才是你对自己的意见深信不疑的时候。你没有在 25 美元的时候就买进，但绝不要让这件事给自己带来任何烦恼。如果你真的在那儿买进了，那么结局很可能是这样的，你左等右等，被折磨得疲惫不堪，在行情发动之前就已经抛掉了原来的头寸，而正因为你是在较低的价格卖出的，你也许会悔恨交加，因此后来本当再次买进的时候，却没有买进。

我的经验足以证明，真正从投机买卖得来的利润，都来自那些从一开始就一直盈利的头寸。接下来，我将列举一些自己的实际操作案例，从这些案例中你会注意到，我选择一个关键的心理时刻来投入第一笔交易——这个时刻是：当前市场运动的力度如此强大，它将一直向前冲。这只股票之所以继续向前冲，不是因为我的操作，而是因为它背后的力量非常强大，它不得不向前冲。很多时候，我也像其他投机者一样，没有足够的耐心去等待最佳时机。我也想每时每刻都持有市场头寸。你也许会问："你有那么丰富的经验，怎么还让自己干这种蠢事呢？"答案很简单，我也有人性的弱点。就像所有的投机客一样，我有时也让急躁情绪冲昏了头脑，蒙蔽了判断力。投机交易酷似扑克牌游戏，就像21点、桥牌或者其他玩法。我们每个人都受到一个共同的人性弱点的诱惑——每一次轮流下注时，都想参与，每一手牌都想赢。我们或多或少都具备这个共同的弱点，这一弱点正是投资者和投机者的头号敌人。如果不对其采取适当的防范措施，它最终将导致溃败。心怀希望是人类的显著特点之一，恐惧担忧则是另一个显著特点，然而，一旦你将希望和恐惧这两种情绪搅进投机事业，就会面临一个极可怕的危险，因为你往往会被两种情绪搅糊涂了，从而颠倒了它们的位置——本该恐惧的时候却满怀希望，本该满怀希望的时候却惊恐不安。

为了说明这一点，我举例说明。你在30美元的位置买进了一只股票。第二天，它急速拉升到32美元或32.5美元。在盈利面前，你却变得充满恐惧，担心利润化为乌有。于是，你立刻卖出平仓，选择落袋为安。而此时，恰恰正是你该享受希望的时刻！既然这两个点的利润昨天还不存在，为什么现在却担心它会失去呢？如果你能在一天的时间里获得两个点的利润，那么下一天你可能再赚到2个点或3个点的利润，下一周或许能多挣5个点的利润。只要这只股票的表现对头、市场对头，就不要急于套现。你必须要相信自己是正确的，因为如果不是，你根本就不会有利润。所以，让利润奔跑吧，你驾驭着它一起狂奔！它最终会成长为一笔很可观的利润，只要市场的表现正常，那就坚定信念，坚持到底。

接下来，我们再来看看相反的情形。假如你在30美元的位置买进某只股票，第二天它下跌到28美元，账面上是2个点的亏损。你也许并不担心这只股票可能会继续下跌，只把当前的变化看作一时的反向波动，觉得第二天市场肯定还要回到原来的价位。然而，正是在这种时刻，你本该忧心忡忡。在这2点的亏损之后，有可能雪上加霜，下一天再亏损2个点，下周或下半个月或许再亏损5个点或10个点。这正是你应当害怕的时刻，因为如果当时你没有止损出市，后来可能会被迫承担远远大得多的亏损。这正是你应当卖出股票来保护自己的时候，以免亏损越滚越大，一发不可收拾。

利润总是能够自己照顾自己，而亏损则永远不会自动了结。投机者必须要对当初的小额亏损采取止损措施，以确保不会蒙受巨大损失。这样一来，他就能维持自己账户的生存。终有一日，当他心中形成了某种建设性想法时，还能重整旗鼓，开立新头寸，持有与过去犯错误时相同数额的股票。投机者必须要充当自己的保险经纪人，而确保投机事业持续下去的唯一抉择是，小心守护自己的资本账户，绝不允许亏损大到足以威胁未来操作。留得青山在，不怕没柴烧。一方面，我认为成功的投资者或投机者事前一定要有充分的理由才入市做多或做空的；另一方面，我也认为他们必定根据一定的准则来确定首次入市建立头寸的时机。

在此，我需要再次强调，在特定的条件下，市场变动处于蒸蒸日上的展开过程中，我始终确信，任何人只要具备投机者的本能和耐心，就一定能建立某种准则，用来正确地判断何时可以建立初始头寸。成功的投机绝对不是纯粹的赌博。为了持续地成功，投资者或投机者必须要掌握一定的判断准则。不过，我采用的准则也许对别人来说毫无价值。为什么对我来说极具价值，却无法适用于其他人？答案是，没有哪种准则百分之百准确。如果我采用的某种准则是自己的独家绝学，必然知道结果如何。如果买进的股票表现不如预期，我马上就可以断定时机还不成熟，应该完结头寸。也许，几天之后，我的准则会告诉我应该再次入市，于是我便入市。或许，这一回准则会完全正确。我相信，只要愿意投入时间和心血研究价格运动，任何人都能建立自己的判断准则，为未来的投资活动提供帮助。在这本书里，我介绍了一些判断准则，它们在我的投机操作活动中具有很高的价值。

很多交易者亲自制作股票平均指数的图表或记录。他们翻来覆去地推敲、琢磨这些图表和记录。当然，这些平均指数图表也能够揭示明显的趋势。但就我个人来看，图表并没有什么吸引力，它们非常混乱。虽说如此，我自己也一直在做行情记录，狂热程度不比梵高差。他们也许是对的，我也许是错的。

我喜欢自己的行情记录方式，是因为它能够清楚地展现当前行情的演变过程。但是，只有当我将时间要素融入其中综合考量之后，行情记录才能帮助我判断行情。我相信，通过维持行情记录，并综合考虑时间要素，就可以准确地预测未来市场的重大变化。当然，想做到这一点，还需要足够的耐心。

熟悉一只股票，或者熟悉几种不同的股票群体后，如果你能结合行情记录来正确地推算时间要素，那么迟早会拥有判断重大变化何时到来的能力。如果你能正确解读行情记录，就能在任何股票群体中挑出领头羊。需要注意的是，你必须要亲手做行情记录，亲手填写数字，不要让他人代劳。在亲力亲为的过程中，你会灵感爆发。没有人能教给你这些新思路，因为它们是你自己的发现，是你的秘密，因此你应当好好珍藏，不应该告知他人。

我在本书中对投资者和投机者提出了一些"禁条"。其中一条重要原则就是，绝对不能把投机和投资混为一谈。投资者之所以常常蒙受亏损，往往是因为他们以投机的心态来买股票，因此付出了代价。

一些投资者认为："我不用担心股票行情波动，也不用担心经纪人催着追加保证金。我买股票就是为投资，从来不投机。如果股票价格下跌，早晚会涨回来。"这些投资者买进这些股票的时候，是看好它们的投资价值。然而，股市瞬息万变，这些股票的基本面也在发生巨大的变化。所谓的"价值型股票"往往会变成纯粹的投机型股票，其中有些股票甚至退市了。没多久，当初的投资成为幻影，资本也随之遭受重大损失。之所以如此，是因为投资者并没有搞清楚，虽然投资是应该长期持有的，但股票的价值会受到各种复杂形势的考验和影响。往往在投资者弄清楚新情况前，股票的投资价值已经大幅度缩水了。因此，成功的投机者总是小心谨慎地守护自己的资本，投资者也应该同样如此。如果能够做到这一点，那么那些投资者将来也就不会无奈地变成投机者了。

也许很多人还记得，若干年之前，人们认为投资纽约－纽黑文－哈特夫特铁路公司比把钱存银行还要安全。1902 年 4 月 28 日，纽约－纽黑文－哈特夫特公司的股票成交价格为 255 美元。1906 年 12 月，芝加哥－米尔沃基－圣保罗公司的股票成交价格为 199.62 美元。1906 年 1 月，芝加哥西北公司的股票成交价格为 240 美元。1906 年 2 月 9 日，大北方铁路公司的股票成交价格为 348 美元。当时，这些公司业绩出色，投资者都享受到了丰厚的红利。

如今，让我们再来看看当年的这些"投资型股票"吧。1940 年 1 月 2 日，它们的报价为：纽约－纽黑文－哈特夫特铁路公司股价为 0.50 美元，芝加哥西北公司的股价为 0.31 美元，大北方铁路公司的股票报价为 26.62 美元。当天没有芝加哥－米尔沃基－圣保罗公司的股票报价。在 1940 年 1 月 5 日，它的报价为 0.25 美元。

类似的股票，我轻轻松松就能再列举数百只。它们曾经风行一时，被看作稳赚不赔的金边投资，然而今天却一文不值，几乎没有投资价值。让人感慨的是，当初那些保守的投资者只能眼睁睁看着财富不断消减，最终随风消散。

当然，投机者也会赔钱。但是我相信，比起那些所谓投资者的损失，在投机中亏掉的资本，往往少得多。

以我的观点来看，这些投资者才是大赌徒。他们下定赌注，一赌到底。一旦赌错了，就输个精光。投机者可能会在投资者买进的时候买进。但是，如果这个投机者坚持做记录，就应该感觉到危险信号，很多地方不太对头。如果他能马上行动，就能把亏损降到最低，然后等待合适的机会再次入市。

当一只股票开始下跌时，没人能够说清楚底部在哪儿。当一只股票开始上涨时，同样没人能知道顶部在哪儿。

为了获得更好的收益，规避风险，请将下面几项原则铭记于心。

第一原则，绝对不要卖出看起来价格过高的股票。一只股票从 10 美元涨到 50 美元，你也许会觉得成交价高得离谱，内心忐忑不安。这个时候，我们应该认真仔细分析，看看它是否能在盈利状况良好、企业管理层优秀的条件下，继续上涨到150美元。身边有很多人看到某只股票长期上涨之后，认为价格过高，就全部卖出股票，结果赔光了本金。

第二原则，绝对不要买进从最高点大幅下滑的股票。因为，这只股票的大幅下跌是基于一些基本层面的因素，它很可能还会继续下跌。所以，忘掉它过去的高价位，以综合时机和价格二要素的利弗莫尔公式来重新审视它。

如果你对我的交易手法有一定的了解，那么你也许会感到惊讶。当我在行情记录中看到某只股票正处于上升态势时，我会先耐心等待股价出现正常的向下回撤，一旦股价创立新高就马上买进。我卖空的时候，也采取同样的方式。为什么？因为我总是会选择适当的时机追随趋势。我的行情记录发出前进信号，我就绝不在市场向下回撤时买进做多，也绝不在市场再度向上反扑时卖出做空。

最后一个原则是，如果第一笔交易已经亏损，就不要继续跟进。绝对不要想着摊低亏损的头寸。这一点要时刻牢记。

二、股票的个性和最佳入场时机

和人一样，股票也有自己的品格和个性。有的股票个性紧张，运动具有跳跃性；有的股票则性格豪爽，动作直来直去。股票和人性有诸多相似点。只要下功夫，总有一天你会了解并尊重各种股票的个性。在不同的条件下，它们的动作是可以预测的。

市场从不停止变化。有时候，它们停滞不前，但并不是原地不动，要么略微上升，要么稍有下降。当一只股票的趋势明确后，它将自动运行，沿着贯穿整个趋势过程的特定线路变化下去。

当这轮运动开始的时候，开头几天你会注意到，伴随着价格的逐渐上涨，形成了非常巨大的成交量。随后，将发生我所称的"正常的回撤"。在这个向下回落过程中，成交量远远小于前几天上升时期。这种小规模回撤行情完全是正常的。永远不要担心这种正常的动作，而一定要十分害怕不正常的动作。

一两天之后，行动将重新开始，成交量随之增加。如果这是一个真动作，那么在短时间内市场就会收复在那个自然的、正常的回撤过程中丢失的地盘，并将在新高区域内运行。这个过程应当在几天之内一直维持着强劲的势头，其中仅仅含有小规模的日内回调。或迟或早，它将达到某一点，又该形成另一轮正常的向下回撤了。当这个正常回撤发生时，它应当和第一次正常回撤落在同一组直线上，当处于明确趋势状态时，任何股票都会按照此类自然的方式演变。在这轮运动的第一部分，从前期高点到下一个高点之间的差距并不很大。但是你将注意到，随着时间的推移，它将向上拓展大得多的净空高度。

举例说明，假如某只股票在 50 的位置启动。在它运动的第一段旅程中，它慢慢上涨到 54。此后，一两天的正常回撤也许把它带回到 52.5 左右。三天之后，它再度展开旅程。这一回，在其再次进入正常回撤过程之前，它或许会上涨到 59 或 60。但是，它并没有马上发生回撤，中途可能仅仅下降了 1 个点或者 1 个半点，而如果在这样的价格水平发生自然的回撤过程，很容易就会下降 3 个点的。当它在几天之后再度恢复上涨进程时，你将注意到此时的成交量并不像这场运动开头时那样庞大。这只股票变得紧俏起来，较难买到了。如果情况是这样的话，那么这场运动的下一步动作将比之前快得多。该股票可能轻易地从前一个高点上升到 60、68 乃至 70，并且中途没有遇到自然的回撤。如果直到这时候才发生自然的回撤，则这个回撤过程将更严厉。它可能轻而易举地下挫到 65，而且即使如此也只属于正常的回撤。不仅如此，假定回撤的幅度在 5 点上下，用不着过多少日子，上涨进程就会卷土重来，该股票的成交价将处于一个全新的高位。正是这个地方，时间要素上场了。

不要让这只股票失去新鲜的味道。你已经取得了漂亮的账面利润，你必须保持耐心，但是也不要让耐心变成约束思路的框框，以至于忽视了危险信号。

这只股票再次开始上升，前一天上涨的幅度大约6到7点，后一天上涨的幅度也许达到8到10点——交易活动极度活跃。但是，就在这个交易日的最后一小时，突如其来地出现了一轮不正常的下探行情，下跌幅度达到7到8点。第二天早晨，市场再度顺势下滑了1点左右，然后重新开始上升，并且当天尾盘行情十分坚挺。但是，再后一天，由于某种原因，市场却没能保持上升势头。

这是一个迫在眉睫的危险信号。在这轮市场运动的发展过程中，在此之前仅仅发生过一些自然的和正常的回撤过程。此时此刻，却突然形成了不正常的向下回撤——这里所说的"不正常"，指的是在同一天之内，市场起先向上形成了新的极端价位，随后向下回落了6点乃至更多——这样的事情之前从未出现过，而从股票市场本身来看，一旦发生了不正常的变故，就是市场在向你点亮警灯。我们绝对不能忽视这样的危险信号。

在这只股票自然上升的过程中，你要有足够的耐心，不可轻举妄动。现在，一定要敏锐地感知警示，勇敢地断然卖出，离场观望。

我并不是说这种警示总是准确的，好比我前面强调的一样，没有任何方法会绝对正确。但如果你长期关注此类警示，你的收获将非常丰厚。

一位伟大的天才投机家曾经告诫我："市场一旦向我发出危险信号，我从来都不对着干，总是迅速离开。几天以后，如果没有问题，我就再度入市。这样一来，我就少了很多焦虑，也省了很多钱。我是这么想的——假如我沿着铁轨前行，一辆列车以60英里的时速向我驶来，我会马上跳离轨道，而不会傻到原地不动。等列车过去了，只要我乐意，随时可以回到铁轨上。"这一段话形象地体现了一种投机智慧，我始终铭记于心。

每个聪明的投机者都应该对危险信号保持警惕。奇怪的是，大多数投机者碰到的麻烦都是来自自身。内在的弱点阻碍他们在应该离场的时候果断平仓。他们徘徊不定，在纠结中眼睁睁看着市场朝着不利的方向运动。直到这时候，他们才下定决心："下一波行情一来，我就平仓。"然而，当下一波上涨行情到来时，他们却忘记了自己的决定。因为在他们看来，市场的表现又正常了。遗憾的是，这一轮上涨行情犹如强弩之末，缺乏后劲，很快市场便开始一路狂跌。这时，他们还没有离场——因为犹豫不决。如果他们能够按照某种准则行事，明确自己能做什么，不能做什么，不仅能够挽回大部分损失，还能缓解他们的焦虑。

在这里，我需要重申一下，对于每一位普通投资者或投机者来说，最大的敌人就是自身的人性弱点。一只股票在一波大幅度的上涨后开始下跌，为什么不会再次向上运动呢？显而易见，它肯定会从某个价格水平处回升。然而，这只股票凭什么在你希望他上涨的时候上涨？现实往往是，它根本不会上涨，或者即使上涨，那些犹豫不决的投机者也抓不住机会。

对于那些把投机看作一项严肃事业的普通同行，我要向他们强调这些原则：必须要根除一厢情愿的想法；如果每个交易日都投机，就不可能成功；良机每年只有寥寥数次，只有在这些时候，才可以建立头寸；在良机之外的空档里，你应当做一个淡定的观察者，等待市场酝酿下一场大动作。

如果你抓住了这轮行情的时机，那么你建立的第一笔头寸应当始终处于盈利状态。往后，你只需要保持警惕，时刻注意危险信号的出现，然后果断离场，将账面利润转化为现金。

切记，当你旁观时，那些觉得自己应该全天忙于交易的投机者正在为你的下一次机会铺垫基础。你将从他们的错误中获利。

投机事业让人热血沸腾。大多数投机者整天待在交易大厅里，或者忙着接无数电话。收市后，在任何场合都和人聊股市。他们的脑子里只有报价机和数字。他们总是关注不重要的市场变动，反倒错过了重要的市场变动。当大幅度的趋势行情发生后，绝大多数投机者总是持有相反方向的头寸。那些爱好在小幅波动中快进快出的投机客，永远不可能在重大行情中把握机会。

但是，只要你能够妥善记录股票的价格运动，深入研究行情记录，搞清楚股票价格发生变动的原因，谨慎地综合考虑时间要素，就可以克服这种弱点，避免犯这样的错误。

很多年以前，我曾经听说过一个知名投机家的故事。他住在加利福尼亚山区，所以他收到的股市行情往往会延迟三天。他每年都给旧金山的经纪人打几次电话，下达买进或卖出指令。我有个朋友曾经在那个旧金山经纪人的交易大厅待过一段时间，对这件事情很感兴趣，就到处打听。当他得知这名投机家竟然身处偏僻山区，也很少前来探访，不由得惊呆了。后来，有人介绍他结识投机家。在谈话的时候，我的朋友向他请教："你远离城市，怎么才能持续做股票市场的行情记录？"

投机家回答："我把投机当作我的事业。市场千头万绪，如同一团乱麻，如果让自己深陷其中，就会一败涂地。因此，我忽略次要的市场变化。我喜欢冷静旁观，用心思考。当事情发生后，它就会提供给我一幅清晰的画面，告诉我市场的动向。真正的行情不会在一天之内就结束，总会需要一段时间才能走完。我搬到边远山区，就能给行情留下充足的时间。我从报纸上摘录数据，放到行情记录里。总有一天，我会注意到，刚记录下来的价格无法验证之前已经明显持续了一段时间的同一种运动形态。此时此刻，我做出决定，下山进城，马上忙碌起来。"

在很长一段时间里，这位住在山里的投机家一直在从股票市场中赚钱。在某种程度上来说，他激励了我。我加倍地努力工作，力图将时间因素和其他资料融合起来。经过坚持不懈的努力，我已经能把各方面的记录整合在一起，在预测未来市场变动的过程中，它们发挥的作用令人惊异。

三、紧跟领头羊

每当投资者或投机者短期内顺风顺水时，市场总会施放一些诱惑信号，使他变得麻痹大意，或者内心过度膨胀。在这种情况下，要靠健全的常识和清醒的头脑才能保住已有的成果。不过，如果你能毫不动摇地遵循可靠的准则行事，那么得而复失的悲剧就不再是命中注定的了。

众所周知，市场价格总是在不停地波动。过去一直如此，将来也一直如此。依我之见，在那些重大运动背后，必然存在着一股不可阻挡的力量。一般情况下，我们了解这一点就足够了。如果你对价格变动背后的所有因素都要探究，反倒画蛇添足。你的思路可能被鸡毛蒜皮的细节遮蔽、淹没，这就是那样做的风险。只要认清市场运动的确已经发生，顺着潮流驾驭着你的投机之舟，就能够从中受益。不要和市场讨价还价，最重要的是，绝不可与之对抗。

另外，你务必要时刻牢记，在股票市场上摊子铺得太大、四处出击是非常危险的。我的意思是，不要同时在许多股票上都建立头寸。对于大多数人来说，同时照顾几只股票尚能胜任，但同时照顾许多只股票就不堪重负了。我在几年前就曾犯过此类错误，为之付出了沉重代价。

我曾经犯过一个错误。当时，某个特定的股票群体中某只股票已经清晰地掉转方向，脱离了整个市场的普遍趋势，我便纵容自己随之对整个股票市场的态度转为一律看空或一律看多。在建立新头寸之前，我本该耐心地等待时机，等到其他股票群体中某只股票也显示出其下跌或者上涨过程终止的信号。时候一到，其他股票也都会清晰地发出同样的信号。这些都是我本应耐心等待的线索。

但是，我没有这样做，而是急切地想在整个市场大干一番，结果吃了大亏。在这里，急于行动的浮躁心理取代了常识和判断力。当然，我在买卖第一个和第二个股票群里的股票时是盈利的。但是，由于在买卖其他股票群中的股票时赶在0点到来之前就已经入市，结果损失了一大部分盈利。

回想当年，在20世纪20年代末期的狂野牛市中，我清楚地看出铜业股票的上涨行情已经进入尾声，不久之后，汽车业的股票群也达到了顶峰。因为牛市行情在这两类股票群体中都已经终结，我便很快得出了一个有纰漏的结论，以为现在可以安全地卖出任何股票。我宁愿不告诉你由于这一错误判断我亏损了多大金额。

在后来的六个月里，正当我在铜业股票和汽车业股票的交易上积累了巨额账面盈利的时候，我也力图压中公共事业类股票的顶部。然而，后者亏损的金钱甚至超过了前者的盈利。最终，公用事业类股票和其他群体的股票都达到了顶峰。就在这时，森蚰公司的成交价已经比其前期最高点低了50点，汽车类股票下跌的比例也与此大致相当。

我希望这个事实能给你留下深刻印象，当你看清某一特定股票群体的运动时，不妨就此采取行动。但是，不要纵容自己在其他股票群中以同样方式行事，除非你已经明白地看到了后面这个群体已经开始跟进的信号。耐心！等待！迟早你也会在其他股票群体上得到与第一个股票群体同样的提示信号。注意火候，不要在市场上铺得太开。

集中注意力研究当日行情最突出的那些股票。如果你不能从领头的活跃股票上赢得利润，也就不能在整个股票市场赢得利润。

正如女性的衣帽服饰、人造珠宝营造的时尚总是会随着时间的推移而变化，股票市场的领头羊也会不断变化，新旧交替，层出不穷。几年前，股市领头羊以铁路、糖业和烟草为主。后来，钢铁股后来者居上，糖业和烟草沦为明日黄花。再往后一直到现在，汽车业股票逐渐崛起。如今，四类股票在市场中占据主导地位——钢铁、汽车、航空和邮购类股票。一旦它们朝着某个方向变动，整个市场就会随着变动。随着时间的推移，新的领头羊即将走到幕前，旧的领头羊则只能退居二线。只要股票市场依然存在，这种现象就不会断绝。

想要同时跟进很多只股票，肯定不安全，你将经常被弄得晕头转向，疲于奔命。所以，不如专注于少数几个群体。用这种方式，你就能得到市场的真正图像，比分类研究要简单得多。如果你能在上述四类股票群中正确分析出其中两只股票的走向，就不用担心其他股票的走向了。总而言之，"紧跟领头羊"是股票市场的金科玉律。当然，你需要保持思想的灵活。因为，今天的领头羊两年之后很可能已经不是领头羊了。

如今，我在我的行情记录中重点关注了四类股票。这并不意味着我会同时操作这四类股票。

很久以前，当我第一次对价格变动产生兴趣的时候，就下决心要检验自己预判价格变动的能力。我随身带着一个小本子，记录自己的模拟交易。日积月累，我终于第一次亲手做实际交易。那次经历刻骨铭心，我永远难以忘怀。

当时，我和朋友一人出一半钱，合资买了五股芝加哥－柏灵顿－昆西铁路公司。后面，我分到了3.12美元的利润。从那时候起，我通过自学，逐渐成了一名合格的投机者。

以目前市场的情况来看，我认为采取大手笔交易方式的老式投机者的成功概率并不大。以前，市场广度［译者注：股票术语，用来描述市场基本状态。打个比方，河流越宽，洪水（大笔头寸）来临时则水位（价格）上涨越小，水位越稳定，意味着大笔头寸对价格的影响比较小；反过来，则水位（价格）大大下降，市场价格会大幅下降。一旦有大笔头寸卖出，市场就会大幅下跌］和流动性都不错，即使投机者吃进5 000股或者10 000股某种股票，当他进出市场的时候，肯定不会明显影响到该股票的价格。

在这个投机者建立初始头寸后，如果股票表现对头，他可以从容地陆续增加投入。在过去的市场条件下，如果市场证明他的判断有问题，他无须承担太大的损失，就能轻易撤出头寸。但如今，市场广度大不如从前，如果市场证明初始头寸站不住脚，当他平仓时，往往会遭受重大亏损。

另一方面，正如我在前面所说的，对我而言，今天的投机者如果既有耐心又有判断力，能够耐心等待最佳行动时机，最终从市场中获得丰厚利润。因为在当前市场条件下，已经不可能出现那么多人为操作的市场变化了。这种人为操纵行为在以前非常盛行，以至于所有的技术手段都受到了冲击，效果大打折扣。

由此可见，在今天的市场条件下，不可能有睿智的投机者会按照多年前流行的大笔头寸交易方法来进行操作。他往往会重点关注少数几个股票群体，集中研究其中几只领头羊股票。和羚羊一样，他会仔细看清眼前的路，做好判断，审时度势，再从岩石上往前跳。股市的新时代已经来临。在新时代里，睿智、勤奋、合格的投资者或者投机者才能游刃有余，获得更好的机遇，斩获利润。

四、到手的才是利润

　　投资的时候，凡事都要亲力亲为，切不可委派他人。不管是上百万的大钱，还是几千的小钱，都应该如此。因为，这是你的血汗钱！只有小心看护，它才会始终跟随你。不谨慎的投机总是会让你亏损钱财。

　　不合格的投机者犯下的大错，各种各样，无奇不有。我曾经警告过他人，一旦遇到亏损，绝对不能在低位再次买进，以摊低平均成本。然而，这恰恰是最常见的做法。比如，有个人以50美元的价格买入100股，两三天之后，看到价格跌到了47美元，他无法抗拒摊低成本的强烈欲望，非要在47美元的价位再买100股，要把所有股票的成本价摊低不可。你已经在50美元的价位买进100股，为亏损忧心忡忡。如果价格跌到44美元，那么，你需要面对的是两笔损失，第一笔买入100股，亏损600美元；第二笔买入100股，亏损300美元。那么，到底为什么要再买进100股，导致双倍的担忧和更惨重的损失呢？

　　如果投机者按照这种不靠谱的准则来购买股票，他就应该将摊低成本的做法坚持到底。市场跌到44美元，再买进200股；41美元，再买进400股；38美元，再买进800股；35美元，再买进1 600股；32美元，再买进3 200股；29美元，再买进6 400股。然后，以此类推。那么，有多少投机者能够承受这样的压力？如果能够将这种方法坚持到底，也是一种不错的方法，但是，有多少投机者能够承受这样的压力？

　　总而言之，投机者应始终保持高度警惕，防范灾难的降临。因此，虽然有说教的嫌疑，但我还是强烈建议你不要采用摊低成本的做法。

　　从经纪商那里，我只得到过一种确定无疑的"内幕"消息——追加保证金的通知。一收到这样的通知，就应该马上平仓。你分明已经错了，为什么还要把钱追加到糟糕的投资中去？不如把这些钱放在其他的地方去冒险。钱财绝对不要投到正在亏损的交易上。

　　成功的商人愿意给各种各样的客户赊账，但是他肯定不愿意把所有的产品都赊给唯一的一个客户。对于商人来说，客户的数量越多，风险就越分散。基于同样的道理，投入投机生意的人在每一次冒险过程中，也只应投入金额有限的资本。对于投机者来说，资金就是商人货架上的货物。

所有投机者有一个通病——急于求成，总想在很短的时间内发财致富。他们不想花费两到三年的时间来使自己的资本增值500%，而是企图在两到三个月内做到这一点。偶尔，他们会成功。然而，此类大胆交易最终有没有保住胜利果实呢？没有！为什么？因为这些钱来得不稳妥，来得快去得快，只在他们那里过了道手。这样的投机者丧失了平衡感。他说："既然我能够在这两个月使自己的资本增值500%，想想下两个月我能做什么！我要发大财了。"

这样的投机者永远不会满足。他们孤注一掷，投入全部力量或资金，直到某个地方失算，终于出事了——某个变化剧烈的、无法预料的、毁灭性的事件。最后，经纪商终于发来最后的追加保证金通知，然而金额太大无法做到。于是，这个滥赌的赌徒就像流星一样消失了。也许他会求经纪商再宽限一点儿时间，或者如果不是太不走运的话，或许他曾经留了一手，存了一份应急储蓄，可以重新有一个一般的起点。

如果商人新开一家店铺，大致不会指望头一年就从这笔投资中获利25%以上。但是对投机者来说，25%什么都不是。他们想要的是100%。他们的算计是经不起推敲的；他们没有把投机看作一项商业事业，并按照商业原则来经营这项事业。

还有一小点，也许值得提一提。投机者应当将以下这一点看成一项行为准则，每当他把一个成功的交易平仓了结的时候，总取出一半的利润，储存到保险箱里积蓄起来。投机者唯一能从华尔街赚到的钱，就是当投机者了结一笔成功的交易后从账户里提出来的钱。

我想起了我在棕榈海滩度假的往事。当我离开纽约时，手里还持有相当大一笔卖空头寸。几天之后，在我到达棕榈海滩后，市场出现了一轮剧烈的向下突破行情。这是将"纸上利润"兑现为真正金钱的机会——我也这么做了。

收市后，我让电报员通知纽约交易厅立即给我在银行的户头上支付100 万美元。那位电报员几乎吓得昏死过去。在发出这条短信之后，他问我他能否收藏那张纸条。我问他为什么。他说，他已经当了二十年的电报员，这是他经手拍发的第一份客户要求经纪商为自己在银行存款的电报。他还说道："经纪商在电报网上发出成千上万条电报，要客户们追加保证金。但是以前从没人像你这么做过。我打算把这张条子拿给儿子们看看。"

普通投机者能够从经纪公司的账户上取钱的时候很难得，要么是他没有任何敞口头寸的时候，要么是他有额外资产净值的时候。当市场朝着不利的方向变化时，他不会支取资金，因为他需要这些资本充当保证金。当他结束一笔成功的交易后，他也不会支取资金，因为他期望下一次挣到双倍的利润。

因此，绝大多数投机者都很少见到钱。对他们来说，这些钱从来不是真实的，不是看得见摸得着的。多年来，我已经养成习惯，在了结一笔成功的交易之后，都要提取部分现金。惯常的做法是，每一笔提取 20 万美元或 30 万美元。这是一个好策略。它具有心理上的价值。你做做看，也把它变成你的策略。把你的钱点一遍。我点过。我知道自己手中有真家伙。我感觉得到，它是真的。

股票账户里的钱或者银行账户里的钱，和手中的现金是不一样的。现金你可以用手指触摸到，可触可感，有一种占有感和满足感，能够使你变得理智，在某种程度上抑制了任性和冲动的投资决定，避免了盈利流失。因此，一定要时常看一看你的现金流，特别是在这次交易和下次交易之间。普通投机者在这些方面大多有散漫、粗心的毛病。

运势好的时候，一个投机者本金翻番后，他应该马上拿出一半利润作为储备。这一点使我受益匪浅。唯一的遗憾是，我没有在自己的职业生涯中始终贯彻这一原则。在某些地方，它本来会帮助我走得更平稳一些的。

除了股票，我从来没在别的方面挣过一分钱。相反，由于投资股票之外的其他事业，我已经亏损了数百万美元。这些钱都是我从华尔街赚来的。这些失败的生意有，佛罗里达地产、油井、飞机制造业、改善和推广高新技术产品，等等。在这些交易中，我总是赔得干干净净。

有一次，我对一项投资产生了强烈的兴趣，想说服一位朋友投入5万美元。他认真地听取了我的介绍。当我说完后，他说："利弗莫尔，如果你想要5万美元去投机，我可以无偿赠送给你。但是，如果是干别的，我劝你远离那笔生意。因为，你永远不可能在其他生意上获得成功。"

第二天早上，邮差送来了一张5万美元的支票。我非常吃惊，因为我并没有提出要求。

这些惨痛的经历带给我的教训是：投机本身就是一门生意，一定不要让自己被情绪、言语或者诱惑影响。

有时候，经纪商无意中成为众多投机者失败的根源。经纪商靠交易佣金赚钱，客户发生交易，他们才能挣到佣金。交易越多，佣金越多。经纪商不仅欢迎投机者交易，还经常鼓励他们过度交易。一些单纯的投机者往往会产生错觉，把经纪商当作朋友，导致过度交易。

假如投机者足够精明，了解在什么条件下才能多交易，那么过度交易也没有错。但是，一旦投机者形成了这种习惯，就很难罢手。他们已经丧失了自制力，失去了平衡感，而这二者对于投机者来说至关重要。他们从来没想到，自己也有失手的一天。然而，这一天还是来了。快钱长着翅膀，来得快去得也快。于是，又有一个投机者破产了。

所以，永远别做任何交易，除非你确认这么做在财务上是安全的。

五、一定要找准关键点

无论什么时候，只要耐心等待市场到达"关键点"后再交易，我就总能从中获利。

为什么？因为我选择的时机正确，到达"关键点"，标志着行情已经启动。关键点一旦出现，我就果断行动，根据"关键点"法则来慢慢累积头寸，而无须为亏损焦虑。之后，我只要静观其变，任由市场行情随意变化。因为我内心非常清楚，市场会在合适的时候发出信号，让我出手获利。无论何时，只要我能保持耐心和勇气等待信号，按部就班，就能赚钱，而且任何时候，只要鼓起勇气和耐心等待信号，就能稳坐钓鱼台。根据我数十年的交易经验，如果不能在行情开始后马上入市，就很难从当轮行情中赚大钱。究其原因，应该是一旦无法马上入市，就丧失了一部分的利润储备。然而，在后来的行情变化过程中，这部分利润储备是耐心和勇气的重要保障，因此是非常必要的。在行情变动的过程中，一直到行情完结，市场必定会多次出现波动，这部分利润储备为我提供了强大的心理支持。我之所以能淡定从容，顺利从市场中赚钱，这是一个重要原因。

只要你有足够的耐心，在适当的时候，市场也会向你发出出市信号。罗马不是一天建成的，重大的市场变动也不可能一天或者一周内完成，需要一个逐步产生、发展直到结束的过程。在一轮行情中，大部分市场变动发生在最后两天内——这是持有头寸的最重要的时间。这一点至关重要。

举例说明。假设某只股票一路下跌了很长时间，达到了 40 美元的低位。随后，市场快速回升，几天便涨到了 45 美元。接下来，股价再次回落，数周时间里始终在几个点的范围内横向波动。此后，它又开始上涨到了 49.5 美元。后来，市场一潭死水，丝毫不活跃。有一天，这只股票又活跃起来了。刚开始，它下跌了 3 到 4 个点，后来一路下滑到接近其关键点 40 的某个价位为止。在这个时候，你务必要特别小心，谨慎观察市场。如果市场确定要恢复原有的下降态势，就应当下跌到比关键点 40 低 3 到 4 点的位置，然后才能产生另一轮明显的回升行情。如果市场未能跌破 40 美元，这就是一个明确的信号——一旦市场从当前向下回撤的低点开始上冲 3 点，就应该马上买进。如果市场虽然向下跌穿了 40 的点位，但是下跌幅度没有达到 3 点左右，那么一旦上涨到 43 点，还是应该买进。

上面两种情形一旦出现，你便会发现，这几乎意味着一轮新趋势的开启。如果市场明确地验证了新趋势的产生，行情便会持续上涨，直到比 49.5 这个关键点高出 3 点或更多。

在说明市场趋势时，我不太想用"牛"和"熊"这两个词语。在我看来，很多人一听到"牛"或"熊"的说法，就会马上联想到市场将在长时间里按照"牛市"或"熊市"方式运行。

然而，这种特色鲜明的趋势并不会经常发生，大约每四到五年一次。在没有这种行情的时候，还有很多持续时间相对比较短但是轮廓清晰的趋势。为此，我更愿意使用"上升趋势"和"下降趋势"这两个词语，它们得体地表达了市场的情形。进一步来说，如果你认为市场即将进入上升趋势，所以入市买进。几个星期后，你经过仔细分析得出结论，市场将转向下降趋势。你会发现，趋势逆转这个事情其实很容易就能接受。反过来看，如果你用"牛市"或"熊市"的眼光来看待市场，而你的观点又被市场证实，就很难转变思路了。

利弗莫尔方法，是花费了我三十多年心血研究的成果。这些准则，为我预判市场运动提供了重要指南。

刚开始做行情记录的时候，我觉得用处并不是很大。几周之后，我又有一些新的想法。结果我总是发现，新想法虽然对以前的记录方法有所提升，但无法得出我想要的信息。新想法层出不穷，于是我制作了一系列的行情记录，萌发了一些新思路。但是，直到我将时间要素与价格变动结合起来之后，记录才开始向我传达想要的信息。

从此之后，我每记录一笔数据时，均采用不同的方式。凭借这些数据，我就可以确定关键点的位置，从而运用关键点来获利。从那时起，我多次完善自己的计算方法。如今，我采用的记录方式也可以向你转达重要信息。

假如一名投机者可以确定某只股票的关键点，并运用关键点来诠释市场动作，就可以有比较大的把握建立头寸，从一开始就盈利。

很久以前，我就已经开始通过这种最简单的关键点交易法来赚钱。我经常注意到，当某只股票的成交价位于50、100、200甚至300美元时，一旦市场越过这样的点位，后面总会发生直线式的快速变动。

在老伙计安纳康达公司的股票上，我第一次通过关键点交易法赚到钱。这只股票成交价突破100美元时，我马上下达交易指令，买进4 000股。

几分钟后，这只股票价格突破 105 美元，交易顺利完成。当天，这只股票的成交价后来又上涨了 10 个点，第二天又是暴涨。在短时间之内，这只股票一路上涨，一度高于 150 美元，中间仅有几次 7 到 8 个点的正常向下波动过程，但丝毫没有影响到关键点——100 美元。

从此以后，只要有关键点可供参照，我就很少错过良机。后来，当安纳康达公司的股票成交价突破 200 美元时，我成功地如法炮制；突破 300 美元时，又再一次依葫芦画瓢。只不过，这一次它惯性上冲的幅度并不大，最高成交价只有 302.75 美元。显然，市场亮起了危险信号。所以，我马上卖出了 8 000 股。我的运气还不错，其中 5 000 股的卖出价是 300 美元，1 500 股的卖出价是 299.75 美元。值得一提的是，这 6 500 股在不到两分钟的时间之内成交。剩余的 1 500 股花了 25 分钟才成功卖出，都是 100 股或 200 股一笔，零星地成交的，成交价也下降到 298.75 美元，这也是当天该股票的收盘价。我信心满满，做出一个判断——如果这只股票的成交价跌破 300 美元，就会形成一轮快速的下跌运动。第二天早晨，市场上一阵骚动。安纳康达公司在伦敦股市一路下跌，纽约股市开盘价格低了一大截。几天之后，它的成交价就降到了 225 美元。

在运用关键点交易法来预判市场动作的时候，需要牢记一点——如果这只股票在越过关键点之后没有按照应有的模式变动，就是一个必须要重点关注的危险信号。

以安纳康达公司为例，成交价突破 300 美元后的表现与突破 100 美元和 200 美元后的表现完全不同。在突破 100 美元和 200 美元时，当市场向上越过关键点后，都出现了迅速的上涨过程，且涨幅达到 10 到 15 个点。但是突破 300 美元后，这只股票并不难买入，市场上的供给非常充足。这说明这只股票已经不能维持上涨的趋势，它在 300 美元上方的变动清楚地说明了，它已经变成了烫手山芋，继续持有风险非常大。这种情况和股票穿越关键点后通常发生的情形完全不一样。

我清楚地记得另外一个案例。当时，我耐心等待了三个星期，才开始买入伯利恒钢铁。1915 年 4 月 7 日，它达到了最高价位 87.75 美元。我内心十分清楚，股票越过关键点后将迅速暴涨。伯利恒钢铁必将突破 100 美元，我对此信心十足。4 月 8 日，我开始在 99 到 99.75 美元区间逐步买入。当天，伯利恒钢铁的成交价一路上涨到 117 美元。此后，它更是一直飙升，中途只有几次轻微的向下回撤。4 月 13 日，这只股票到达最高点 155 美元。突破关键点五天，就有如此惊人的表现。这个案例再次说明，如果能够耐心等待时机，采用关键点交易法，就能够获得丰厚的收益。

然而，伯利恒钢铁还有后续故事。在它价位到达 200 美元、300 美元时，我故伎重施，达到令人心惊的 400 美元时，我依然再度出手。需要补充说明一下，在熊市中，当某只股票向下突破关键点后，我们也可以同样预判后面的变化。需要特别注意的是，一定要密切观察后续行情的变化。我发觉，一旦某只股票越过界线后缺乏后劲，则市场很容易掉转方向，因此必须要快刀斩乱麻，迅速卖出。每当我失去耐心，无法等到关键点来临，开始胡乱交易企图尽快赚钱时，就总是亏钱。

有段时间，市场上掀起了一股高价股拆细的浪潮。所以，我上面提及的那种机会就不是特别多了。但是，我们依然可以利用其他方法来确定关键点。举例来说，之前的两到三年里有一只新股票挂牌上市，最高价为 20 美元，这个价格是两到三年前形成的。如果有利好事件发生，这只股票开始上涨。那么，等到这只股票达到全新高位一分钟后再买进，是一种比较稳妥的做法。

一只股票上市时，开盘价格可能是 50 美元、60 美元或者 70 美元，随后因为抛售套现而出现 20 个点左右的下跌，此后的一年或者两年时间里，一直在最高点和最低点之间波动。后来，如果这只股票的成交价跌破历史低点，则很可能会形成一轮大幅度的下跌行情。为什么？说明这个公司的内部出了问题。

通过股票行情记录，并综合考量市场的时间要素，你就拥有了发现关键点的能力，并通过这些关键点建立头寸。但是，通过关键点交易非常需要耐心。你一定要多多训练，下力气来研究行情记录，自己选择数据，亲手填入记录本，亲手标记市场将在什么价位到达关键点。

长此以往，你会慢慢发觉，研究关键点的过程就像挖金矿，让人无比沉迷。你将会从独立判断的成功交易中体会到一种无与伦比的快感。虽然通过内幕消息或他人指点，也能够赚钱，但都远远不如自己独立赚钱带来的成就感大。一旦你独立发现机会，独立交易，耐心等待，密切关注市场的危险信号，就能拥有良性的思维方式。

几乎没有人能够一直根据偶尔的内幕消息或者别人的建议来从股市中赚钱。不少人到处寻求信息，但他们并不明白如何利用信息。

有一次，我参加一个晚会，一名女士一直缠着我给她一些市场建议。我当时心一软，就告诉她买入一只当天到达关键点的股票。从第二天开盘开始，这只股票一周内上涨了 15 个点。后来，这只股票出现了危险信号。我想起了那位女士，就让人打电话催她赶紧卖掉。结果，这名女士压根就没有买进这只股票，她只是想先观察一番，看我的消息是否准确。我当时非常吃惊。看吧，小道消息的世界就是这样让人无语。

市场经常出现一些诱人的关键点。可可是纽约可可交易所的交易品种，在绝大多数时候，可可的行情比较平稳，没有什么投机诱惑力。但是，如果你把投机看成一门正经生意，自然就会留意所有市场，准备随时寻求良机。

1934 年，可可期权合约的当年最高价出现在 2 月，为 6.23 美元；当年最低价出现在 10 月，为 4.28 美元。1935 年 2 月，达到当年最高价 5.74 美元，6 月达到当年最低价 4.54 美元。1936 年 3 月，达到当年最低价 5.13 美元。但是到了当年 8 月，可可市场发生了巨大的变化，当月可可的成交价达到了 6.88 美元，远远高于前两年的最高点。也就是说，高于最近的两个关键点。

1936 年 9 月，可可最高价为 7.51 美元；10 月，最高价为 8.70 美元；11 月，最高价为 10.80 美元；12 月，最高价为 11.40 美元。1937 年 1 月，创造历史记录，12.86 美元。在五个月的时间之内，它上涨了 600 点，中途仅有少数几次正常的回撤过程。

显而易见，可可的一路上涨背后一定有十分充足的理由，因为可可市场一直不温不火，只有一般规模的变动。上涨的原因很简单——可可的供

306

应出现了严重的短缺。密切关注这些关键点，就能抓住可可市场的机会。

正当你在行情记录本上记录价格，观察到一些重要的价格形态，价格记录就会告诉你答案。突然之间，你就会明白，你的行情记录正在清晰地揭示行情的趋势。它会促使你回顾历史行情记录，了解在类似条件下，以前的市场最终出现了什么样的重大变化。它会使你明白，凭借细致的分析和清醒的判断，你就可以形成自己的看法。价格形态会告诉你，每一次重大市场变化都是类似价格变化的重演。所以，一旦你熟悉历史价格变化，就可以正确地预判和应对即将到来的变化，从中牟利。

我一直在强调一个事实，行情记录并非完美无瑕，但对我的帮助非常大。我始终坚定地认为，我拥有坚实的基础来对市场作出预判。如果你愿意潜心研究记录，始终维护记录，也能在操作过程中获利。

将来，如果有人运用我的记录行情方法，从市场中赚到比我更多的钱，我丝毫也不会感到吃惊。当然，这句话是有前提的。虽然我是通过分析自己的行情记录得出结论，但现在运用这种方法的人，完全可以轻易地从中发掘到被我忽略的价值点。说得直白一点，现有的这些已经能够满足我的需求，所以我没有进一步探索新要点的必要。无论如何，他人也许可以通过我的基本方法，找到新的思路，发展出新的方法，大大提升这些基本方法的价值。

如果有人能够做到，我是绝对不会忌妒他们的成功的！

六、百万美元的错误

这几章的目的是明确一般交易准则。稍后，我将详细讲解将时间要素和价格结合的具体准则。需要说明的是，一般交易准则非常有必要。太多的投机者都是冲动买进或卖出，所有的头寸都堆积在同一个价位上，没有拉开战线。这种做法不但错误，而且非常危险。

假如，你想买进 500 股股票。第一笔先买进 100 股。然后，一看市场上涨了，再买进 100 股。依此类推，每一笔都比前一笔的价格更高。

同样的原则也适用于卖空。除非是在比前一笔更低的价位卖出，否则绝对不要再卖出下一笔。就我所知，如果能够遵循这个准则，就能总是站在正确的一边。因为，按照这种程序，所有的交易从头至尾都是盈利的。这个事实就是证明你正确的有力证据。

根据我的交易惯例，首先，我会预判某只股票未来行情的大小；其次，我会思考在什么价位入市合适，这一步非常重要。你可以多加研究价格记录本，仔细分析过去几个星期的价格变化。在此之前，你内心就已经认定，如果你所选择的股票果真要开始这轮运动，那么它应该到达某个点位。如果它真的到达这个点位时，就是你建立第一笔头寸的时机。

建立第一笔头寸后，你要明确一个问题，万一判断失误，自己愿意承担多大的亏损。如果你能遵循我的准则，也许会有一两次亏损。但是，如果你能坚持下去，一旦真正的市场运动开始，你就必定已经在场内了。简单来说，你一定能抓住机会的。

话虽如此，但是谨慎选择时机非常必要，操之过急就会带来灾难性的后果。

有一次，我头脑发热，心浮气躁，没有选好时机，结果错过了 100 万美元的利润。每次一想到这件事情，就让我无比郁闷和困窘。

多年以前，我曾经强烈看涨棉花。然而，当时市场并没有准备好。我一得出结论，就马上一头扑进了棉花市场。

我以市价买入了 2 万包棉花，作为最初的头寸。这笔指令直接刺激市场上升了 15 点。当指令中最后 100 包成交后，市场一路下跌，24 小时内就回到了我开始买进时的价格。随后的许多天，市场如同一潭死水，没有什么动静。我忍无可忍，干脆全部卖出，损失了大约 3 万美元。自然而然，最后 100 包是以最低价成交的。

几天后，棉花市场时刻浮现在我脑海中，挥之不去。我再度对棉花市场产生了兴趣，依然认为会有大行情。于是，我又买进了 2 万包。结果，悲剧再次重演。我买入后，市场上升了一些，但是不久后又跌回起点。等待让我不胜其烦，我又卖出了自己的头寸。毋庸置疑，最后一笔还是在最低价成交的。

六个星期里，这种烧钱的操作手法我竟然重复了五次，每次的损失都在 2.5 万美元至 3 万美元。我讨厌甚至痛恨自己。浪费了将近 20 万美元，却一无所获。于是，我让经理人移走棉花行情收报机。但我忍不住诱惑，再次关注棉花市场。这件事让我无比郁闷。在投机领域，任何时候都需要保持头脑清醒。情绪会直接影响你的收益。

让人更无语的是，就在我移走棉花行情报价机，决定远离棉花市场两天后，棉花市场开始一路上涨，最终狂涨了 500 点，中途仅有一次向下回落，幅度为 40 点。

就这样，我失去了有史以来最有吸引力的交易机会之一。我总结了一下，主要有两大原因。

第一，我的自制力还不够，没能耐心等待时机成熟再入市操作。我只想在棉花市场到达买入点之前快速多挣一点，所以在市场时机成熟之前就行动了。结果，我不仅损失了 20 万美元的现金，还错失了 100 万美元的赚钱机会。按照设想，我准备在市场超越关键点后分批筹措 10 万包的筹码。如果按照计划行事，就不会丧失这次机会了。

第二，我因为判断失误，就对棉花市场深恶痛绝，甚至大为光火。情绪化是投机的大敌。

犯下错误就不要找借口。很久以前，我就学会了这一课。坦白承认错误，从中获得教训和经验。市场会告诉投机者，什么时候他是错误的，因为那个时候他一定正在赔钱。当你是正确的，那么你应该在赚钱。当投机者认识到自己的错误，就是他出市之时，应当淡定从容，接受损失，保持微笑，多研究行情记录，找出导致错误的原因，然后等待下一次机会。

有些投机者甚至在市场告诉他之前，就能预感到自己的错误。这是一种相当高级的判断力，是潜意识发出的秘密警告。这种信号来自投机者内心，建立在市场历史表现之上。有时，它是交易准则的侦察兵和先头部队。下面，我将详细说明这一点。

在 20 世纪 20 年代后期的大牛市期间，我大额长时间持有多只股票。期间，偶然会有一些自然的向下回撤行情，但我从来没有为自己的头寸焦虑。但终究会有一天，收市以后我会变得坐立不安。当天晚上，我一定辗转反侧，睡不好觉，仿佛有什么东西在轻声呼唤我。第二天早晨看报纸的时候，总是会担心和不安，似乎某种不好的事情正在迫近。也许，一切并不糟糕，我的奇怪的感觉也经不起推敲。市场开盘形势良好，表现完美，市场也许正处在这波行情以来的最高位。想起自己一夜未眠，会心一笑。然而，我已经知道这没什么可笑的了。因为再过一天，这个故事就会天翻地覆。没有什么重大的坏消息，只是因为市场朝某个方向长期运动之后导致的转折点，市场风云突变。这一天，我忙个不停，以尽快脱手头寸。前一天，我还能在接近最高点的位置轻松抛出所有头寸。然而，这一天天差地别。

相信不少投机者都曾经有过相似的经历。从市场来看，似乎前景一片红火。然而，内心里却往往亮起了危险信号，隐约感到不安。这种一种长期在市场中打拼而发展出来的独特的敏感。

坦率地说，我更相信科学准则，对自己内心的警告总是持怀疑态度。有时，当一切都顺利的时候，内心总是会有一种不安的感觉。通过密切关注这种感觉，我从中受益匪浅。

这种交易信号很有意思，因为这种预知前方危险的感觉，好像只有那些对市场变动十分敏感的人，以及通过紧跟市场形态来判断价格变动的人，才能明显感受到。对于那些普通投机者来说，看涨或看跌的感觉只是传闻，或者来自公开评论。

你要时刻牢记，投机者数以百万计，但绝大多数人都只把投机看作一桩碰运气的游戏，太费心力。只有极少数人把全部时间都花在投机上，为之倾注所有心血。即使在一些精明的生意人、专业人员和退休人员看来，这也只是一个副业，因而用不着太费精力。如果没有诱人的内幕消息，他们基本不会买卖股票。

在这里，我举个例子来说明。

某一天，你和一个朋友在宴会上偶遇。寒暄后，你和他聊起公司的情况。对方公司刚刚走出低谷，前景一片大好。恰好，这个公司的股票价格也比较有吸引力。

也许是出于热心，朋友建议："我觉得现在买进是个不错的选择。我们公司的业绩十分出色，达到了这些年来的最高峰。我们公司上一次业绩出色时的股票价格，你肯定还记得吧。"

于是，你心动了，马上吃进这只股票。

后来，这家公司的季度财报一次比一次漂亮，行情一片大好。股票价格一路上涨，公司宣布要派发额外红利。你开始飘飘然，做起了富贵梦。然而，好景不长，这家公司的业绩忽然急剧滑坡，股票价格也迅速下跌。没有任何预兆，也没有人事先通知你。你手足无措，急忙打电话给朋友。

朋友回复："我们的营业额稍微有些下降，那些看空的人知道消息后便开始兴风作浪。这主要是卖空造成的。股票只是在暂时调整，而且也跌得差不多了。"

朋友说了一大堆，却没有告诉你真正的原因。毫无疑问，他和公司的高层持有不少股票。自从公司业绩下滑的第一个征兆出现，他们就在拼命出货。如果告诉你真相，就是在邀请你和你的其他朋友加入这场出货大赛。这已经变成了一个如何自保的问题了。

所以，你的朋友，这位来自公司的内部人士，他可能会真诚地告诉你什么时候应当买入，但是他绝对不可能，也不愿意告诉你什么时候应当卖出。他必须要先保证自己的利益。

在这里，我强烈建议你随身携带笔记本，记录一些有趣的市场信息，你的一些想法和思路，观察价格变化时感受到的灵感和心得。经常翻看重温，将来会给你提供大的帮助。在笔记本的扉页，我建议你写上："提防内幕消息，包括一切内部消息。"

在投机和投资事业中，成功只属于那些为之倾注所有心血的人。毕竟，天上不会掉馅饼。

即使钱从天上掉下来，也不会有人把它塞进你的口袋。

七、狂赚三百万美元

在上一章里说过，我因为缺乏耐心而错过了绝佳机会，如果能够抓住这次机会，就能够获得丰厚的利润。接下来，我将详细描述一个成功案例。这一次，我耐心等待，直到关键时刻到来。

1924 年夏天，小麦到达关键点，我就买进了 500 万蒲式耳（译者注：英制的容量及重量单位，在英国及美国通用，主要用于农产品的重量。通常 1 蒲式耳等于 8 加仑（约 36.37 升），但不同的农产品对蒲式耳的定义各有不同）。当时，小麦市场很大，所以这种交易量对价格没有明显影响。这等规模的指令，相当于买进 5 万股股票。

执行这笔指令之后，市场连续几天出于牛皮状态，但从没有跌破关键点。不久，市场开始上升，最高价位比上一波高点还要高出几美分。后来，从高点开始，发生自然回撤，市场再度进入数天的牛皮状态。最后，行情又开始上涨。

我始终在密切关注行情，等到市场向上穿越下一个关键点，我就再次买进 500 万蒲式耳。虽然这单的平均成交价比关键点高 1.5 美分，但在我看来，这一点清楚地表明——市场正在蓄势待发，已经为进入强势状态做好了准备。为什么这么说？因为这一次买进 500 万蒲式耳比第一笔难多了。

接下来的一天，市场并没有向下回撤，像第一笔交易完成后那样，反而上涨了 3 美分。从此以后，小麦市场进入了一轮牛市行情。我当时估计，这轮行情将持续几个月的时间。然而，我还是没有认识到这波行情的全部潜力。后来，每蒲式耳产生 25 美分的利润后，我便清仓套现了。几天后，市场继续上涨了 20 多美分。

这时，我才意识到自己犯了一个大错。我太急于求成，一心想落袋为安，我本应该更耐心一点，继续持有头寸。为什么我要害怕失去自己尚未拥有过的东西？因为我很清楚，一旦市场到达某个关键点，就会发出危险信号。我完全有充足的时间来处理问题。

我思前想后，决定再次入市，买进的平均价位大概比上次卖出的价位高了 25 美分。从此，我一直持有这笔头寸，直到市场发出危险信号为止。

1925 年 1 月 28 日，5 月小麦合约的成交价达到了每蒲式耳 2.058 美元。2 月 11 日，回落到 1.775 美元。与此同时，黑麦的上涨行情甚至比小麦行情还要凶猛。不过，黑麦市场远不如小麦市场大，因此一笔不大的交易指令就会导致价格大幅变动。

在操作过程中，我经常会有大手笔的投入。当时，市场中进行巨额投入的人大有人在。据说有一位投资者手中持有数百万蒲式耳小麦期货合约，以及数千万蒲式耳现货小麦。除此之外，为了支撑小麦市场的头寸，他还囤积了巨额的现货黑麦。传闻这个人有时还利用黑麦市场来支撑小麦市场。小麦市场一旦开始动摇，他就在黑麦市场下单买进，以稳住小麦行情。

正如前面所说，相对而言，黑麦市场比较小，广度比较窄，一旦有大额买进指令，马上就能引发快速上涨，从而影响小麦市场。所以，无论什么时候，只要有人这么做，投资者就会纷纷买进小麦，促使小麦的成交价一路上升。

这个过程进展很顺利，直到尘埃落定。当小麦市场向下运动，黑麦市场也随之回落，从 1925 年 1 月 28 日的最高点 1.82 美元，跌到 1.54 美元，下跌了 28 美分。与此同时，小麦同样下跌了 28 美分。5 月 2 日，5 月小麦的价格为 2.02 美元，离之前的最高点只差 3 美分。但是，黑麦并没有那么强劲，只回升到 1.70 美元，比之前的最高点低 12 美分。

这段时间，我一直密切关注小麦和黑麦市场。我觉得事情有点不太对劲，因为在整个大牛市期间，黑麦总是领先小麦一步。然而，现在它不但没有引领上涨行情，反而落后于行情变化。小麦已经收复了绝大部分跌幅，但黑麦却不行。这种表现和以前完全不同。

我马上开始分析，想要找出黑麦无法和小麦同等程度上涨的原因。原因很快就找到了。投资者热衷于小麦市场，对黑麦市场却兴趣不大。如果黑麦市场行情完全是一个人造成的，那他怎么突然就忽视了它呢？我得出结论，要么他对黑麦不再有兴趣，已经出货离场；要么因为他同时在两个市场涉入太深，已经无力再加码了。我认定，无论这个投资者是否在黑麦场内都无所谓，因为从市场角度来看，两种可能性的结果都是一样的。所以，我马上行动，准备检验自己的论断。

我决心要查清楚黑麦市场的真实情况。黑麦市场的最新买入价是1.69美元，我发出卖出20万蒲式耳的"市价指令"，当时小麦市场的报价是2.02美元。在指令完成之前，黑麦下跌了3美分；在指令完成后两分钟内，又上涨到1.68美元。

通过执行交易指令，我发现市场中并没有太多的买卖指令。然而，我仍然不太确定将要发生什么。为了让局势明朗，我再次下达第二笔指令，卖出20万蒲式耳，结果差不多。执行指令时，市场下跌了3美分；指令完成后，市场只上涨了1美分，而之前上涨了2美分。

事已至此，我依然心存疑虑，于是发出了第三笔指令，再次卖出20万蒲式耳。指令执行时，市场再次下跌，但是后面却没有上涨。因为市场下跌势头已经形成，所以继续下跌。

这就是我在等的警告信号。我信心十足地认为，如果有投资者在小麦市场中持有巨额头寸，却因为某些原因没有保护黑麦市场（到底是什么原因我并不关心），那么同样，他也不会或者不能支撑小麦市场。于是，我马上下达"市价指令"，卖出500万蒲式耳5月小麦。这一单的成交价从2.01美元卖到1.99美元。当天晚上，小麦收市于1.97美元左右，黑麦收市于1.65美元。我很欣慰，因为卖出指令最后成交的部分已经低于2.00美元，而2.00美元正好是关键点。市场已经向下突破了这个关键点，我对自己的头寸很有把握，对这笔交易没有任何担忧。

几天后，我买回了自己的黑麦头寸。当初卖出黑麦，是为了确定小麦市场的状态，结果却净赚了25万美元。

我继续卖出小麦，累计卖空头寸达到了1 500万蒲式耳。3月16日，5月小麦收市价为1.64美元。3月17日早上，利物浦市场的行情如果价格折算成美元，比美国市场低3美分，如此一来，会导致美国市场的开市价在1.61美元上下。

这时，我做了一件不合乎经验的事情，在开盘之前下达了指定价格的交易指令。在诱惑的刺激下，我发出了以1.61美元买入500万蒲式耳的指令，价格比前一天的收市价低3美分。开盘时，成交价格在1.61美元到1.54美元之间波动。我告诉自己："不够理智，明知故犯，活该倒霉。"理智和直觉还是无法战胜人性本能。不出意外的话，我将会按照指定价格1.61美元成交，这也是当天开盘价的最高点。

后来，我看到1.54美元的价格，立即又发出一份指令，买入500万蒲式耳。很快，成交报告就到了："买进500万蒲式耳，成交价1.53美元。"

我再次下达指令，买入500万蒲式耳。一分钟后，我又收到了成交报告："买进500万蒲式耳，成交价1.53美元。"我自然而然地认为，第三笔买进指令的成交价是1.53美元。随后，我要到了第一笔交易指令的成交报告。

下面就是经纪商提供的成交报告：

"买进第一笔500万蒲式耳，完成第一份指令。

买进第二笔500万蒲式耳，完成第二份指令。

以下是第三份指令的成交报告：

350万蒲式耳，成交价，153；

100万蒲式耳，成交价，153.125；

50万蒲式耳，成交价，153.25。"

当天的最低价是1.51美元。第二天，小麦上涨到1.64美元。这是我第一次收到限价指令成交报告。我发出的指令是以1.61美元的价格买进500万蒲式耳。市场开盘价是1.61美元，并在1.61美元至1.54美元之间波动，最低点比我的报买价低7美分，这意味着省了35万美元，这一点让我不由得大喜过望。

不久后，我去芝加哥的时候，顺便问了负责处理我的交易指令的人："为什么我的第一份限价指令执行得如此完美，到底怎么回事？"他为我详细解释了一切。当时，他刚好得到消息，有一份卖出3 500万蒲式耳的市价指令。他清楚地知道，由于这笔单子，无论开盘价多低，开盘后会有大量小麦在开盘价左右卖出，因此他一直在耐心等待，直到开盘行情的价格区间形成之后，才将我的指令按"市价"投入场内。他说："如果不是你的买单及时入场，市价可能会迅速下跌。"

这次交易，我最终至少赚了300万美元。

这个案例充分说明了在投机性市场允许卖空机制的价值。因为持有卖空头寸的人会变成主动买入者，一旦发生恐慌，主动买入者便可以稳定市场，而这一点是市场极度需要的。

当然，时过境迁，如今想要进行这类操作已经不太可能。因为根据规定，任何个人在谷物市场持有的头寸总额不得超过200万蒲式耳。股票市场虽然不限制个人的头寸总额，但是按照现行的卖空规定，投资者不可能建立巨额的空头头寸。

因此，我认为，老式投机者的时代已经一去不返，他们的位置终将会被"半投资者"取代。"半投资者"虽然无法在市场上快速聚集巨额利润，但能够在一段时间内获得更多的利润，并且能够保住利润。我坚信，未来成功的"半投资者"能够从每一轮行情中获得更大比率的盈利，远远超过纯粹的投机操作者。

八、利弗莫尔市场法则

多年来，我把自己全部献给了投机事业。经历风风雨雨，我才领悟到，股市并无新鲜事物，虽然不同股票的具体情况不同，但它们的一般价格形态却是一样的，一直在重复进行。

我有一种迫切的需求，想以适当的价格记录作为预测价格运动的指南。我对这项工作充满热情。我在寻找一个出发点，来帮助自己预判市场变动。当然，这并不容易。

如今，回头再看这些初步的尝试，我便知道当初无法取得成果的原因所在。当时，我一心想投机，就想制定一种策略，寻找小规模的市场变动，整日买进卖出。这是错误的，幸亏我及时认识到了这一点。

我继续做行情记录，对它的价值深信不疑。功夫不负有心人，经过长期努力，行情记录中的秘密开始表现出来。行情记录无法帮助我追逐小规模的短期波动。但是，只要我保持耐心，时刻关注市场，就能发现即将到来的重大运动。从此以后，我决定忽略所有的微小运动。

后来，通过密切关注和研究行情记录，我终于意识到，如果正确判断即将到来的重大运动，时间要素非常重要。于是，我开始专心研究市场这方面的特性。我想找到一种识别较小波动的构成成分的方法。我相信，即使市场的趋势非常明显，也会有多次小规模的震荡。过去它们总是让人弄混，但现在对我而言已经没有问题了。

自然的回撤行情或者自然的回升行情的初始阶段由什么构成？我准备查个明白。为此，我开始测算价格运动的幅度。起初，我计算的基本单位是1个点，后来改为2个点，以此类推，直到得到结论，了解到构成自然的回撤行情或者自然的回升行情初始阶段的波动幅度。

为了便于说明，我做了一种表格，排列出不同的列，以此来构成我所称的预期未来运动的图表。每一只股票的行情都占六列，价格按照规定分别记录在每一列内。这六列的标题分别是：第一列，次级回升；第二列，自然回升；第三列，上升趋势；第四列，下降趋势；第五列，自然回撤；第六列，次级回撤。

如果把价格记录在上升趋势这一栏，就用黑墨水填写。在其左面的两列，都用铅笔填写。如果把价格记录在下降趋势这一栏，就用红墨水填写。在其右侧的两列，也都用铅笔填写。

这样一来，不管我是把价格填在上升趋势这一列，还是写到下降趋势那一列，都能够清楚地了解当时的实际趋势。用墨水颜色来区分数据，一旦长期使用，它就会告诉你你想知道的东西。如果总是用铅笔记录行情，你看到的只不过是自然的震荡。

在我看来，当某只股票价格高于 30 美元时，只有当市场从极端点开始回升或回落了大概 6 点后，才能说明市场正在形成自然的回升过程或回撤过程。这一轮回升行情或者回落行情，并不能说明原先的市场趋势正在发生变化，只是表明市场正在经历一个自然的变化过程。市场趋势与回升或回落行情发生之前完全一致。

我认为，单只股票的动作并不能代表整个股票群的趋势变化。为了确认某个股票群的趋势已明确发生改变，我通过该股票群中两只股票的动作组合来构建整个股票群的运作标志，这就是组合价格。简单来说，就是把两只股票的价格运动相结合，就可以得出"组合价格"。我发现，单只股票有时可以形成相当大的价格运动，大到足以写入记录表中的上升趋势或下降趋势栏。但是，如果只考察一只股票，就可能会被假信号所迷惑。综合考察两只股票的运动情况，得出的结论才更有保障。因此，趋势改变信号需要从组合价格变动上得到明确的验证。

接下来，我将详细说明组合价格的方法。一直以来，我严格坚持以 6 点运动准则作为判断依据。你会注意到，在我下面列举的记录中，有时候美国钢铁的变化仅有 5 点，伯利恒钢铁的相应变化则可能有 7 点。在这种情况下，我也把美国钢铁的价格记录在相应栏目里。原因是，把两只股票的价格运动组合起来构成组合价格，两者之和达到了 12 点或更多，这正是所需的适合幅度。

当运动幅度达到一个记录点时，也就是两只股票平均都运动了 6 点的时候，自此后，我便在同一列中接着记录任一天市场创造的新极端价格。换言之，在上升趋势的情况下，只要最新价格高于前一个记录值便列入记录；在下降趋势的情况下，只要最新价格低于前一个记录值也列入记录。这个过程一直持续，直至反向运动开始发生。当然，后面这个朝着相反方向的运动，也是基于同样的原则来认定的，即两只股票的反向运动幅度达到平均 6 点、组合价格达到合计 12 点的原则。

你会看出，从那时起我就没有偏离过这些点数。如果结果不是我想要的，也不找借口为自己开脱。切记，我在行情记录中写下的这些数字并不属于我个人。这些点是否满足，是由当日交易过程中的实际价格运动所决定的。

我的价格记录方式并不完美。经过多年的历练，我觉得自己已经接近了某一点，可以以这一点为基础来做行情记录。从这些记录出发，我们就能够获得一张清晰的导航图，能为我们预判市场重大变动提供帮助。

机不可失，时不再来。毫无疑问，能否在股市取得成绩，取决于当行情记录发出行动信号时你表现出来的行动力。不能有任何的犹豫。你必须要以此来训练自己的意志。如果你想得太多，或者需要有人给你信心，那么时机早就消失了。

举例说明。若干年前，正当股市前景大好的时候，欧洲战事爆发，整个市场都发生了自然的回撤。后来，除了钢铁类股票之外，那四个重要股票群里的所有股票都涨了回去，还创造了新的高度。在这种情况下，只要按照我的方法坚持做行情记录，任何人都会把注意力转移到钢铁类股票上来。此时此刻，必须找出充分的理由，才能解释钢铁类股票未能一同上涨的原因。然而，当时我并不知道这个理由，为此感到疑惑，以为无人能解释这种现象。但是，记录行情的人都能看得出来，钢铁类股票的表现说明了该群体的上升运动已经终结。

四个月之后，1940 年 1 月中旬，随着有关事实得到公开，钢铁股的表现才算有了答案。有关方面发布了一则公告，当时的英国政府卖出了超过 10 万股美国钢铁公司股票，加拿大也卖出了 2 万股。这则公告发布时，美国钢铁的股价比 1939 年 9 月创造的最高价低了 26 个点，伯利恒钢铁则低了 29 个点。相比之下，其他三个显要股票群中的股票仅仅比它们和钢铁类股票同期达到的最高价位下降了 2 到 12 个点。

这个案例证明，在你应当买进或卖出某只股票时，先费劲找个"好理由"的做法是荒谬的。如果你一定要找到好理由再行动，往往会错失良机。投资者或投机者需要了解的唯一理由，就是市场表现。无论什么时候，只要市场的运动不太对劲，就足以让你立即改变自己的思路。切记，股票动作的背后，总有一定的理由。但直到未来某个时间，你才能了解这个理由，不过为时已晚，你已经无法再从中赚钱了。

我想要强调的是，如果你打算利用微小波动来做额外交易，那么我的准则对你没什么帮助。这套准则旨在捕捉重大市场运动，帮助正确判断重大行情的开始和结束。所以，如果你诚心遵循这套准则，就会发现它们的独到价值。另外，我还要补充说明一下，这套准则的适用对象为价格在 30 美元以上的活跃股，如果你研究的是低价股，应该对准则进行必要的调整。这套准则看似复杂，其实并不难。只要你感兴趣，愿意为之努力，就能理解和掌握它们。

图书在版编目（CIP）数据

股票作手回忆录 / (美)利弗莫尔著；柯艾略译. —北京：北京理工大学出版社，2015.8（2023.11重印）

ISBN 978-7-5682-0709-6

Ⅰ.①股… Ⅱ.①利… ②柯… Ⅲ.①股票投资－经验－美国

Ⅳ.①F837.125

中国版本图书馆CIP数据核字（2015）第117869号

出版发行 / 北京理工大学出版社有限责任公司

社　　址 / 北京市海淀区中关村南大街5号

邮　　编 / 100081

电　　话 /（010）68914775（总编室）

　　　　　（010）82562903（教材售后服务热线）

　　　　　（010）68948351（其他图书服务热线）

网　　址 / http：//www.bitpress.com.cn

经　　销 / 全国各地新华书店

印　　刷 / 大厂回族自治县德诚印务有限公司

开　　本 / 710毫米 × 1000毫米　1/16

印　　张 / 21　　　　　　　　　　　　　　　责任编辑 / 刘永兵

字　　数 / 281千字　　　　　　　　　　　　文案编辑 / 刘永兵

版　　次 / 2015年8月第1版　2023年11月第14次印刷　责任校对 / 孟祥敬

定　　价 / 48.00元　　　　　　　　　　　　责任印制 / 李志强

图书出现印装质量问题，请拨打售后服务热线，本社负责调换

图书在版编目（CIP）数据

股票作手回忆录 / (美)利弗莫尔著；柯艾略译. —北京：北京理工大学出版社，2015.8（2023.11重印）

ISBN 978-7-5682-0709-6

Ⅰ.①股… Ⅱ.①利… ②柯… Ⅲ.①股票投资－经验－美国

Ⅳ.①F837.125

中国版本图书馆CIP数据核字（2015）第117869号

出版发行 / 北京理工大学出版社有限责任公司
社　　址 / 北京市海淀区中关村南大街5号
邮　　编 / 100081
电　　话 / （010）68914775（总编室）
　　　　　　（010）82562903（教材售后服务热线）
　　　　　　（010）68948351（其他图书服务热线）
网　　址 / http：//www.bitpress.com.cn
经　　销 / 全国各地新华书店
印　　刷 / 大厂回族自治县德诚印务有限公司
开　　本 / 710毫米×1000毫米　1/16
印　　张 / 21　　　　　　　　　　　　　责任编辑 / 刘永兵
字　　数 / 281千字　　　　　　　　　　文案编辑 / 刘永兵
版　　次 / 2015年8月第1版　2023年11月第14次印刷　责任校对 / 孟祥敬
定　　价 / 48.00元　　　　　　　　　　责任印制 / 李志强